HEYNE <

Sebastian Klussmann

Fast ALLES, WAS SIE WISSEN MÜSSEN

Teil 2

NOCH MEHR ALLGEMEINWISSEN VOM BESSERWISSER

WILHELM HEYNE VERLAG
MÜNCHEN

Bildnachweis:
Alle Grafiken: Buch-Werkstatt GmbH/Kim Winzen
Weitere Motive: Shutterstock.com (Alon Za, linear_design), Wikimedia Commons: 14 (Jpascher (https://commons.wikimedia.org/wiki/File:Circle_of_fifths_deluxe_4_de_s.svg), »Circle of fifths deluxe 4 de s«, https://creativecommons.org/licenses/by-sa/3.0/legalcode), 167 (NordNordWest (https://commons.wikimedia.org/wiki/File:Spreading_homo_sapiens_la.svg), »Spreading homo sapiens la«, als gemeinfrei gekennzeichnet, Details auf Wikimedia Commons: https://commons.wikimedia.org/wiki/Template:PD-user).

MIX
Papier | Fördert gute Waldnutzung
FSC® C014496

Penguin Random House Verlagsgruppe FSC® N001967

3. Auflage
Originalausgabe 03/2024

Redaktion: Desirée Šimeg
Umschlaggestaltung: wilhelm typo grafisch,
unter Verwendung eines Fotos von © Benjamin Zibner und
der Motive von Shutterstock.com (Alon Za, linear_design)
Satz: Buch-Werkstatt GmbH, Bad Aibling
Druck: GGP Media GmbH, Pößneck
Printed in Germany
ISBN: 978-3-453-60692-0

www.heyne.de

Für meinen Opa

Inhalt

3

4

Ein paar Worte vorab

Falls Sie bereits mit *Fast alles, was Sie wissen müssen – Teil 1* vertraut sind: Schön, dass Sie wieder mit dabei sind! Sie können direkt nach Lust und Laune in die nächsten fünf Kategorien eintauchen und Ihre persönliche Wissensreise fortsetzen. Dabei gilt wie im ersten Band: Mein Blickwinkel ist weitgehend westlich und eurozentrisch geprägt, aber auch diesmal geht es über den gewohnten Tellerrand hinaus, die Auswahl der Themen ist wohlüberlegt, und reines Alltagswissen lasse ich außen vor.

Falls dies Ihr erstes Eintauchen in diese Themenwelt ist, heiße ich Sie herzlich willkommen! Sie können Ihre Wissensexpedition mit diesem Band beginnen, ohne Vorkenntnisse aus dem ersten Buch zu benötigen. Die Kapitel sind eigenständig lesbar, und die Reihenfolge spielt keine Rolle – folgen Sie gerne Ihren individuellen Vorlieben. Bevor Sie jedoch voller Neugier in dieses Abenteuer starten, möchte ich Ihnen kurz einige grundlegende Prinzipien mit auf den Weg geben (eine ausführlichere Version finden Sie in Teil 1):

Allgemeinwissen ist stets abhängig von Zeit, Kultur und Ort. Was in Deutschland als Allgemeinwissen gilt, unterscheidet sich daher von dem, was in anderen Teilen der Welt als relevant und essenziell erachtet wird – und manchmal sogar von dem, was in anderen Regionen überhaupt erlaubt ist (Stichwort: Zensur). Immer mehr Menschen leben in ihren eigenen digitalen Wissenswelten, zwischen denen die Überschneidungen sukzessive abnehmen. Dem möchte ich entgegenwirken! Ein eindeutiger Kanon der Bildung existiert allerdings meiner Meinung nach nicht mehr. Allgemeinwissen umfasst nicht ausschließlich das, was Experten von der Kanzel predigen (Hört Bach und Beethoven!), sondern ebenso das, was die Gesellschaft mehrheitlich konsumiert (Capital Bra und Dieter Bohlen). Es repräsentiert also die »Schnittmenge des Wissens der Bevölkerung«.

Die fünf Wissenskategorien in diesem Buch folgen den offiziellen Wettbewerben des Deutschen Quiz-Vereins. Längere Kapitel bedeuten nicht zwangsläufig eine höhere Bedeutung, sondern sind der unterschiedlichen Komplexität der Themen geschuldet. Wie schon in Teil 1 verzichte ich auf ein Binnen-I, Schreibweisen mit Asterisk, Doppelpunkt oder Unterstrich sowie auf die Nennung der grammatikalisch weiblichen und männlichen Form. Ich möchte jede Person als Mensch ansprechen – daher gelten alle personenbezogenen Bezeichnungen und Begriffe im Sinne der Gleichbehandlung grundsätzlich für alle Geschlechteridentitäten. Diese Entscheidung dient der besseren Lesbarkeit und beinhaltet keinerlei Wertung.

Dieses Buch ist weder ein enzyklopädisches Nachschlagewerk noch eine akribische Faktensammlung. Mein Fokus liegt nicht auf Vollständigkeit, sondern darauf, Ihnen kompaktes Wissen auf unterhaltsame Weise zu vermitteln. Verkürzungen und Auslassungen müssen daher eher die Regel als die Ausnahme sein. Ich habe eine sinnvolle Auswahl auf empirischer und normativer Basis getroffen, die Ihnen als Orientierungshilfe dienen, Ihren Blick sowohl schärfen als auch weiten soll und zahlreiche Relevanzmarker, Beispiele und Impulse liefert. Sollten daher einige Inhalte Fragen bei Ihnen aufwerfen, habe ich alles richtig gemacht! Genau so soll es sein.

Ich lade Sie herzlich ein, auf dieser Grundlage Ihre persönliche Wissensreise zu starten, Neues zu entdecken und in den verschiedensten Lebenslagen Möglichkeiten zu erkennen, vorhandenes Wissen mit neuen Erkenntnissen zu verknüpfen (Stichwort: lebenslanges Lernen). Fakten sind die Brille, durch die wir die Welt wahrnehmen. Je mehr wir kennen, desto bunter und differenzierter wird sie. Sie liefern die passenden Suchbegriffe für Google & Co., was die Trefferquote verbessert. Nutzen Sie dieses Buch auch gerne als Wissenstest: Was war Ihnen bereits bekannt? Was war vollkommen neu oder verblüffend? Es fragt Sie natürlich niemand ab – auch wenn Sie mit dem geballten Wissen aus beiden Bänden beim Quizzen durchaus einen Vorteil haben dürften!

Wenn ich einen Wunsch frei hätte, dann wäre es, dass die Lektüre Ihre kindliche Neugier und Ihren Entdeckergeist weckt. Wenn Sie den Impuls verspüren: »Das Thema ist total interessant, da möchte ich jetzt mal in die Tiefe gehen …«, machen Sie mir das größte Kompliment! Denn Sie sollen nicht nur Wissen ansammeln, das dann in Ihrem Hinterkopf verstaubt. Sie sollen Freude am Lernen haben und Ihr Wissen aktiv anwenden können. Ich wünsche Ihnen viel Spaß bei der Lektüre und zahlreiche neue Erkenntnisse!

1 Musik

So wie ein Bild mehr sagen kann als tausend Worte, vermitteln Melodien und Rhythmen Emotionen – oft ohne ein einziges gesprochenes oder gesungenes Wort. Die Welt der Musik schwingt häufig über nationale und kulturelle Grenzen hinweg, selbst wenn individuelle Vorlieben variieren mögen. Die gängige Vorstellung von »musikalischer Allgemeinbildung« beschränkt sich leider oft ausschließlich auf die klassische Musik westlicher Prägung. Zweifellos sollte diese ein integraler Bestandteil jedes Kanons sein, doch wäre es ein herber Klangverlust, dabei die vielfältige Welt der Unterhaltungsmusik zu überhören, die uns alle prägt, quasi den »Beat des Alltags«. Musikalische Klangwelten sind so vielfältig und facettenreich wie unsere Kulturen. In dieser faszinierenden Kunstform entsteht ständig Neues und Spannendes, wodurch jegliche Diskussion über vermeintliche kulturelle Aneignung hinfällig wird. Diese könnte im schlimmsten Fall sogar schädlich für die musikalische Weiterentwicklung sein. In diesem Kapitel werfen wir daher einen Blick auf diverse Musikrichtungen, unterschiedlichste Interpreten, Megahits sowie kreative Musikproduzenten. Sie erhalten zudem ein paar Basics zur Musiktheorie, zum Notenlesen, zu Tonleitern und zu Musikinstrumenten aus aller Welt.

TONLEITERN UND MUSIKINSTRUMENTE

Die musiktheoretische Grundlage abendländischer tonaler Musik bilden **heptatonische Tonleitern** wie die **Dur**- und **Moll**-Tonleitern, die aus sieben Tönen bestehen. Während die europäisch-westliche Musiktradition seit dem Mittelalter diese siebenstufigen Tonleitern nutzt, liegt den meisten klassischen Traditionen anderer Länder, z. B. Indien, China oder Japan, ein **pentatonisches**, also fünftoniges Ordnungsprinzip zugrunde, wie im Übrigen auch vielen alten Volksmusiken Europas, denn auch auf unserem Kontinent war zunächst die Pentatonik tonangebend.

Die Töne werden mithilfe von **Noten** notiert, meist im **Violinschlüssel**, auch G-Schlüssel genannt, da auf der zweiten Notenlinie das G als **Referenzton** liegt, oder **Bassschlüssel**, auch F-Schlüssel genannt. Bei der **Notation** können Noten mit einem vorangestellten Kreuz (#) um einen Halbton erhöht werden, ein ♭ verringert die Note um einen Halbton. Der bewährte **Quintenzirkel** gibt Orientierung bei den verschiedenen Tonleitern und ihren jeweiligen Vorzeichen, so hat E-Dur beispielsweise vier Kreuze.

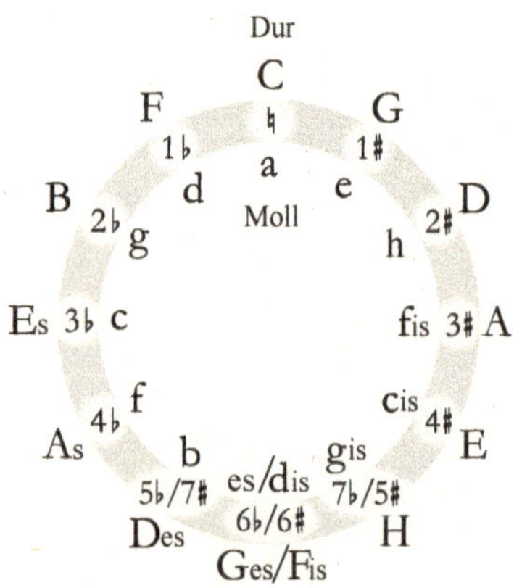

Der Abstand zwischen verschiedenen **Tonhöhen** wird als **Intervall** bezeichnet, bei einer **Oktave** sind dies entsprechend acht **Tonstufen**. Die Abstände zwischen Tonstufen können sowohl einen **Halbton** als auch einen **Ganzton** umfassen. Die **Tongeschlechter** Dur (»hart«) und Moll (»weich«) unterscheiden sich durch unterschiedliche Abstände zum jeweiligen **Grundton**.

Jeder **Akkord** und jede Tonleiter hat einen Grundton, z.B. das C. Dur-Tonleitern werden mit Halbtonschritten zwischen der dritten und vierten sowie der siebten und achten Stufe der Tonleiter gebildet, sodass der dritte Ton den Abstand einer **großen Terz**, also von vier Halbtönen, zum Grundton hat und dann ein E ist. Moll-Tonleitern dahingegen kennzeichnen Halbtonabstände zwischen der zweiten und dritten sowie der sechsten und siebten Stufe der Tonleiter, sodass an dritter Stelle ein es-Ton steht, der zum Grundton einen Abstand von drei Halbtönen hat, also eine **kleine Terz**.

Diese vermeintlich kleine Differenz macht im Hörempfinden einen großen Unterschied aus: Wir empfinden Stücke in Moll in der Regel als düsterer und melancholischer, Stücke in Dur wirken hingegen fröhlicher und energischer.

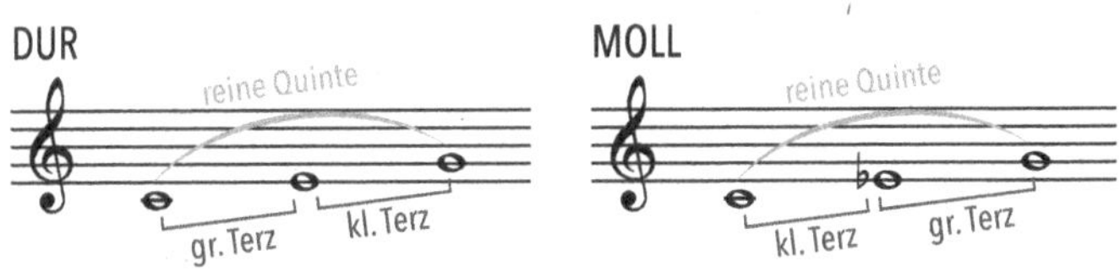

Ein weit verbreitetes Klassifikationsschema für Musikinstrumente ist das nach seinen Erdenkern benannte **Hornbostel-Sachs-System**, das Instrumente in fünf Hauptkategorien klassifiziert, basierend auf ihrem Klangproduktionsmechanismus:

Idiophone sind demnach Instrumente, bei denen der Klang durch das Vibrieren des gesamten Instruments entsteht. Beispiele sind Maracas, Triangel und Xylofon. **Membranophone** erzeugen Klang durch das Vibrieren einer gespannten Membran, so bei Trommeln wie der Pauke oder den Snare Drums. Zu den **Chordophonen** zählen Gitarren, Geigen und Klaviere, die auf vibrierenden Saiten basieren. **Aerophone** lassen Luft geräuschvoll vibrieren, wie Flöten, Klarinetten und Saxofone – die man weiter in Holz- und Blechblasinstrumente unterteilen kann. **Elektrophone**, die jüngste Kategorie, umfassen elektronische Instrumente wie Synthesizer und E-Gitarren, die Klang durch elektrische Schaltungen und Lautsprecher erzeugen.

EINIGE NICHTWESTLICHE MUSIKINSTRUMENTE, DIE SIE KENNEN SOLLTEN

Balalaika: russisches Saiteninstrument, das aus einem dreieckigen Resonanzkörper und drei Saiten besteht.

Didgeridoo: Blasinstrument australischer Ureinwohner aus einem hohlen Baumstamm.

Djembe: westafrikanisches Schlaginstrument aus einem ausgehöhlten Holzblock und einer mit Tierhaut bespannten Oberseite.

Erhu: zweisaitiges Streichinstrument aus China, das oft als »chinesische Violine« bezeichnet wird.

Kora: westafrikanisches Harfeninstrument bestehend aus einer großen Kalebasse, die mit einer Tierhaut bespannt ist, und einem langen Hals, an dem 21 Saiten befestigt sind.

Ney: Blasinstrument aus einem dünnen Rohr, stammt aus dem Nahen Osten.

Oud: Saiteninstrument aus dem Nahen Osten und Nordafrika mit flachem Resonanzkörper und kurzem Hals mit Bünden.

Sitar: indisches Saiteninstrument mit normalerweise 17 bis 20 Saiten, das in den 1960er-Jahren auch von westlichen Popmusikern (z. B. den Beatles) benutzt wurde.

Tabla: Schlaginstrument aus Indien, bestehend aus zwei Trommeln, die miteinander verbunden sind. Wird oft in der klassischen indischen Musik eingesetzt.

Taiko: Gruppe von japanischen Schlaginstrumenten.

KLASSISCHE MUSIK

Im großen Kanon klassischer Musik sind es vor allem zwei deutsche Komponisten, deren Bedeutung besonders hervorsticht: Bach und Beethoven.

Johann Sebastian Bach gilt für viele Musiker heute noch als wohl einflussreichste Person der westlichen Musiktradition. Der mit einer enormen Schaffenskraft gesegnete Mann schuf eine vierstellige Zahl an Kompositionen, aufgezeichnet im **Bachwerkeverzeichnis**, kurz BWV. Unter der Nummer 565 findet man z. B. »Toccata und Fuge in d-Moll«, das wohl bekannteste Orgelwerk überhaupt.

Allseits produktiver Künstler

Bach kreierte aber nicht nur jede Menge Musikstücke, er zeugte in zwei Ehen zudem sage und schreibe 20 Kinder, von denen später auch viele in seine musikalischen Fußstapfen traten, wie **Carl Philipp Emanuel Bach**, dessen Werke zeitweise populärer waren als die seines Vaters.

An **Fugen** – mehrstimmigen Musikstücken mit festem Thema und streng gegliedertem Aufbau – bewiesen Musikmeister ihr Kompositionshandwerk, so auch der im Jahr 1685 in Eisenach geborene Barockmusiker mit dem Zyklus »Die Kunst der Fuge« und dem »Wohltemperierten Klavier«. Neben vielen **Kantaten** und Konzerten für Violine und Cello zählen seine religiösen **Choralwerke,** wie z.B. die »Matthäus-Passion«, deren Aufführung von **Felix Mendelssohn Bartholdy** im Jahr 1829 eine Wiederentdeckung Bachs einleitete, und das »Weihnachtsoratorium«, die Instrumentalkompositionen der »Brandenburgischen Konzerte«, die »Goldbergvariationen« sowie sein letztes großes Vokalwerk, die »h-Moll-Messe«, zu den herausragenden Schöpfungen.

Im Gegensatz zu den Fugen und religiösen, vokalen Barockkompositionen Bachs wird der im Jahr 1770 in Bonn geborene **Ludwig van Beethoven** seit jeher vor allem für seine **Sinfonien** gefeiert und bewundert. Weltbekannt ist seine letzte vollendete Sinfonie, die Neunte, die das Gedicht »An die Freude« von Friedrich Schiller mit einem vierstimmigen Chor vertont und vom Europarat im Jahr 1972 als Europahymne ausgewählt worden ist (»Freude, schöner Götterfunken«). Nicht nur der Einsatz von Gesang bei einer Sinfonie – einer üblicherweise reinen Instrumentalkomposition –, auch die abendfüllende Länge der Aufführung von etwa 70 Minuten setzte neue Maßstäbe und wirkte sogar so weit in die Zukunft, dass die Größe der Audio-CD von Sony auf 74 Minuten normiert wurde, um zu ermöglichen, dass auch die längste Aufführung von Beethovens Neunter ohne Tonträgerwechsel zu hören war. Mindestens genauso viel Wertschätzung erfahren die an vielen Konzerthäusern häufiger aufgeführte 5. Sinfonie (»Schicksalssinfonie«) und die 3. Sinfonie (»Eroica«). Weitere beliebte Beispiele aus Beethovens Œuvre sind die Klavierstücke »Für Elise« und die »Mondscheinsonate«.

Playlist für Aliens

Im Jahr 1977 wurden auf den Raumsonden Voyager I und II verschiedenste Audiodateien ins All geschickt. Unter den Musikstücken finden sich neben Werken von Bach und Beethoven auch welche von Chuck Berry und Louis Armstrong.

WEITERE SINFONIEN, DIE SIE KENNEN SOLLTEN

Sinfonien sind in der Regel aus drei oder vier abgeschlossenen Sätzen bestehende Orchesterwerke ohne Solisten, die ab dem Ende des 18. Jahrhunderts meist die jeweiligen Höhepunkte im Schaffen vieler Komponisten darstellten.

Wolfgang Amadeus Mozart: 40. und 41. Sinfonie, Letztere auch bekannt als »Jupitersinfonie« (beide 1788)
Franz Schubert: 8. Sinfonie – »Die Unvollendete« – (1822) und 9. Sinfonie, auch »Große Sinfonie« genannt, (1824–1826)
Hector Berlioz: »Symphonie fantastique« (1830)
Johannes Brahms: 3. (1883) und 4. Sinfonie (1884)
Anton Bruckner: 8. Sinfonie (1887)
Gustav Mahler: 2. Sinfonie, bekannt als »Auferstehungssinfonie«, (1888–1894), 5. Sinfonie (1901–1902) und 9. Sinfonie (1909)
Pjotr Iljitsch Tschaikowski: 6. Sinfonie, »Pathétique«, (1893)
Antonín Dvořák: 9. Sinfonie, auch genannt »Aus der neuen Welt«, (1893)
Dmitri Dmitrijewitsch Schostakowitsch: 5. Sinfonie (1937)

WEITERE KLASSIK-KLASSIKER, DIE SIE KENNEN SOLLTEN

Kanon in D-Dur (1680) von Johann Pachelbel: Barockstück für Streicher und Basso continuo, wird oft bei festlichen Anlässen gespielt.

Wassermusik (1717) von Georg Friedrich Händel: Sammlung von Orchesterstücken, um die festliche Bootsfahrt des englischen Königs Georg I. auf der Themse zu untermalen.

Die vier Jahreszeiten (1725) von Antonio Vivaldi: vier Violinkonzerte, die jeweils eine Jahreszeit musikalisch darstellen.

An der schönen blauen Donau (1866) von Johann Strauss (Sohn): weltberühmter Walzer, oft als inoffizielle Hymne Österreichs angesehen, erklingt traditionell beim Wiener Neujahrskonzert.

Peer-Gynt-Suite (1875) von Edvard Grieg: Orchesterstücke, um Ibsens gleichnamiges Schauspiel zu untermalen. Bekannt sind daraus vor allem »Morgenstimmung« und »In der Halle des Bergkönigs«.

Also sprach Zarathustra (1896) von Richard Strauss: sinfonische Dichtung inspiriert von Friedrich Nietzsches gleichnamiger Schrift. Auch Stanley Kubrick, Elvis Presley und Ric Flair fanden passende Verwendung dafür.

Clair de Lune (1905) von Claude Debussy: atmosphärisches Klavierstück aus der »Suite bergamasque«, das zu den bekanntesten Werken des Impressionismus zählt.

Die Planeten (1918) von Gustav Holst: spätromantische Programmmusik, bei der jeder Satz nach einem Planeten bzw. nach der entsprechenden römischen Gottheit benannt ist - die Erde ausgenommen.

Boléro (1928) von Maurice Ravel: stetig anschwellendes Orchesterstück, das durch einen kontinuierlichen Rhythmus und eine sich wiederholende Melodie geprägt ist.

Komponisten des 20. Jahrhunderts finden sich in den Spielplänen der Orchester und Opernhäuser zwar durchaus, wie Publikumsfavoriten wie **Gustav Mahler, Béla Bartók** und **Dmitri Schostakowitsch** unter Beweis stellen, doch viele der einflussreichsten und kreativsten Tonsetzer der Neuzeit werden eher selten aufgeführt. Die von **Arnold Schönberg** und seinen Schülern **Anton Webern** und **Alban Berg** angeführte Avantgarde (»Zweite Wiener Schule«) durchbricht unsere westlichen Hörgewohnheiten: Die Dur-Moll-Tonalität wurde aufgegeben und die **Zwölftontechnik** entwickelt. Dieses auf der chromatischen Tonleiter gründende kompositorische Verfahren bezieht sich nicht mehr auf einen Grundton, es entstehen keine wohlklingenden Dreiklänge mehr, und tonale Hierarchien werden aufgebrochen; zudem dürfen die einzelnen Töne der Reihe erst wiederholt werden, wenn alle anderen einmal gespielt wurden.

Diese stetig vorangetriebene Erweiterung der Musikformen auf melodischer, harmonischer und rhythmischer Ebene wird unter dem recht nichtssagenden Begriff **Neue Musik** gefasst. Dazu zählen u. a. die **aleatorische Musik**, die den Zufall mitkomponieren lässt, und **Minimal Music**, die mit ihrer schlichten Instrumentation und ihren repetitiven Mustern mit Phasenverschiebungen auf weitgehend tonalen Harmonieverläufen einen wichtigen Vorläufer von modernen elektronischen Genres wie Techno ist. Der in Anlehnung an Minimal Art benannte Stil wurde u. a. von **Steve Reich** begründet, und auch **Philip Glass**, der viele der wichtigsten Opern nach dem Zweiten Weltkrieg komponierte, ist diesem zuzuordnen.

Als einer der einflussreichsten Komponisten der Neuen Musik gilt der US-Amerikaner **John Cage**. Sein Orgel-Stück »ORGAN^2/ASLSP« soll »so langsam wie möglich« aufgeführt werden. Präsentierte es der uraufführende Organist im Jahr 1987 noch in 29 Minuten, soll die 2001 begonnene Inszenierung in der Sankt-Burchardi-Kirche in Halberstadt erst nach 639 Jahren enden. Die Klangwechsel finden alle paar Jahre statt – wenn Sie beim nächsten dabei sein wollen, merken Sie sich den 5. August 2026 vor. Das wohl bedeutendste Stück von John Cage ist mit 273 Sekunden wesentlich kürzer, und jeder könnte es umsetzen, auch ohne musikalische Vorkenntnisse: In der Partitur steht in jedem der drei Sätze lediglich die Spielanweisung *tacet*, was ein Schweigen des Sängers bzw. ein Pausieren des Instruments bedeutet. Bei »4′33″« treten die Musiker also an ihr Gerät (das Instrument ist nicht vorgegeben), doch sie spielen keinen einzigen Ton. Es herrscht Stille – bis auf ein Räuspern, ein Husten oder einen Handyklingelton im Publikum (immer Flugmodus im Konzert!). Das Stück mag banal wirken, aber es wirft elementare philosophische Fragen zur Musik auf, z.B. »Was ist Musik überhaupt?«.

Die Inszenierung eines der bekanntesten Stücke des deutschen Musikpioniers **Karlheinz Stockhausen** gilt dagegen als eines der schwierigsten: Neben einem Streichquartett (zwei Violinen, Bratsche und Violoncello) braucht es u.a. jede Menge Technik, einen Moderator und vier Hubschrauber – das »Helikopter-Streichquartett«!

Ein Musikgenre, dessen Bedeutung nicht auf mediale Massenaufmerksamkeit oder kommerziellen Erfolgen beruht, sondern vornehmlich auf dem Ansehen innerhalb der Musikerszene, ist der **Jazz**, der gar als US-amerikanische Hochkulturantwort auf die klassische Musik europäischen Ursprungs gilt.

Als erste Ikonen des Jazz gelten der aus New Orleans, einer der Geburtsstätten des Genres, stammende Trompeter und Sänger **Louis Armstrong**, der Pianist **Duke Ellington** und der Klarinettist und Big-Band-Bandleader **Benny Goodman**. Den Vokaljazz prägten insbesondere die Stimmen von **Billie Holiday, Sarah Vaughan** und der »First Lady of Song« **Ella Fitzgerald**.

Dem Jazz eigentümlich ist die Tatsache, dass die besten Musiker ihrer Generation oft im Ensemble zusammen musizieren, nicht selten auch improvisierend bei Jamsessions. Beim Albumklassiker *Kind of Blue* von Trompeter **Miles Davis**, der viele Stile wie Bebop, Hard und Cool Jazz maßgeblich prägte und als einer der größten Musiker des 20. Jahrhunderts gilt, wirkte im Sextett u. a. auch der Saxofonist **John Coltrane** mit, der seinerseits mit *A Love Supreme* einige Jahre später als Bandleader eines Quartetts einen Meilenstein der Musikgeschichte schuf.

Viele Jazz-Klassiker sind heutzutage Standards, deren Beherrschung von jedem Jazzer erwartet wird, z. B. »Take the A Train« von **Billy Strayhorn, Charlie Parkers** »A Night in Tunisia« sowie das im unüblichen 5/4-Takt geschriebene »Take Five« von **Dave Brubeck** – die am besten verkaufte Jazzsingle aller Zeiten.

Als personelles Bindeglied zwischen Jazz und klassischer Musik kann der jüdischstämmige US-Amerikaner **George Gershwin** betrachtet werden. Zu dessen Hauptwerken zählen die Orchesterkompositionen »Rhapsody in Blue« und »Ein Amerikaner in Paris« sowie die American Folk Opera »Porgy and Bess«, für die sein Bruder Ira das Libretto schrieb und deren »Summertime«, das als meistinterpretiertes Lied aller Zeiten gilt und ebenso zu einem absoluten Jazz-Standard wurde. Gemäß Gershwins Willen darf diese Oper, die das Leben von Afroamerikanern um 1870 in South Carolina darstellt, ausschließlich von Schwarzen aufgeführt werden.

OPER UND MUSICAL

Die größte Datenbank weltweiter **Opernaufführungen,** Operabase.com, gibt einen hilfreichen Überblick über die populärsten Aufführungswerke weltweit. Insbesondere zwei Opern erfreuen sich stetiger Nachfrage beim Publikum: »Die Zauberflöte« von **Wolfgang Amadeus Mozart** und **Giuseppe Verdis** »La Traviata« landen nach Anzahl der Darbietungen mit jeweils über 18 000 verifizierten Inszenierungen auf den ersten beiden Plätzen. Als Nächstes folgen **George Bizets** »Carmen« und **Giacomo Puccinis** »La Bohème«. Der italienische Komponist des Verismo platzierte mit »Madame Butterfly« und »Tosca« zwei weitere Werke in den Top 10. Auch Mozart ist mehrmals vertreten: mit der »Hochzeit des Figaro« und dem düsteren »Don Giovanni«. Die Bühnen – egal ob die **Mailänder Scala**, die Pariser **Opéra Garnier** oder die **Wiener Staatsoper** – konzentrieren ihr Repertoire dabei auf einen Schaffensraum, der vom Ende des 18. Jahrhunderts bis zum Anfang des 20. Jahrhunderts reicht.

In dieses Ranking hat es der wohl bedeutendste deutsche Opernkomponist zwar mit keinem seiner Werke geschafft, **Richard Wagner** reiht sich dennoch auf Platz 5 der meistgespielten Komponisten weltweit ein. Sein bekanntestes Werk ist »Der Ring des Nibelungen«, ein vierteiliger Zyklus (»Das Rheingold«, »Die Walküre«, »Siegfried« und »Götterdämmerung«) mit einer Aufführungsdauer von satten 15 Stunden, bei dem über 100 Orchestermusiker zum Einsatz kommen. Mit seinen durchkomponierten **Musikdramen** strebte er nach dem idealen »Gesamtkunstwerk«, in dem Musik, Dichtung und Schauspiel zu einer einheitlichen künstlerischen Erfahrung verschmelzen. Der Schwiegersohn des Pianisten Franz Liszt schrieb dabei die Texte selbst, inklusive detaillierter szenischer Anweisungen, die

Themen stammten vielfach aus der germanischen Mythologie und Sagenwelt, z.B. »Lohengrin«, »Parsival« oder »Tristan und Isolde«. Die von ihm im Jahr 1876 ins Leben gerufenen **Bayreuther Festspiele**, die ausschließlich seinen Werken gewidmet sind und heute von seiner Urenkelin Katharina geleitet werden, finden jährlich in dem – ebenfalls von ihm entworfenen – Festspielhaus auf dem Grünen Hügel statt. Der fanatische Antisemit, der u.a. seine jüdischen Kollegen **Giacomo Meyerbeer** und **Felix Mendelssohn Bartholdy** in seinem Aufsatz »Das Judenthum in der Musik« stark verleumdete, wurde später von den Nationalsozialisten verehrt. Wie stark seine Gesinnung in sein Schaffen einfloss, wird nach wie vor diskutiert.

Die bekanntesten **Ballettkompositionen** stammen fast ausnahmslos aus der Feder russischer Komponisten, allen voran die zum Standardrepertoire der Ballettkompanien zählenden »Schwanensee«, »Dornröschen« und »Der Nussknacker« von **Pjotr Iljitsch Tschaikowski**, dessen melodische Einfälle wohl zu den eingängigsten der Klassik-Geschichte gehören. Etwas kontroverser waren dann die Stücke **Igor Strawinskys** wie »Der Feuervogel«, »Petruschka« und »Le sacre du printemps«. Das russische Ballettmusik-Triumvirat vervollständigt **Sergei Prokofjew** mit »Romeo und Julia«. Auch die namhaftesten Häuser wie das große Moskauer **Bolschoi** und das Sankt Petersburger **Mariinski-Theater**, einige der einflussreichsten Choreografen wie **Michel Fokine**, der Begründer des modernen Balletts, und **George Balanchine** sowie viele der wichtigsten Tänzer, etwa **Vaslav Nijinsky** und **Rudolf Nurejew**, sind russisch(-stämmig).

Ein Beispiel eines nichtrussischen Ballettklassikers ist »Giselle«, dessen Musik von dem Franzosen **Adolphe Adam** stammt, der auch den »Narrhalla-Marsch« komponierte.

Vielen Menschen sind zumindest einzelne Ausschnitte der Bühnenwerke bekannt, selbst wenn sie noch nie einen Fuß in ein Opernhaus gesetzt haben. Populäre **Arien**, die Solo-Gesangsstücke, und **Ouvertüren**, die instrumentalen Eröffnungen, begeistern auch ohne Kenntnis der jeweilig zugrunde liegenden Handlung. Bekannte Beispiele sind die »Habanera« der titelgebenden Carmen von Georges Bizet, »Va, pensiero«, der »Gefangenenchor« aus Giuseppe Verdis »Nabucco«, »O mio babbino caro« aus Giacomo Puccinis »Gianni Schicchi« und »Voi che sapete« aus Wolfgang Amadeus Mozarts »Die Hochzeit des Figaro«. *È certo*, Italienischkenntnisse sind in der Opernwelt durchaus von Vorteil!

Es lebe Verdi!

Die Bedeutung Verdis wird durch den historischen Lobruf *Viva Verdi* deutlich, der im Risorgimento der Nationalstaatswerdung Italiens im 19. Jahrhundert codiert auch ein klares Bekenntnis zur Einigungsbewegung des Landes und ihrer Leitfigur war: *Viva Vittorio Emanuele Re d'Italia* (»Es lebe Viktor Emanuel, König von Italien«).

Zu den beliebtesten Ouvertüren zählen u. a. jene aus »Der Barbier von Sevilla« und »Wilhelm Tell«, von **Gioachino Rossini**, der wie seine italienischen Kollegen **Gaetano Donizetti** und **Vincenzo Bellini** dem **Bel Canto** zuzuordnen ist. Dieser schreibt auch einen Gesangsstil (zu Deutsch: »schöner Gesang«), der sich u. a. durch lange, fließende Melodienlinien, Ausschmückung mit Koloraturen und Trillern sowie ein ausgeglichenes Stimmregister auszeichnet. Auch wenn die »kleine Schwester« der Oper ihre besten Zeiten hinter sich hat, sind z.B. die Ouvertüre aus der **Operette** »Die Fledermaus« von **Johann Strauss** wie auch »Orpheus in der Unterwelt« mit der berühmten Tanznummer Cancan vom Begründer des Genres **Jakob »Jacques« Offenbach** weltweit im Repertoire der Opernhäuser zu finden. Die Werke weiterer Größen wie **Franz von Suppé, Carl Millöcker** und **Franz Lehár** sind hingegen weitaus seltener zu hören.

Die größten Stimmen der Opernwelt konnten oft über die Klassikgrenzen hinaus Bekanntheit erlangen. **Die Drei Tenöre**, eine Gesangs-Supergroup, bestehend aus dem Italiener **Luciano Pavarotti** und den Spaniern **Plácido Domingo** und **José Carreras**, ernteten nicht nur kräftige Bravissimo-Rufe an der Mailänder Scala, der New Yorker Met oder der Wiener Staatsoper, sondern auch weltweit in den Wohnzimmern begeisterter Zuschauer, die im Jahr 1990 im Vorfeld der FIFA-Fußball-WM mit einem gewaltigen Arien-Medley für die Klassik gewonnen wurden (»Vinceroooo«). Als größter weiblicher Opernstar des 20. Jahrhunderts gilt die Sopranistin **Maria Callas**, die enorme Bekanntheit auch durch ihren schillernden Lebensstil und ihre Beziehungen abseits der Bühne erlangte.

Callas Stimmlage **Sopran** ist die höchste der drei Frauenstimmen – die allerdings auch von den bis Anfang des 20. Jahrhunderts auf Bühnen zu findenden Kastraten erklang. In der Mitte des weiblichen Gesangs liegt **Mezzosopran** und am tiefsten singen **Alt**-Vokalistinnen, die laut einer alten Opernweisheit überwiegend »Hosen, Hexen und Huren« spielen. Die tiefste männliche Stimmlage ist der **Bass**, und in der Mitte liegen die **Baritone,** zu denen z.B. Liedsänger **Dietrich Fischer-Dieskau** zählte.

Klassik-Ohrwürmer aus der Werbewelt

Kennen Sie »Tanz der Stunden« aus der Oper »La Gioconda« von Amilcare Ponchielli von 1876, »La donna è mobile« aus der Oper »Rigoletto« von Giuseppe Verdi (1851) oder den »Radetzkymarsch« von Johann Strauss (1848)? Vermutlich schon - zumindest aus der Werbung in Funk und Fernsehen. Denn Marketingspezialisten bedienen sich gerne mal klassischer Töne, um ihre Produkte begehrenswerter für die Kunden zu machen.

Doch selbst die größten Operndiven müssen sich unterordnen – zumindest künstlerisch –, denn den Takt geben die Maestros hinter dem Dirigentenpult vor. Und auch wenn diese Stabsoffiziere immer seltener im Militärton auftreten, liegt doch das Gelingen einer Aufführung maßgeblich in den Händen der Aufführungsleiter mit dem Dirigierstock. Zu den herausragenden taktgebenden Persönlichkeiten zählen u. a. der Italiener **Arturo Toscanini**, der Österreicher **Herbert von Karajan**, der über 40 Jahre die **Berliner Philharmoniker** leitete, der auch als Komponist reüssierende US-Amerikaner **Leonard Bernstein** (»West Side Story«) und der Kosmopolit **Daniel Barenboim**, der mit seinem zu gleichen Teilen aus arabischen und israelischen Musikern bestehenden **West-Eastern Divan Orchestra** auch politisch Zeichen setzt.

Den renommiertesten Orchesterleitern werden in der Regel die attraktivsten Posten bei den besten Ensembles angeboten. Zu diesen zählen u. a. das **Koninklijk Concertgebouworkest** in Amsterdam, das **London Symphony Orchestra**, die großen US-Orchester in Städten wie Chicago, Boston, L. A., Cleveland, New

York und Philadelphia sowie die **Wiener Philharmoniker**, über die Klassikgrenzen hinaus bekannt für das traditionelle Neujahrskonzert mit Kompositionen der Strauss-Dynastie. Neben den erwähnten Berliner Philharmonikern gelten das **Gewandhausorchester** aus Leipzig und das **Symphonieorchester des Bayerischen Rundfunks** als musikalische Kollektive von Weltrang.

Wohin der Arm des Dirigenten im richtigen Moment zeigen muss, wird durch die einheitliche Instrumentenaufstellung vereinfacht: In der verbreiteten **amerikanischen Aufstellung** befinden sich von links nach rechts die beiden Violinen, die Bratschen und Violoncelli in unmittelbarer Nähe zum Pult, dahinter folgen die Holzbläser, dann die Blechbläser und mit größter Entfernung das Schlagwerk.

Die Stars unter den Instrumentalisten werden exponierter platziert, sie reihen sich nicht in das Orchester ein. Das Publikum will das besondere Talent schließlich sehen! Auf der **Violine** – oft noch die Originale der Konstrukteursfamilien Stradivari und Amati aus Cremona – waren dies in der jüngeren Vergangenheit insbesondere **Isaac Stern, Jascha Heifetz, Yehudi Menuhin, Dawid Oistrach, Anne-Sophie Mutter, Itzhak Perlman** und bereits im 19. Jahrhundert der legendäre Teufelsgeiger **Niccolò Paganini**, die die Bögen richtig spannten. Das größere, im Sitzen gespielte Cello beherrschten vor allem **Yo-Yo Ma, Jacqueline du Pré** und **Mstislaw Rostropowitsch** hervorragend. Über die 88 Tasten (52 weiße und 36 schwarze) der Flügel von Bechstein, Bösendorfer und Steinway ließen Virtuosen wie **Vladimir Horowitz, Arthur Rubinstein** und **Swjatoslaw Richter** ihre Finger glänzend gleiten.

Im Mainstream bekannter als die Genannten sind ein paar zeitgenössische Klassik-Virtuosen, die mit TV-Auftritten und teils poppigen Arrangements dem Publikum klassische Musik näherbringen: **David Garrett** (deutscher Violinist) und **Nigel Kennedy** (britischer Violinist), die in weltberühmten Orchestern locker die Erste Geige spielen könnten, und der chinesische Weltstar am Piano **Lang Lang**. In der Massengunst ebenfalls weit vorne spielen der niederländische Geiger und Orchesterleiter **André Rieu** sowie der italienische Pianist **Ludovico Einaudi** mit.

Viele herausragende, heute vor allem als Komponisten bekannte Musiker waren zu ihren Lebzeiten als hervorragende Pianisten bekannt und führten ihre Werke selbst auf, z. B. **Sergei Rachmaninow**, **Franz Liszt** und **Frédéric Chopin**. Zur vollen Entfaltung kamen die Talente der genannten Ausnahmemusiker stets bei Solo-Instrumentalkonzerten, bei denen die Orchester höchstens eine begleitende Rolle einnahmen. Nicht ohne Grund nehmen insbesondere Klavier- und Violinkonzerte daher einen großen Teil der Programmpläne der Klassikhäuser ein.

Die moderne Version des gesungenen Theaters ist das **Musical**. Von 1988 bis 2023 lief **Andrew Lloyd Webbers** »Das Phantom der Oper« am New Yorker **Broadway** und ist mit über 14 000 Aufführungen unangefochtener Rekordhalter im Musical-Mekka Manhattans. Ob ein Musical-Theater als Broadway-Stätte gilt, hängt im Übrigen weniger mit der Adresse in der gleichnamigen Straße zusammen, sondern mit der Platzzahl der Spielstätte: Wenn mindestens 500 Plätze verfügbar sind, gilt es als Broadway-Stück, ansonsten ist es **Off-Broadway**.

Viele der erfolgreichsten Musical-Produktionen basieren auf populären Filmen wie *Der König der Löwen* und *Mamma Mia*. Der umgekehrte Weg hat sich allerdings auch als erfolgreich erwiesen: Der oscarprämierte Film *Chicago* ist eine Adaption eines

Musical-Klassikers wie auch das in Berlin spielende *Cabaret*. Seit 1985 läuft im zweiten weltweiten Zentrum der Musical-Kunst, im Londoner **West End**, ununterbrochen das auf Victor Hugos gleichnamigem Roman basierende »Les Misérables«.

Als höchste Auszeichnung im Musical-Business gilt der jährlich vergebene **Tony Award**, der am häufigsten an Mel Brooks' »The Producers« ging, das ironischerweise von einem fehlgegangenen Versuch einer bewussten Flop-Kreation eines Broadway-Stücks handelt. Den Nominierungsrekord hält »Hamilton«, eine Hip-Hop-Lebensgeschichte des gleichnamigen Gründervaters der USA von Multitalent **Lin-Manuel Miranda**. Die deutsche Musical-Hauptstadt ist übrigens Hamburg.

Moderne klassische Orchestermusik begeistert nach wie vor ein Multimillionenpublikum – allerdings auch fernab der Konzertsäle: Als essenzieller Bestandteil der Filmkunst kommen viele Menschen im Kinosaal in den Genuss großartiger Instrumentalmusik. Um nur einige herausragende Komponisten für **Filmmusik** zu nennen: **John Williams** hält den Rekord für die meisten Oscar-Nominierungen (53), gewonnen hat er ihn fünf Mal, darunter u.a. für die Musik zu *Star Wars* und die Spielberg-Filme *E.T. – Der Außerirdische* und *Der weiße Hai*, dessen Titelmelodie sich unverkennbar an den vierten Satz aus Dvořáks Neunter Sinfonie anlehnt, die auch prominent in **Howard Shores** Filmmusik für die *Herr-der-Ringe*-Trilogie als Inspiration diente. John Williams schuf darüber hinaus unvergessliche Melodien für *Indiana Jones*, *Jurassic Park* und *Harry Potter*. Der Italiener **Ennio Morricone** lieferte vornehmlich für Italowestern-Klassiker wie Sergio Leones *Zwei glorreiche Halunken*, *Spiel mir das Lied vom Tod* und *Es war einmal in Amerika* die atmosphärische Musikbegleitung.

Grand Slam des Entertainments

Bislang haben es 19 Personen geschafft, mindestens einen **E**mmy, **G**rammy, **O**scar und **T**ony Award einzuheimsen. Sie werden wie das Akronym der vier Preise **EGOT** genannt. Als Erstem gelang dies im Jahr 1962 dem US-amerikanischen Komponisten **Richard Rodgers** (auch wenn die Bezeichnung eine Erfindung der 1980er-Jahre ist), zuletzt vervollständigten die US-amerikanische Schauspielerin **Viola Davis** und der britische Sänger **Elton John** ihre jeweilige Sammlung. **Robert Lopez**, seines Zeichens Film- und Musical-Komponist, ist der jüngste Künstler mit EGOT-Status und hat dafür lediglich ein Jahrzehnt gebraucht. Zudem ist er bisher der einzige Doppel-EGOT.

Filmregisseure und Komponisten bilden oftmals vertraute und eingespielte Teams. So übersetzte **Bernard Herrmann** Alfred Hitchcocks Visionen ins Akustische, z.B. in *Psycho* und *Vertigo*, und James Cameron vertraute **James Horner** bei der musikalischen Umsetzung, z.B. bei *Titanic* und *Avatar*. Als einer der wenigen Deutschen konnte **Hans Zimmer** – im Gegensatz zu den anderen Genannten, die allesamt ein Musikstudium vorweisen können, Autodidakt – in Hollywood Fuß fassen. Er komponierte die Musik für zahlreiche Blockbuster-Filme, darunter *Gladiator*, *Fluch der Karibik* und *The Dark Knight*. Für *Der König der Löwen* und *Dune* gewann er jeweils einen Oscar für die beste Filmmusik. Ein deutschsprachiger Komponist gilt im Übrigen sogar als »Vater der Filmmusik«: Der in die USA ausgewanderte Österreicher **Max Steiner** kreierte u.a. die **Scores** für die Kinoklassiker *Vom Winde verweht* und *Casablanca*.

EINIGE BEKANNTE VOLKSLIEDER, DIE SIE KENNEN SOLLTEN

Ein **Volkslied** ist laut Duden ein »volkstümliches, im Volk gesungenes, vom Geist und von der mündlichen Überlieferung des Volkes geprägtes, schlichtes Lied in Strophenform«. Volkslieder werden oft von Generation zu Generation weitergegeben und spiegeln die Kultur und Geschichte einer Gemeinschaft wider. Lieder-Sammlungen wie *Des Knaben Wunderhorn* von Achim von Arnim und Clemens Brentano und das Fahrten-Liederbuch *Die Mundorgel* halfen der Verbreitung und Popularisierung eines gemeinsamen deutschen Liedguts. **Volksmusik** ist dabei nicht zu verwechseln mit **volkstümlicher Musik** – Letztere ist eher moderner Natur und orientiert sich an populären musikalischen Trends, wie z. B. Schlager.

»Alle Vögel sind schon da«: Frühlingslied, das die Ankunft der Vögel und das Erwachen der Natur feiert. Der Text stammt vom Nationalhymnen-Dichter August Heinrich Hoffmann von Fallersleben.

»Am Brunnen vor dem Tore«: nostalgisches Lied über die Sehnsucht nach der Vergangenheit und dem einfachen Leben. Der Text stammt von Wilhelm Müller und gehört zu einem Gedichtzyklus, den Franz Schubert vertonte (»Die Winterreise«).

»Der Kuckuck und der Esel«: humorvolles Lied über einen Gesangswettbewerb zwischen den beiden ungleichen Tieren, das den Wert von Vielfalt und Zusammenarbeit hervorhebt. Text von August Heinrich Hoffmann von Fallersleben, die Melodie geht auf Carl Friedrich Zelter zurück.

»Die Gedanken sind frei«: Lied über die Freiheit des Denkens und der Meinungsäußerung, das häufig als Protestlied und Symbol für freies Denken gedient hat. Heutige gebräuchliche Fassungen stammen abermals von August Heinrich Hoffmann von Fallersleben.

»Es klappert die Mühle am rauschenden Bach«: fröhliches Lied über eine Mühle, die fleißig arbeitet und das Leben der Menschen unterstützt. Der Lehrer Ernst Anschütz schrieb den Text wie auch für die Lieder »Fuchs, du hast die Gans gestohlen«, »Alle Jahre wieder« und »O Tannenbaum«.

»Im Frühtau zu Berge«: ursprünglich schwedisches Wanderlied, das die Freude und Schönheit der Natur feiert.

»Kein schöner Land in dieser Zeit«: patriotisches Lied, das die Schönheit und Einheit Deutschlands feiert. Der Text stammt vom Volksliedforscher Anton Wilhelm von Zuccalmaglio.

»Loreley«: trauriges Lied über die sagenumwobene Nixe, die auf einem Felsen am Rhein saß und mit ihrer Schönheit und ihrem Gesang die Schiffer ins Verderben lockte, basierend auf Heinrich Heines Gedicht. Die Melodie stammt von Friedrich Silcher, der auch »Der Mai ist gekommen« und das später von Elvis Presley weltweit bekannt gemachte schwäbische Volkslied »Muss i denn, muss i denn zum Städtele hinaus« komponierte.

POPULÄRE MUSIK

Der globale Musikmarkt ist ein Oligopol: Etwa drei Viertel der Umsätze werden – nach Fusionen und Aufkäufen – nur noch von vier Unternehmen erzielt, nämlich **Sony, BMG, Universal Music Group** und **Warner Music Group**. Die meisten großen Stars populärer Musik stehen bei einem dieser Labels bzw. einem der vielen Sublabels unter Vertrag.

Ein Gütekriterium von Musikrelevanz – nicht von Qualität, wohlgemerkt! – ist der kommerzielle Erfolg. Mittlerweile wird ein Großteil der Musikumsätze durch **Streaming** generiert, der Verkauf physischer Tonträger hat stark abgenommen, auch wenn sich Vinyl seit einigen Jahren neuer Beliebtheit erfreut. Die Ermittlung der **Charts** bezieht dementsprechend die Abrufzahlen auf Spotify, Apple Music & Co. mit ein. Diese Entwicklung wirkt sich auch auf die Musik selbst aus: Songs werden im Durchschnitt wieder deutlich kürzer, da die Künstler und Labels pro Abruf bezahlt werden, und längere Intros werden immer seltener, da ein Stream bei Spotify z.B. erst nach dem Hören der ersten 30 Sekunden honoriert wird. Da jüngere Musikfans Songs und Interpreten zunehmend über Videospiele und soziale Medien entdecken, verliert darüber hinaus das **Album** als Organisationsprinzip oder Mittelpunkt schöpferischer Kraft weiter an Bedeutung.

Die Auszeichnung mit einer **Goldenen Schallplatte** für Singles bzw. Alben war einst *das* Symbol für kommerziellen Erfolg und Popularität eines Künstlers. Noch erfolgreicher war jemand, der für seine Werke mit **Platin-** oder gar **Diamant-Platten** geehrt wurde. Es gibt sie zwar noch heute, aber ihre Bedeutung hat stark abgenommen. Die nötigen Verkaufszahlen variieren je nach Land: In Deutschland liegen die Grenzen für Gold z.B. bei 100 000 Exemplaren für Alben und 200 000 für Singles, wobei die Verkäufe aller Formate inkl. Downloads und Streamings in die Berechnung einfließen. Platin gibt es ab 200 000 Einheiten beim Album, ab 400 000 Einheiten bei Singles. Wer mehr als 750 000 Alben oder 1 Million Singles verkauft, darf sich hierzulande über eine Diamantene Schallplatte freuen. Mittlerweile kann man auch ohne Verkauf eines physischen Tonträgers Goldstatus erzielen, für eine Single sind dafür z.B. 3,5 Millionen Streams notwendig.

Immer mehr Musiker vergolden ihr Werk auch abseits von Charterfolgen, so haben in den letzten Jahren u.a. Bruce Springsteen, Bob Dylan, Phil Collins und Tina Turner die Lizenzen für ihren gesamten **Musikkatalog** für Hunderte Millionen US-Dollar an Musiklabels verkauft. Auch eigens dafür gegründete Investmentgesellschaften, z.B. der Hipgnosis Songs mischen mit, seit sich durch Streaming mit alter Musik mehr Geld verdienen lässt. Ein gutes Geschäft machte auch Michael Jackson, als er sich die Rechte am Katalog der Beatles Mitte der 1980er-Jahre sicherte – es sich aber dadurch mit seinem kurzzeitigen Duett-Partner Paul McCartney verscherzte.

Lizenz zum Feiern

Der Urheberrechtsschutz gilt in den USA und der EU über 70 Jahre nach dem Tod eines Künstlers. Bis vor einigen Jahren galt das Ende des 19. Jahrhunderts entstandene Geburtstagslied »Happy Birthday« als nicht gemeinfrei, und das Warner-Label erzielte bis zur richterlichen Entscheidung im Jahr 2016 jedes Jahr einen Millionenumsatz durch die tausendfache Inrechnungstellung der öffentlichen oder kommerziellen Nutzung.

Rein an der Anzahl der Nummer-1-Platzierungen gemessen, ist der deutsch-ukrainische Rapper **Capital Bra** aus Berlin der erfolgreichste Musiker der deutschen Chartgeschichte. Insgesamt 22-mal stürmte der im Jahr 1994 in Sibirien als Vladislav Balovatsky geborene Rapper die Hitliste, u.a. mit den nach Fußballern benannten Songs »Neymar« und »Benzema«, dem Drogenlied »Tilidin«, »One Night Stand« und dem dem Titel gerecht gewordenen »Nummer 1«, den er mit seinem ehemaligen Gefährten **Samra** veröffentlichte. Dieser kommt durch die Zusammenarbeit mit Capital Bra selbst auf zwölf Spitzenplatzierungen. Bemerkenswert ist, dass diese Chartrekorde innerhalb von nur drei Jahren aufgestellt wurden.

Erst nach diesen beiden jungen Wortakrobaten mit Migrationshintergrund folgen die **Beatles** mit elf Titeln, die sich in der jeweils ermittelten Woche am besten verkauften – genauso viele wie **Apache 207**, der mit »Roller« neben »Last Christmas« von **Wham!** den größten Dauerbrenner der deutschen Chartgeschichte lieferte, auch ohne alljährliche Festzeitunterstützung. Der Wunsch nach Weihnachtsstimmung sorgte zumindest dafür, dass viele Jahre nach der Erstveröffentlichung sowohl **Mariah Careys** »All I Want For Christmas Is You« als auch Wham!s Weihnachtsohrwurm an die Spitze gehievt wurden. Jeweils zehnmal landeten die schwedische Popgruppe **ABBA** und der deutsche Rapper **Bonez MC** auf dem ersten Platz. Nicht zu verwechseln mit **Boney M.**, die von Frank Farian produzierte Disco-Formation toppte die Charts einmal weniger, u.a. mit »Rivers of Babylon«, »Daddy Cool« und »Rasputin«.

Ungewöhnliche Kollaboration

Wie ein Komet schlug das gleichnamige Ergebnis der Zusammenarbeit von Apache 207 und dem deutschen Rockmusiker **Udo Lindenberg** ein, der nach 50-jähriger Musikkarriere endlich einen Nummer-1-Hit in den Single-Charts landen konnte. Der Komiker Otto Waalkes stürmte gemeinsam mit dem Berliner Rapper **Ski Aggu** im Jahr 2023 mit der Neuauflage von »Friesenjung« ebenfalls die deutschen Charts. Solche Kollaborationen sind kein neues Phänomen. Bereits 2008 coverten der für den Titelsong der Kinderserie *Biene Maja* bekannte tschechische Sänger **Karel Gott** und Rapper **Bushido** den Alphaville-Klassiker »Forever young«.

Erweitert man den Blick auf die Top 10, verstärkt sich die Dominanz der Rap-Elite im Übrigen nur noch mehr. Capital Bra (56), Bonez MC (43), Samra (40), Luciano (38) und RAF Camora (37) haben allerdings auch viel häufiger gemeinsam im Studio gestanden als die im Ranking folgenden Peter Alexander (36) und Caterina Valente (35), die jeweils alleine an- und auftraten

Schaut man sich wiederum die Verweildauer in den Top 10 an, fällt auf, dass der Erfolg vieler Rap-Songs im Vergleich deutlich kurzlebiger ist, und die Zeit sowohl auf Platz 1 wie auch in den Top 10 wird dann neben den erwähnten Valente und Alexander noch von Freddy Quinn, den Beatles, ABBA, Rihanna und Ed Sheeran angeführt. Allerdings hat die Anzahl der Dauerbrenner in den letzten Jahren wieder zugenommen: »Dance Monkey« der australischen Singer-Songwriterin **Tones and I**, »Where Are You Now« des belgischen DJs **Lost Frequencies** und des britischen Sängers **Calum Scott** oder »Heat Waves« von der britischen Indie-Rock-Band **Glass Animals** konnten sich z. B. alle mehr als ein halbes Jahr in den Top 10 halten. Zwischen 1986 und 2007 war dies nur der Hannoveraner Rockband **Scorpions** mit der Wendehymne »Wind of Change« gelungen.

Posthumer Geldsegen

Laut Berechnungen des *Forbes Magazine* verzeichneten zwei Musiker bzw. die heutigen Rechteinhaber mit ihren Werken und Marken im Jahr 2023 Einnahmen von über 100 Millionen US-Dollar: der King of Pop **Michael Jackson** und der King of Rock 'n' Roll **Elvis Presley**.

Die Anzahl der Nummer-1-Hits ist dabei nur ein Erfolgsindikator von vielen. Die wesentlich geringere durchschnittliche Verweildauer der Hits an der Spitze sorgt für eine Inflation der Chart-Topper, womit durchaus eine Entwertung dieses Prädikats einhergeht.

Auf der Spitzenposition der **Autoren** mit den meisten Nummer-1-Singles hierzulande findet sich – noch – ein zu erwartender Name: **Dieter Bohlen**, als **Komponist** für sein eigenes Duo Modern Talking, für Pop-Schlagersängerin Yvonne Catterfeld und natürlich für die Sieger des TV-Castingformats *Deutschland sucht den Superstar*. Einmal trafen die Musiktitanen Bohlen und Capital Bra mit der Neuauflage von »Cherry Lady« sogar den Massengeschmack verschiedener Generationen. Sehr erfolgreich ist auch das Göttinger Duo **The Cratez**, das vor allem für die deutsche Rap-Elite Musik schreibt und produziert, neben den bereits Genannten auch für Kontra K, 187 Straßenbande, RAF Camora, Farid Bang, Sido, Bushido und Bausa.

In einem gänzlich anderen Genre wirkte der gebürtige Krefelder **Kurt Feltz**, der mit seinen Kompositionen die 1950er- und 1960er-Jahre dominierte und sich insbesondere mit Schlagerstücken für Peter Alexander, Peter Kraus, Connie Francis und Margot Eskens mit 125 Wochen länger als jeder andere Autor an der Spitze platzierte. Letztere alleine im Jahr 1957 21 Wochen mit »Cindy, oh Cindy« – genauso lange wie Freddy Quinn ein Jahr zuvor mit »Heimweh« und Caterina Valente zwei Jahre zuvor mit »Ganz Paris träumt von der Liebe«. Eine solche, für die 1950er-Jahre übliche Dominanz gelang in der jüngeren Vergangenheit nur **Ed Sheeran** (»Shape of You«), **Luis Fonsi feat. Daddy Yankee** (»Despacito«), der moldauischen Boygroup **O-Zone** (»Dragostea Din Tei«) und – wenn man noch weiter zurückgehen möchte – **Matthias Reim** (»Verdammt, ich lieb' dich«).

Ein komplett anderes Erfolgsbild ergibt sich, wenn man den Blick auf die Alben richtet: Den ersten Rang nimmt in Deutschland dann **Peter Maffay** ein. 20 seiner Alben, darunter *Steppenwolf* und die Konzeptalben um den kleinen Drachen Tabaluga, waren spitze. Ein Abonnement auf den Chartgipfel haben offenbar auch die Schlagerlegenden **Die Amigos**, die sich seit 2014 jedes Jahr über ein Nummer-1-Album freuen durften. Auf den nächsten Plätzen folgen **Herbert Grönemeyer, BAP, Andrea Berg, James Last** und **Die Toten Hosen** – deutschsprachige Künstler, die alle mindestens ein Dutzend Mal charttechnisch in Deutschland maximal erfolgreich waren –, ebenso wie die Queen of Pop **Madonna** und das ehemalige Take-That-Mitglied **Robbie Williams**.

In den Rekordlisten der US-amerikanischen **Billboard-Charts** haben bei den Singles die **Beatles** (20), **Mariah Carey** (19) und **Elvis Presley** (18) die Nase vorn – die jeweils auch die längste Zeit an der Spitze standen. Sieben Nummer-1-Hits in Folge konnte bislang nur **Whitney Houston** verbuchen. Erweitert man die Chartbrille auf die Top 10, so liegt der kanadische Rapper **Drake** mit 76 Einträgen mit großem Abstand in Führung, wie auch bei den »Hot 100 Hits« mit 328, dabei ist der gebürtige Aubrey Graham noch nicht einmal 40 Jahre alt! Bei den Alben liegen die Beatles mit 19 Spitzenplatzierungen und der US-Rapper **Jay-Z** mit 14 vorne, **Paul McCartney** kommt in seiner gesamten Karriere sogar auf 27. Erweitert man hier auf die Top 10, führen **The Rolling Stones** (38) das Ranking an, gefolgt von **Barbra Streisand** (34) und **Frank Sinatra** (32) sowie – auch hier wieder – den Beatles (32). In den US-Charts ist die Inflation der Spitzenstürmer weniger stark ausgeprägt, dafür hat die Zahl der Chartdauerbrenner durch den Einfluss des Streamings zugenommen.

DIE AM HÄUFIGSTEN VERKAUFTEN ALBEN WELTWEIT, DIE SIE KENNEN SOLLTEN*

1. **Thriller** (1982), Michael Jackson, Pop/Rock/R'n'B
2. **The Dark Side of the Moon** (1973), Pink Floyd, Progressive Rock
3. **Back in Black** (1980), AC/DC, Hard Rock
4. **The Bodyguard: Original Soundtrack Album** (1992), Whitney Houston/verschiedene Interpreten, Pop/R'n'B/Soul
5. **Bat Out of Hell** (1977), Meat Loaf, Hard Rock
6. **Their Greatest Hits (1971-1975)** (1976), Eagles, Country-Rock
7. **Saturday Night Fever: The Original Movie Sound Track** (1977), Bee Gees/verschiedene Interpreten, Disco
8. **Rumours** (1977), Fleetwood Mac, Rock
9. **Come On Over** (1997), Shania Twain, Country/Pop
10. **Grease: The Original Soundtrack from the Motion Picture** (1978), Verschiedene Interpreten, Rock 'n' Roll/Pop

*Jegliche weltweiten Verkaufs-Rankings basieren letztlich immer auf Schätzungen.

WEITERE GENRES DER POPULÄREN MUSIK, DIE SIE KENNEN SOLLTEN

Country: Ursprung in den Südstaaten der USA, volkstümliche, oft autobiografische Texte, akustische Instrumente, v.a. Gitarren. Subgenre: Nashville Sound. Bekannte Interpreten/Bands: Johnny Cash, Dolly Parton, Willie Nelson und Garth Brooks.

Electronica: in den 1990er-Jahren entstanden, Einsatz von elektronischen Instrumenten und Klängen. Subgenres: House, Techno, Ambient. Bekannte Interpreten/Bands: Carl Cox, Frankie Knuckles, Sven Väth, David Guetta, The Chemical Brothers und Daft Punk.

Grunge: in den späten 1980er-Jahren in Seattle entstanden; Mischung aus Punk, Heavy Metal und Hard Rock. Bekannte Interpreten/Bands: Nirvana und Pearl Jam.

Heavy Metal: in den späten 1960er-Jahren entstanden; harte Gitarrenriffs, schnelle Schlagzeugbeats und oft düstere Texte. Subgenres: Thrash Metal, Power Metal, Death Metal. Bekannte Interpreten/Bands: Black Sabbath, Judas Priest, Iron Maiden und Metallica.

Motown: Soul-Musik vom gleichnamigen Plattenlabel aus Detroit. Bekannte Interpreten/Bands: The Supremes, Marvin Gaye, Stevie Wonder und Aretha Franklin.

Punk: Ende der 1970er-Jahre entstanden; schnelle, harte und aggressive Musik, einfache Melodien und direkte, oft provokante Texte. Bekannte Interpreten/Bands: The Ramones, Sex Pistols und The Clash.

Reggae: in Jamaika in den späten 1960er-Jahren entstanden; charakteristische Offbeat-Rhythmen. Subgenre: Dancehall; Sprechgesang: Toasting. Bekannte Interpreten/Bands: Bob Marley & The Wailers, Peter Tosh und Toots & the Maytals.

Synthiepop: in den späten 1970er-Jahren entstanden, besonders populär in den 1980er-Jahren; charakteristisch sind elektronische Synthesizer und Drumcomputer. Bekannte Interpreten/Bands: Depeche Mode, New Order und Pet Shop Boys.

Für musikalischen Erfolg auf ganzer Linie ist neben den Interpreten und Komponisten die Expertise vieler weiterer Schlüsselgruppen essenziell. Dass an erfolgreichen Musikalben in der Regel viele verschiedene Personen beteiligt sind, illustriert Michal Jacksons Album *Thriller* aus dem Jahr 1982 recht gut: Das Gitarrensolo von »Beat It« spielte Eddie Van Halen ein – wohlgemerkt ohne Bezahlung – und Steve Lukather, David Paich, Jeff und Steve Porcaro der Gruppe Toto (»Africa« und »Hold the Line«) waren instrumental bei einigen Stücken involviert.

Musikproduzenten haben oft den entscheidenden Riecher, geben Songs den letzten akustischen Schliff und bauen die Alben als Gesamtkunstwerke zusammen. Wichtige Entscheidungen wie die Auswahl der Studiomusiker, die Organisation des Aufnahmeprozesses und die technische Abmischung gehören ebenfalls zu ihrem Aufgabenfeld. Orientiert man sich sowohl an gewonnenen Preisen als auch an Kritiker- und Branchenmeinungen, gibt es nur wenige, die hierbei **Quincy Jones** das Wasser reichen können. Ursprünglich in den 1950er-Jahren als Jazz-Arrangeur für Größen wie Duke Ellington, Dizzy Gillespie und seinen Jugendfreund Ray Charles gestartet, heimste er im Laufe seiner langen Karriere 80 **Grammy**-Nominierungen ein – ein Wert, der nur von Beatle Paul McCartney und Power-Couple Beyoncé und Jay-Z übertroffen wird. 28 der goldenen Grammophon-Statuen kann er in seinem Trophäenschrank aufstellen, hier sammelten nur Beyoncé (32) und der ungarisch-britische Dirigent Georg Solti (31) mehr ein. Insbesondere die Zusammenarbeit mit Michael Jackson trug saftige Früchte. Die beiden Perfektionisten vereinten ihre musikalische Schöpfungskraft auf den Alben *Off the Wall*, *Bad* und *Thriller*. Zum Produzenten-Olymp der populären Musikindustrie zählen gemeinhin noch **George Martin**, vor allem für seine Arbeit mit den Beatles bekannt, dessen Bedeutung schon an seinem Spitznamen »fünfter Beatle« ablesbar ist, **Trevor Horn**, der durch seine Arbeit mit Bands wie Frankie goes to Hollywood auch als »der Mann, der die Achtziger erfand« gehandelt wird, sowie **Rick Rubin**, der als Mitgründer des Labels Def Jam Recordings den Hip-Hop mit den Beastie Boys und LL Cool J prägte, aber auch Genres wie Heavy Metal (Metallica, Slayer und System of a Down), Alternative Rock (Red Hot Chili Peppers, Linkin Park) und selbst Country (Johnny Cash) beherrscht. In Deutschland ist neben Dieter Bohlen insbesondere **Frank Farian** zu nennen, der große Erfolge mit Boney M. feierte.

Kaum jemand hat der internationalen Popmusik in den letzten 25 Jahren so sehr seinen Stempel aufgedrückt wie der Schwede **Max Martin,** der an insgesamt 25 US-Nummer-1-Hits als Autor mitgewirkt hat – ein Wert, der nur noch von **Paul McCartney** und **John Lennon** überboten wird. Zu seinen bekanntesten Stücken zählen »... Baby One More Time« von Britney Spears, »I Kissed a Girl« von Katy Perry und »Blinding Lights« von The Weeknd. Dieser Neo-Synthie-Ohrwurm aus dem Jahr 2019 hat sich zum absoluten Dauerbrenner entwickelt und ist mit über vier Milliarden Aufrufen der am häufigsten gespielte Song aller Zeiten auf der führenden Streamingplattform Spotify.

Die wenigsten Lieder werden allein geschrieben, und insbesondere moderne erfolgreiche Songs zeichnen sich durch eine Vielzahl an Autoren aus – an etwa über einem Drittel der Hot-100-Hits sind mittlerweile vier oder mehr **Songwriter** beteiligt. Legendär sind auch Autoren-Duos wie **Burt Bacharach** und **Hal David**, die Pioniere des Rock 'n' Roll **Jerry Leiber** und **Mike Stoller**, **Elton John** und **Bernie Taupin**, die Ehepaare **Nickolas Ashford** und **Valerie Simpson** sowie **Carole King** und **Gerry Goffin**. Für viele Motown-Hits zeichnete das Trio **Holland-Dozier-Holland** verantwortlich, und die Popmusik der 1980er-Jahre wurde maßgeblich von **Stock Aitken Waterman** geprägt.

Viele der Aufnahmen wurden in Tonstudios erstellt, die selbst Legendenstatus genießen, z. B. im **Sun Studio** in Memphis, das als ein Geburtsort des Rock 'n' Roll gilt, in den **Hansa Studios** in Berlin, in denen David Bowie, U2 und Depeche Mode bedeutende Alben einspielten, und in den **Abbey Road Studios** in London, »Heimspielstätte« der Beatles, deren Zebrastreifen durch das Cover des gleichnamigen Albums weltberühmt wurde.

Die richtigen Töne treffen lassen

Großer Popularität erfreut sich in der Unterhaltungsmusik das **Auto-Tune-Verfahren**, mit dem Studiotechniker die Tonhöhe des Gesangs korrigieren können. Es dient jedoch nicht nur dazu, gesanglich unbegabteren Musikern passable Aufnahmen zu ermöglichen, sondern wird als bewusste Verzerrung künstlerisch genutzt, u. a. von Kanye West und bereits im Jahr 1998 im Welthit »Believe«, sodass es auch als »Cher-Effekt« bezeichnet wird.

Ein besonderes »Kompositionsprinzip« und eine etablierte Erfolgsformel der Musikindustrie besteht in der Zusammenführung von mehreren attraktiven jungen Männern für ein mehrheitlich weibliches, bei Konzerten oft kreischendes Publikum. Die Rede ist natürlich von **Boybands**.

Musizierende Jungsgruppen, von Doo-Wop-Gruppen wie den **Platters** über die britische Sensation der **Beatles** bis zu den **Bee Gees** und **Jackson 5**, waren seit jeher ein Kernelement der Popmusik. Und speziell gecastete Bands für spezifische Märkte sind auch keine Erfindung der 1990er-Jahre – man denke an **The Monkees** und selbst das Trio der **Sugarhill Gang**, das im Jahr 1980 den ersten veritablen Hip-Hop-Hit mit »Rapper's Delight« lieferte. Sie und einige andere sind das Produkt von Castings.

Dennoch stießen seit den **New Kids on the Block** Schritt für Schritt mehrköpfige Gesangsformationen junger Männer in den Pop-Olymp vor. Neben der R'n'B-Gruppe **Boyz II Men** dominierten ab den 1990er-Jahren die unter der Ägide des Musikmanagers Lou Pearlman stehenden ***NSYNC** (mit Justin Timberlake) und die **Backstreet Boys** nicht nur die Charts, sondern auch die Wände der Kinderzimmer von Millionen Teenagern. Aus Irland stimmte **Westlife** mit ein, und von der größeren Nachbarinsel eroberten **Take That** mit Robbie Williams den europäischen Musikmarkt. Globaler chartete das zwei Jahrzehnte später gegründete Quintett **One Direction**, das der Castingshow *The X-Factor* entsprang und mit **Harry Styles** einen der erfolgreichsten aktuellen Popstars hervorbrachte.

Diese Erfolgsformel ist natürlich nicht nur dem männlichen Geschlecht vorbehalten, wie man an den **Supremes** um Diana Ross in den 1960er-Jahren, dem Hip-Hop-Trio **TLC** und der »Girl Power«-Band schlechthin, den **Spice Girls**, sieht. Auch Deutschland schrieb mit **Tic Tac Toe** und der ersten Casting-Sensation **No Angels** seine Erfolgsstorys in puncto **Girl Bands**.

Zur Verbreitung und Popularisierung moderner Musik unerlässlich sind **Musikvideos**, die als eigenständige Kunstwerke die visuelle Ästhetik der Musikindustrie prägen und bei den populären **MTV Music Awards** Auszeichnung finden. Sie gehören zudem zu den meistgesehenen Videos auf YouTube. Einige namhafte Filmregisseure sammelten ihre ersten größeren Erfahrungen mit der Visualisierung populärer Musik, darunter **David Fincher** (*Fight Club* und *The Social Network*), der Musikvideos für Madonna (»Vogue«), Justin Timberlake und George Michael realisierte, und **Spike Jonze** (*Being John Malkovich*), der mit den Beastie Boys, Björk und Fatboy Slim (»Weapon of Choice«) arbeitete. Sogar Altmeister **Martin Scorsese** hinterließ in diesem Genre Spuren, setzte er doch Michael Jackson im Video zu »Bad« in Szene. Als ikonischer Klassiker schlechthin gilt das Video zum Jackson-Hit »Thriller« von **John Landis** (*Blues Brothers*).

EINIGE (UN-)VERGESSENE DDR-HITS, DIE SIE KENNEN SOLLTEN

Die als Relevanzgradmesser dienenden Charterfolge basieren nur auf den Verkaufszahlen innerhalb der Bundesrepublik Deutschland, daher fehlen Musiker, die in der DDR die Massen begeisterten. Nicht nur die starke Zensur, auch die Folgen der Planwirtschaft im ostdeutschen Staat ließ einen klassischen Markt ohnehin nur begrenzt zu. So war die Maximalzahl an Platten festgelegt, die **Amiga** - das einzige Label populärer Musik in der DDR - pro Jahr pressen konnte. Dennoch ist die Beliebtheit der Verkaufsschlager unverkennbar.

Am häufigsten fand **Frank Schöbels** »Weihnachten in Familie« den Weg vom Konsum in die Platte. Ebenfalls millionenfach verkauft wurden »Rock 'n' Roll Music« von den **Puhdys** und »Der blaue Planet« von **Karat**, die mit dem Lied »Über sieben Brücken« einen der absoluten Ost-Klassiker schufen (im Westen erfolgreich gecovert von Peter Maffay). Im Lied-Olymp des Ostens finden sich außerdem »Am Fenster« von **City** und »Alt wie ein Baum« von den Puhdys. Viele beliebte Musiker verließen das Land allerdings schon vor dem Mauerfall - sei es auf Drängen der politischen Führung oder auf eigenen Ausreisewunsch -, darunter der Liedermacher **Wolf Biermann**, die Rocksängerin **Nina Hagen** und die erfolgreichste Sängerin der 1970er-Jahre, **Veronika Fischer**.

In vielen großen Musikmärkten lässt sich beobachten, dass **Rap** die meisten Chartstürmer zählt, egal ob in Russland (Morgenshtern und Oxxxymiron), Italien (Sfera Ebbasta und Fedez), der Türkei (Ezhel) oder Frankreich (Booba, Ninho und Sch). Diese Entwicklung geht mit einem Erstarken einheimischer Künstler und dem zunehmenden Gebrauch der Landessprache einher. So liegt der Anteil italienischsprachiger Hits in

Italien wieder bei über 80 Prozent, nachdem es zwischenzeitlich lange weniger als die Hälfte war. Im Jahr 1995 wurde kein einziger Chartsong in der Landessprache gesungen! Traditionell liegen die Werte in Deutschland unter denen von Ländern mit durchschnittlich höherer Identifikation mit dem eigenen Liedgut, aber durch Künstler wie Capital Bra, Apache 207 und Bonez MC wurde die deutsche Sprache als Hit-Grundlage von Neuem etabliert.

Nationale Unterschiede

Jede nationale Spielart eines Musikgenres hat ihre Eigenheiten, so auch Rap und Hip-Hop: In Südkorea darf es textlich aufgrund der äußerst strengen Gesetzesauflagen nicht um das ansonsten überaus beliebte Thema Drogenkonsum gehen, die UK-Szene zeigt im Vergleich zu den USA wesentlich weniger Überschneidungen mit R'n'B und wirkt insgesamt härter und rauer (Grime-Stil) und die Niederlande weisen mehr elektronische Elemente auf. Künstler aus diesem Land dominieren schließlich seit Langem den Markt der elektronischen Musik, wie der Erfolg von **Armin van Buuren, Tiësto, Hardwell** und **Martin Garrix** zeigt: In den vergangenen zwei Jahrzehnten kamen die drei zusammen auf 13 Siege bei der Abstimmung des *DJ Magazine* zum »Besten Disk-Jockey der Welt«.

Nichtsdestotrotz war in den Top-100-Radio-Charts, den offiziellen **Deutschen Airplay-Charts**, im Jahr 2021 kein einziger deutschsprachiger Titel vertreten. Abgesehen von drei spanischsprachigen Hits wählten die Radio-DJs ausschließlich englischsprachige Lieder aus. Die Chart-Topper aus dem Rap und Hip-

Hop haben dann wohl doch eine spitze Zielgruppe. So divergiert und fragmentiert ist unsere Hörwelt mittlerweile.

Akustische Zitate

Ein weiteres Merkmal, nicht nur, aber insbesondere moderner Chartmusik, sind **Samples**, also die Verwendung von Ausschnitten bereits existierender Stücke, quasi akustische Zitate. Das wohl meistgenutzte Fragment ist der **Amen Break**, ein nur vier Takte kurzes Drum-Solo des instrumentalen Funk-Stücks »Amen, Brother« der Band The Winstons aus dem Jahr 1969. Von allen Liedern, die im Jahr 2021 auf der Hot-100-Liste von Billboard zu finden waren, enthielten laut einer Analyse des Musikdienstleisters Tracklib 14 Prozent Samples aus zuvor veröffentlichten Songs, und über die Hälfte aller Alben, die es in die Top 25 der Charts geschafft hatten, verwendeten Samples - meist nicht mehr versteckt, sondern dies waren häufig bekannte Melodien erfolgreicher Hits der Vergangenheit.

Auch die zweite große Nische der deutschen Musikindustrie – **Schlagermusik** – ist in den Airplay-Charts trotz spezialisierter Sender weniger stark repräsentiert, da die Schlagerwellen die meisten Hits etwas dosierter spielen, während junge Sender oft auf Dauerrotation setzen. Allerdings muss man beim Relevanzmarker Airplay-Charts festhalten, dass bei der Ermittlung der Platzierungen die Reichweiten der Sender beigemischt werden. Dennoch kommen die **Evergreens** (also »Die besten Hits der 80er- und 90er-Jahre«) beim Radiohörer aufgrund niedriger Einsatzhäufigkeit nicht an aktuelle Pop-Songs heran.

Trotz fortschreitender Fragmentierung des Medienkonsums scheint es zu gewissen Zeiten doch noch zu einer Synchronisation zu kommen: Alle Jahre wieder erklimmt **Mariah Carey** zum Jahresende die Spitze der Charts. Ihr folgen **Chris Rea, Dean Martin, Brenda Lee, Shakin' Stevens, Melanie Thornton, Dean Martin** und **José Feliciano** mit ihren Evergreens zum Weihnachtsfest – und schon Wochen zuvor lauert überall die Gefahr, »gewhamt« zu werden. Vor dem Lagerfeuer der Nation erzielt dann *Kevin – Allein zu Haus*, eine Komödie aus dem Jahr 1990, stets herausragende Quoten, und der DDR-Märchenfilm *Drei Haselnüsse für Aschenbrödel* sowie der Komödienklassiker *Die Feuerzangenbowle* mit Heinz Rühmann versammeln die Familie vor dem Fernseher. Eine Woche später kommt man zum Jahreswechsel an dem Sketch »Dinner for One« um Miss Sophie und Butler James kaum vorbei.

WEITERE DEUTSCHSPRACHIGE KÜNSTLER, DIE SIE KENNEN SOLLTEN

Die Ärzte: Berliner (Punk-)Rockband um Farin Urlaub, Bela B und Rodrigo González, die sich als »Beste Band der Welt« bezeichnet. Bekannte Songs: »Männer sind Schweine«, »Westerland« und »Schrei nach Liebe«. Ja, auf dem A des Bandnamens fehlt der dritte Punkt, »Arschloch«.

Die Fantastischen Vier: Pioniere des deutschsprachigen Rap und Hip-Hop aus Stuttgart. Smudo, Thomas D, Michi Beck und And.Ypsilon wechselten sich am Mikrofon ab. Bekannte Songs: »Die da!?« und »MfG - Mit freundlichen Grüßen«.

Falco: exzentrischer österreichischer Musiker der 1980er- und 1990er-Jahre, dessen »Rock Me Amadeus« als bis heute einziges deutschsprachiges Lied die Spitze der US-Billboard-Charts erklommen hat. »Der Kommissar« gilt einigen als der erste kommerziell erfolgreiche Rap-Song eines Weißen.

Heino: Der blonde Sänger mit der dunklen Sonnenbrille ist ein Urgestein der deutschen Musiklandschaft. Seine markante, tiefe Stimme verleiht Liedern wie »Blau blüht der Enzian« und »Die schwarze Barbara« eine besondere Note.

Helene Fischer: gegenwärtig kommerziell erfolgreichste deutsche Künstlerin, die seit ihrem poppigen Party-Schlager »Atemlos durch die Nacht« die deutschen Charts dominiert.

Kraftwerk: internationale Pioniere der elektronischen Musik aus Düsseldorf. Im Kling-Klang Studio entstanden Alben wie *Autobahn, Computerwelt, Trans Europa Express und Die Mensch-Maschine*. Erste und einzige deutsche Band in der Rock and Roll Hall of Fame.

Marius Müller-Westernhagen: Rockmusiker und Schauspieler. Bekannte Songs: »Mit Pfefferminz bin ich dein Prinz«, »Willenlos« und »Freeeeeiheeeit«.

Nena: Mit »99 Luftballons« gelang der Band der Neuen Deutschen Welle mit ihrer gleichnamigen Frontfrau im Jahr 1983 ein Welthit.

Pur: Band aus Bietigheim-Bissingen, deren Songs fester Bestandteil fast jeder Playlist auf hiesigen Partys und Veranstaltungen sind. Vor allem bekannt ist »Abenteuerland«.

Rammstein: Industrial-Metal-Band, seit den 1990er-Jahren weltweit gefeiert, die auf spektakulären Liveshows ihre von provokanten Texten getragene, brachiale Musik mit ihrem Frontmann Till Lindemann darbietet.

Roland Kaiser: Schlagerlegende mit treuer Fangemeinde (»Kaisermania«). Bekannte Songs: »Ich glaub es geht schon wieder los«, »Joana« und »Santa Maria«.

Rolf Zuckowski: mit weitem Abstand erfolgreichster deutscher Kinderlieder-Komponist und -Sänger mit »In der Weihnachtsbäckerei« und »Die Jahresuhr«.

Scooter: Techno- und Dance-Band um den charismatischen Frontmann H.P. Baxxter und seine unverwechselbaren Shouts »Hyper, Hyper« und »How Much Is the Fish?«

Wolfgang Petry: Schlagersänger mit ehemals vielen Kilos Freundschaftsbändern am Arm. Vor allem bekannt für »Hölle, Hölle, Hölle«.

Neben Charterfolgen, Verkaufszahlen und Preisen sind ein weiterer kanonbildender Relevanzindikator **Bestenlisten** (die natürlich immer »falsch« sind). Am Ende des Jahres kann man sich stets bei einschlägigen Magazinen und Webseiten über die – laut meinungsstarken Musikjournalisten – »besten Alben« und »besten Songs« der vergangenen zwölf Monate informieren. Zeitunabhängiger sind all jene Rankings, die mit einem »aller Zeiten« versehen sind, sogenannte **Ewige Listen**, die einmal pro Dekade neu aufgelegt werden. Am einflussreichsten sind wohl die Rankings des US-amerikanischen Magazins *Rolling Stone*. Im Folgenden finden Sie die besten Songwriter, Gitarristen, Drummer und Songs laut dem populären Fachblatt.

DIE BESTEN SONGWRITER, GITARRISTEN, DRUMMER UND SONGS, DIE SIE KENNEN SOLLTEN

SONGWRITER

1. Bob Dylan
2. Paul McCartney
3. John Lennon
4. Chuck Berry
5. Smokey Robinson
6. Mick Jagger und Keith Richards
7. Carole King und Gerry Goffin

8. Paul Simon
9. Joni Mitchell
10. Stevie Wonder

GITARRISTEN

1. Jimi Hendrix
2. Eric Clapton (The Yardbirds, Cream)
3. Jimmy Page (The Yardbirds, Led Zeppelin)
4. Keith Richards (The Rolling Stones)
5. Jeff Beck (The Yardbirds)
6. B.B. King
7. Chuck Berry
8. Eddie Van Halen (Van Halen)
9. Duane Allman (The Allman Brothers Band)
10. Pete Townsend (The Who)

DRUMMER

1. John Bonham (Led Zeppelin)
2. Keith Moon (The Who)
3. Ginger Baker (Cream, Blind Faith, Ginger Baker's Air Force)
4. Neil Peart (Rush)
5. Hal Blaine (The Wrecking Crew)

SONGS

1. »Respect« (1967), Aretha Franklin
2. »Fight the Power« (1989), Public Enemy
3. »A Change Is Gonna Come« (1964), Sam Cooke
4. »Like a Rolling Stone« (1965), Bob Dylan
5. »Smells Like Teen Spirit« (1991), Nirvana
6. »What's Going On« (1971), Marvin Gaye
7. »Strawberry Fields Forever« (1967), The Beatles

8. »Get Ur Freak On« (2001), Missy Elliott
9. »Dreams« (1977), Fleetwood Mac
10. »Hey Ya!« (2003), Outkast

Zwei Musikrichtungen, die weder in den USA noch in Europa entstanden sind, haben in der letzten Dekade erheblichen Einfluss auf dem globalen Musikmarkt gewonnen.

Der aus Südkorea stammende **K-Pop** erfreut sich insbesondere bei vielen jüngeren Hörern großer Beliebtheit, allen voran die Boyband **BTS** und die Mädchengruppe **Blackpink**. In vielen Kinderzimmern hängen Poster von JIN, Suga und Co., und die größten Hallen der Welt werden problemlos binnen weniger Minuten ausverkauft. Wenngleich es mittlerweile auch **J-Pop** (Japan), **V-Pop** (Vietnam) oder **C-Pop** (China) gibt, konnten diese »Ableger« aus verschiedenen Gründen zumindest global nicht so Fuß fassen wie die koreanischen Vertreter: Das Phänomen K-Pop ist eingebettet in einen weltweiten Popularitätsschwung koreanischer Popkultur, das sogenannte Hallyu, die koreanische Welle, die aktiv vom koreanischen Staat gefördert wird. Laut einer Studie des Hyundai Research Institute bezifferte sich der kommerzielle Beitrag der Gruppe zur Volkswirtschaft ihres Heimatlandes im Jahr 2019 auf fast fünf Milliarden US-Dollar! Bemerkenswert ist, dass die Genese dieser erfolgreichen Bands fast ausschließlich auf Casting-Formate zurückzuführen ist – eine geschäftliche Symbiose der Fernseh- und Musikwelt, die zumindest in Deutschland und auch in den USA mittlerweile bei Bands kaum mehr über Zugkraft verfügt.

Reggaeton ist eine Mischung aus Reggae, Hip-Hop, südamerikanischen und karibischen Musikrichtungen. So führte der puerto-ricanische Sänger Benito Ocasio, besser bekannt als **Bad Bunny**, von 2020 bis 2022 die Spotify-Jahresendliste der meistgestreamten (aka meistgehörten) Künstler der Welt an. Erst danach folgten die üblichen Verdächtigen wie Taylor Swift und Ed Sheeran. Sollte Ihnen Bad Bunny nichts sagen, werden Sie mit Sicherheit den Reggaeton durch zwei weitere Puerto-Ricaner kennengelernt haben: **Luis Fonsi** und **Daddy Yankee** veröffentlichten im Jahr 2017 den Ohrwurm »Despacito«, dessen Musikvideo heute mit über acht Milliarden Aufrufen auf YouTube das am zweithäufigsten geklickte Video aller Zeiten ist – übertrumpft nur von dem modernen Kinderliedklassiker »Baby Shark Dance«.

Top of YouTube

Die meistgesehenen YouTube-Videos werden von zwei »Genres« dominiert: **Musikvideos** (angeführt von Ed Sheerans »Shape of You« und Wiz Khalifas »See You Again«) - und **Kinderliedern** (»Johny Johny Yes Papa« und »Bath Song«).

Nichtwestliche populäre Musiktraditionen bleiben oftmals in ihren sprachlichen und kulturellen Grenzen verhaftet. Unsere Gefängnisse der Hörgewohnheiten durchbrechen fremde Stile und Künstler meist nur im Schlepptau bereits etablierter Musiker – sei es als Zusammenarbeit oder schlicht durch Aneignung. Keine weltweite Beachtung, aber regional und national bestimmenden Einfluss haben viele Künstler und Stile, die man hierzulande unter dem komischen Label »**Weltmusik**« fasst. Dazu zählen u. a. die in Indien und Pakistan vom Sufismus geprägten spirituellen **Qawwali**-Gesänge, beispielsweise **Nusret Fateh Ali Khan**, die ägyptische Sängerin **Umm Kulthum**, die wohl erfolgreichste Musikerin des 20. Jahrhunderts aus dem arabischen Raum, **Enkas**, quasimelancholische japanische Schlager, insbesondere von **Hibari Misora**, und die **Música Popular Brasileira,** kurz MPB, zu deren bekanntesten Vertretern u.a. **Gilberto Gil, Elis Regina** und **Caetano Veloso** zählen.

WEITERE GLOBALE MUSIKIKONEN, DIE SIE KENNEN SOLLTEN

Antônio Carlos Jobim (Brasilien): gilt zusammen mit João Gilberto als Begründer der Bossa Nova. Schuf die Melodie des Welthits »The Girl from Ipanema«. Der internationale Flughafen Rio de Janeiros trägt seinen Namen.

Amália Rodrigues (Portugal): Königin des melancholischen, emotionalen portugiesischen Gesangsstils Fado.

Barış Manço (Türkei): Pionier des Anadolu-Rock, der zusammen mit dem Meister des arabesken Pop-Gesangs İbrahim Tatlıses und »Queen of Turkish Pop« Sezen Aksu zu den beliebtesten Künstlern des türkischen Sprachraums zählt.

Cesária Évora (Kap Verde): »Barefoot Diva«, die den Morna-Stil auf die Weltbühne brachte.

Édith Piaf (Frankreich): größte Chanson-Sängerin des 20. Jahrhunderts, bekannt u. a. für »La vie en rose« und »Milord«. Bei den Männern ragten im französischsprachigen Gesang u. a. Jacques Brel und Charles Aznavour heraus.

Fairuz (Libanon): oft bezeichnet als »Seele« und des Libanon, gilt vielen als größte Ikone der modernen arabischen Musik.

Fela Kuti (Nigeria): Begründer des Afrobeat, der heute von seinen Landsleuten Burna Boy und Wizkid dominiert wird. Landete als Gegner der nigerianischen Militärjunta oft im Gefängnis (*Zombie*). Stellte sich als antikolonialer Panafrikanist dar, Kritiker sahen in dem Kopf der Kalakuta-Kommune einen sexistischen Demagogen.

Khaled (Algerien): »König des Raï«, der ursprünglich aus dem algerischen Oran stammenden im ganzen arabischen Raum populären Volksmusik. Die Sänger tragen unabhängig von ihrem Alter den Beinamen »Cheb« (»jung«).

Luis Miguel (Mexiko): »El Sol de México«, einer der erfolgreichsten und bekanntesten lateinamerikanischen Musiker.

Ravi Shankar (Indien): Sitar-Spieler, der die klassische indische Musik einem internationalen Publikum bekannt machte und viele Popmusiker inspirierte.

MUSIKKONZERTE, -FESTIVALS UND -EVENTS

»Live is Life« – so singt es nicht nur die Ösi-Band Opus, sondern so sehen es auch Millionen von Konzertgängern, die das Werk ihrer Lieblingskünstler nicht nur über Kopfhörer oder Lautsprecher zu Hause hören wollen, sondern auch mal live in Klangfarbe. Und auch viele Musiker haben wieder ein erhöhtes Interesse an Liveauftritten, da die Einnahmen über Streaming nicht an die CD- und Plattenverkäufe von früher heranreichen. Natürlich ist es Geschmackssache, welche Künstler die »beste« Show liefern, aber in den Rankings etablierter Musikmagazine tauchen häufig dieselben Namen ganz weit oben auf: die britische Rockband **Queen** um ihren charismatischen Sänger Freddie Mercury und promovierten Astrophysiker Brian May an der Gitarre, deren Musik nicht umsonst auch unter dem Label »Arena Rock« geführt wird, die australische Band **AC/DC**, die ihre Fans mit Hits wie »Thunderstruck« elektrisiert und deren Sänger Angus Young mit seinem Duck Walk begeistert, sowie die englische Rockband **Pink Floyd**, die mit ihren aufwendigen und elaborierten Liveshows neue Maßstäbe setzte.

Laut den spätestens seit den 1980er-Jahren gut dokumentierten Tournee-Einnahme-Statistiken sind insbesondere zwei Bands weltweite Publikumsmagneten: Die irische Rockband **U2** um Sänger Bono erzielte in acht verschiedenen Jahren die höchsten Einnahmen aller Musiker, gefolgt von den gefühlt ständig auf Tour spielenden **The Rolling Stones** – und die über 80-jährigen Rocklegenden Mick Jagger und Keith Richards denken noch längst nicht an den Ruhestand. Beide Bands sollen in ihrer Karriere bisher, ebenso wie **Elton John** und **Bruce Springsteen** mit seiner E Street Band, jeweils über 20 Millionen Tickets verkauft haben, eine Marke, die **Coldplay, Metallica** und **Bon Jovi** in den nächsten Jahren vermutlich ebenfalls durchbrechen werden. Die wirtschaftlich erfolgreichste Konzerttour aller Zeiten hatte **Taylor Swift** im Jahr 2023 mit ihrer »The Eras Tour«; pro Show fuhr sie über 17 Millionen US-Dollar ein, was Gesamteinnahmen von über einer Milliarde US-Dollar entspricht! Der wirtschaftlich positive Einfluss der im Jahr 1989 geborenen US-Sängerin wird mittlerweile gar unter dem Begriff »Swiftonomics« gefasst.

Queen B und die Ökonomie

Laut schwedischen Ökonomen soll Beyoncés Auftaktkonzert ihrer »Renaissance World Tour« in Stockholm im Mai 2023 mitverantwortlich dafür sein, dass die Inflation im Land um 0,2 Prozentpunkte höher ausfiel als erwartet. Ein möglicher Grund: Große Konzertveranstaltungen führen in der Regel zu steigenden Preisen, vor allem in der Hotelbranche und der Gastronomie.

Grundsätzlich sind große Tourneen nicht nur Bands vorbehalten. Waren erfolgreiche Solokünstler wie **Madonna** und **Michael Jackson** früher eher die Ausnahme, sind es neben Taylor Swift und Beyoncé gegenwärtig vor allem **Ed Sheeran** und **Harry Styles**, die als Popstars die Stadien füllen.

Dabei muss man gar nicht um die ganze Welt touren – man kann die Fans auch zu sich kommen lassen: So trat **Céline Dion** vor ihrer neurologischen Erkrankung knapp 15 Jahre lang in ihrer »Künstlerresidenz« im Caesars Palace in Las Vegas auf, und »Piano Man« **Billy Joel** spielt seit 2014 jeden Monat einmal im Madison Square Garden in New York City. Mehr Leute als in den MSG passen ins Maracanã-Stadion in Rio de Janeiro, wo nacheinander **Frank Sinatra, Tina Turner** und **Paul McCartney** Zuschauerrekorde mit jeweils über 150 000 verkauften Tickets für einen Gig aufstellten. Mehr als 200 000 zahlende Fans sollen nur der Italiener **Vasco Rossi** und die jugoslawische Band **Bijelo dugme** nachweislich zu einem ihrer Auftritte in ihrem jeweiligen Heimatland gelockt haben.

Um das zu toppen, lässt man einfach den Eintrittspreis weg und bringt z.B. **Rod Stewart** oder **Jorge Ben Jor** (komponierte u.a. »Mas que nada«) an die Copacabana, wo zu Silvester in den 1990er-Jahren jeweils über drei Millionen Menschen zusammenfanden. Ein wahrer Spezialist für Gratis-Konzertspektakel für die Massen ist der französische Klangkünstler **Jean-Michel Jarre**, der in Houston, Moskau und mehrmals in Paris über eine Million Zuschauer angezogen haben soll – da jedoch keine Tickets verkauft wurden, sind dies reine Schätzungen. Legendär sind zudem politisch bedeutende Auftritte wie Bruce Springsteens und **Udo Lindenbergs** Konzerte in der DDR und **Roger Waters** »The Wall«-Konzert im Jahr 1990 am Potsdamer Platz.

Wem ein Künstler nicht ausreicht, der kann eines der immer populärer werdenden Musikfestivals besuchen, bei denen nicht selten eine dreistellige Anzahl etablierter und neuer Künstler oft zeltende, feierbegeisterte Menschen unter freiem Himmel zum Tanzen und Mitsingen anregt.

Während sich die Anfänge der Festivalkultur in den USA in den 1960er-Jahren mit **Woodstock**, **Monterey** & Co. noch recht chaotisch und spontan gestalteten, sind große mehrtägige Festivals mittlerweile ein wichtiger fester Bestandteil der Musikszene, die in regelmäßigen Abständen, meist im Jahresrhythmus, stattfinden. Im Festivalkalender fest etabliert sind z. B. das schottische **Glastonbury**, **Coachella** in Kalifornien, **Sziget** in Budapest, das dänische **Roskilde** und das mittlerweile global als Marke etablierte und verbreitete **Lollapalooza**, das u. a. in Berlin stattfindet. Weitere Festivals fokussieren sich auf einen bestimmten Musikstil, wie das auf elektronische Musik spezialisierte, im belgischen Boom stattfindende **Tomorrowland**. Freunde härterer Musik kommen einmal im Jahr im schleswig-holsteinischen **Wacken** zusammen.

Eines der wenigen Musikevents mit multinationaler Reichweite ist der im Jahr 1956 von der Europäischen Rundfunkunion ins Leben gerufene **Eurovision Song Contest**. Einmal im Jahr senden knapp 40 Länder Vertreter in den Wettbewerb um die Gunst der nationalen Jurys und Zuschauer. Zwischen 150 und 200 Millionen Zuschauer verfolgen das Spektakel allein in den jeweils teilnehmenden Nationen an den Bildschirmen.

Zu den Siegern zählten neben **France Gall** und **Toto Cotugno** auch die schwedischen Popgiganten **ABBA** (»Waterloo«, 1974) und **Udo Jürgens** (»Merci, Chérie«, 1966), deren internationale Erfolge gewiss zu einem nicht unwesentlichen Teil auf den Triumph bei dem damals noch als **Grand Prix Eurovision de la Chanson** bezeichneten Wettstreit zurückzuführen sind. Die dargestellten Stücke und auch die Sieger sind entsprechend dem gesellschaftlichen Wandel und der steigenden Anzahl der teilnehmenden Länder diverser geworden. So zählten zu den Gewinnern mittlerweile auch **Lordi**, eine finnische Heavy-Metal-Gruppe in Monsterkostümen, **Conchita Wurst**, eine österreichische Vollbart-Dragqueen, und der Portugiese **Salvador Sobral**, der mit einem melancholischen Jazz-Walzer Millionen Herzen eroberte.

Eine Dominanz, wie sie Irland mit vier Siegen in den fünf Jahren zwischen 1992 und 1997 darbot, ist heutzutage kaum mehr zu erwarten. Aufgrund der immensen Kosten einer an den Sieg gebundenen Austragung im Folgejahr entsenden einige Nationen – so behaupten zumindest böse Zungen – auch nicht ihre besten Vertreter. Etablierte Stars meiden die Auftritte zudem, wohl aus Angst, abgeschlagen auf den hinteren Rängen zu landen. Und auch wenn den Siegern internationale Aufmerksamkeit im direkten Anschluss an die Veranstaltung gewiss sein mag, für die allermeisten erweist sich das Event nicht als das erhoffte internationale Karrieresprungbrett.

Ich habe die Erfahrung gemacht, dass der eigene Musikgeschmack in vielerlei Hinsicht eine Frage der Hörgewohnheiten und Sozialisation ist. Dieser lässt sich jedoch auch bewusst formen bzw. erweitern. Ich höre beispielsweise mindestens einmal im Monat die Top-Platzierungen der Streamingdienste durch, um up to date zu bleiben. Gönnen Sie Ihren Ohren doch auch mal einen Ausflug in ein völlig unbekanntes Musikgenre, etwa indem Sie ein Konzert besuchen oder sich via Internet-Radiosendern in anderen Ländern umhören.

2
Film & Fernsehen

Und ... Action! Halten Sie Ihre Popcorntüte gut fest, denn in diesem Kapitel erwartet Sie eine rasante Kamerafahrt durch die Welt von Film und Fernsehen. Dabei richten wir zunächst die Scheinwerfer auf einige Meilensteine der Filmgeschichte und beleuchten unvergessliche Klassiker sowie die größten Blockbuster. Wir begegnen Helden und Schurken – verkörpert durch begnadete Schauspieler –, deren Träume und Ängste auf der großen Kinoleinwand Gestalt annehmen. Ein Blick hinter die Kamera darf nicht fehlen, denn hier geben namhafte Regisseure Anweisungen, um die von talentierten Drehbuchautoren kreierten Storylines in Szene zu setzen. Im Hintergrund sind unzählige unsichtbare Akteure beteiligt, um die Visionen der Filmemacher zum Leben zu erwecken und faszinierende Welten zu erschaffen, in die das Publikum eintauchen kann. Anschließend zappen wir durch die Kanäle der alten und neuen TV-Welt und betrachten im Schnelldurchlauf ein paar Sternstunden des Fernsehens. Auch Serienjunkies kommen hier bestimmt auf ihre Kosten!

FILMGESCHICHTE

Bis Bilder tatsächlich laufen lernten, ging einige Zeit ins Land. Die berühmten Serienfotografien eines galoppierenden Pferdes des in England geborenen US-Fotografen **Eadweard Muybridge** sowie die Erfindung des perforierten Filmstreifens durch den Franzosen **Étienne-Jules Marey** im Jahr 1888 waren technische Meilensteine auf dem Weg dorthin. Die Anfänge des Films reichen zurück ins späte 19. Jahrhundert, als zwei Geschwisterpaare mehr oder weniger zeitgleich die Geburtsstunde des Kinos einläuteten. Die Franzosen **Louis** und **Auguste Lumière** zeigten im Jahr 1895 in Paris mit ihrem Cinématographe kurze, dokumentarisch anmutende Szenen aus dem Alltag. Das Gleiche taten im selben Jahr die Deutschen **Max** und **Emil Skladanowsky** im Berliner Varieté mit ihrer Erfindung, dem Bioskop. Der französische Filmpionier und Illusionist **Georges Méliès** kam als einer der Ersten auf die Idee, in einem Film eine gänzlich fiktive Geschichte zu erzählen, und experimentierte dabei auch mit visuellen Effekten wie Tricktechnik. Inspiriert von den Romanautoren Jules Verne und H. G. Wells, kreierte er mit *Reise zum Mond* im Jahr 1902 den ersten, 16-minütigen **Science-Fiction-Film**. Als erster **Western** gilt der zwölf Minuten kurze Film *Der große Eisenbahnraub* von Edwin S. Porter, der ein Jahr später präsentiert wurde.

Die US-Filmindustrie war anfangs überwiegend an der Ostküste rund um New York verortet. Dass sich in Kalifornien eine Hochburg des Films aktiv entwickeln konnte, ist dem Umstand geschuldet, dass die **Motion Picture Patents Company**, gegründet im Jahr 1908 von führenden Filmproduzenten, u. a. Thomas Edison, alle wichtigen Patente für Apparate zur Filmaufnahme und -wiedergabe besaß und satte Lizenzgebühren dafür verlangte. Viele Filmemacher flohen quasi vor dem Monopol und wägten sich im Südwesten der USA in Sicherheit. In der Gegend rund um Los Angeles lockten zudem niedrigere Grundstückspreise und ideale klimatische und landschaftliche Bedingungen im Stadtteil Hollywood: Viele Sonnentage, Berge, weite Ebenen und das Meer ergaben eine ganzjährig günstige Kulisse für die verschiedensten Produktionen – anfangs noch alle stumm.

Es begann sich das **Studiosystem** zu etablieren, bei dem die großen Filmstudios eine umfassende Kontrolle über die Produktion, Vermarktung und Distribution von Filmen ausübten. **Paramount Pictures**, eines der ältesten und erfolgreichsten **Hollywood-Studios**, wurde bereits im Jahr 1912 gegründet, ebenso das von dem Deutschen Carl Laemmle ins Leben gerufene **Universal Pictures**. **Warner Bros.** und **Metro-Goldwyn-Mayer (MGM)** kamen rund ein Jahrzehnt später dazu und **20th Century Fox** Mitte der 1930er-Jahre. Diese Vormachtstellung verstärkte sich nach dem Zweiten Weltkrieg noch weiter. Heutzutage gehen fast alle großen Produktionen auf die »Big Five« zurück: **Universal Studios**, **Sony Pictures**, Warner Bros., Paramount Pictures und **Disney Studio**. Metro-Goldwyn-Mayer gehört mittlerweile zu Amazon und 20th Century Fox zu Disney.

Komiker wie **Charlie Chaplin**, die hierzulande als »Dick und Doof« bekannten **Stan Laurel** und **Oliver Hardy**, **Buster Keaton** und das dänische Komikerduo **Pat & Patachon** brachten das Publikum mit **Slapstick**-Elementen wie Tortenschlachten, Verfolgungsjagden oder handfesten Prügeleien zum Lachen. Dass der melonentragende Brite Chaplin auch tiefgründig konnte, zeigen seine Anti-Nazi-Satire *Der große Diktator* und seine sozialkritischen Komödien wie *Goldrausch* und *Lichter der Großstadt*. Einige der berühmtesten Schauspielerinnen dieser Ära waren neben der »schwedischen Sphinx« **Greta Garbo** auch das erste »It-Girl« **Clara Bow** und »America's Sweetheart« **Mary Pickford**. Der Massenhysterien auslösende »Latin Lover« **Rudolph Valentino** und Robin-Hood-Darsteller **Douglas Fairbanks** zählten zu den männlichen Filmstars der ersten Generation.

In jener Zeit wurden zudem aufwendige monumentale Stummfilme mit prächtigen Kulissen, aufwendigen Kostümen und unzähligen Statisten produziert. Als innovative Meilensteine gelten der dreistündige, inhaltlich heutzutage aufgrund seines offenen Rassismus umstrittene Historienfilm *Die Geburt einer Nation* des US-amerikanischen Regisseurs **D.W. Griffith** sowie das in einer futuristischen Großstadt spielende, bildgewaltige *Metropolis* des Deutschen **Fritz Lang**, das auf einem Roman seiner Frau Thea von Harbou basiert. Ermöglicht wurde dieser Filmklassiker erst durch das von Kameramann Eugen Schüfftan entwickelte Spiegeltrickverfahren, mit dem man scheinbar gigantische Kulissen darstellen konnte – abgelöst wurde es dann u.a. durch den Greenscreen. Daneben entstanden Mitte der 1920er-Jahre künstlerisch anspruchsvolle Filme wie *Panzerkreuzer Potemkin* von **Sergei Eisenstein** in der UdSSR. Horrorgeschichten hatte der Stummfilm ebenso zu bieten: In Deutschland z.B. den expressionistischen Streifen *Das Cabinet des Dr. Caligari* oder den Vampirfilm *Nosferatu – Eine Symphonie des Grauens*, einen der absoluten Klassiker des Weimarer Kinos von **Friedrich Wilhelm Murnau** mit dem legendären **Max Schreck** als Hauptdarsteller.

Trotz anfänglicher Skepsis der Filmemacher wegen technischer Schwierigkeiten und des immensen Aufwands beim Dreh setzte sich gegen Ende der 1920er-Jahre der Tonfilm durch. *Der Jazzsänger* mit **Al Jolson** markiert diesen Wendepunkt in der Filmgeschichte, und viele etablierte Stummfilm-Stars verloren quasi fast über Nacht ihren Status und ihre Einnahmequelle, da sich das Anforderungsprofil deutlich wandelte. In Deutschland verhalf die Tragikomödie *Der blaue Engel* Anfang der 1930er-Jahre **Marlene Dietrich**, die darin das Lied »Ich bin von Kopf bis Fuß auf Liebe eingestellt« charismatisch vortrug, als Schauspielerin zu Ruhm und Ansehen. Mit sozialkritischen Elementen wartete Fritz Langs Kriminalfilm *M – Eine Stadt sucht einen Mörder* auf.

Von wegen lautlos und monochrom!

Gänzlich ohne Ton war die Stummfilm-Ära übrigens gar nicht. Musik war ein essenzieller Begleiter, z.B. mit dem Piano, der Orgel oder der Geige, manchmal sogar einem ganzen Orchester, um die Stimmung von Szenen zu untermalen, und später spielte man den passenden Sound via Schallplatte ab. Selbst schwarzweiß waren nicht alle - durch Techniken wie Viragierung, Tönung oder Handkolorierung.

Die Gleichschaltung der Medien nach der Machtübernahme der Nationalsozialisten hatte eine Vielzahl von Maßnahmen zur Kontrolle der Filmindustrie zur Folge, und Filme wurden vorrangig zu Propagandazwecken eingesetzt. Eine der bekanntesten und umstrittensten Filmemacherinnen dieser dunklen Ära der deutschen Geschichte war **Leni Riefenstahl**, die u.a. bei den bildgewaltigen Dokumentarfilmen *Triumph des Willens* und *Olympia* Regie führte und neue ästhetische Maßstäbe setzte. Ebenfalls von der Reichsregierung in Auftrag gegeben wurde der antisemitische Propagandafilm *Jud Süß* von Regisseur **Veit Harlan**.

Ab 1933 flohen viele der kreativsten Filmemacher, darunter auch der junge Österreicher **Billy Wilder** aus Deutschland, über den großen Teich und fanden eine neue Heimat in den USA, was Hollywood endgültig zum Nabel der internationalen Filmwelt machte.

Der **Film Noir** (franz.: »schwarzer Film«) feierte vor allem in den 1940er- und 1950er-Jahren Erfolge. Seine Markenzeichen: düstere Atmosphäre, pessimistische Weltsicht, komplexe Handlung, bedrohliche Stimmung durch den effektiven Einsatz von Licht und Schatten. Die Plots drehten sich häufig um Detektivgeschichten, Korruption und/oder moralische Ambivalenz. Gewissermaßen eingeläutet wurde diese Ära durch **John Hustons** *Die Spur des Falken* mit **Humphrey Bogart** in der Rolle des zynischen Privatdetektivs Sam Spade. Weitere nennenswerte Film-Noir-Werke sind *Tote schlafen fest*, *Sunset Boulevard* von Billy Wilder und *Im Zeichen des Bösen* von **Orson Welles**.

Moralapostel vom Dienst

Der **Hays Code**, ein Zensurkodex in Hollywood, sollte zwischen 1930 und 1968 dafür sorgen, dass es auf der Leinwand anständig und moralisch einwandfrei zuging - zumindest aus Sicht konservativer US-Politiker. Keine Nacktheit, kein expliziter Sex und keine »unanständigen« Themen wie Abtreibung oder Homosexualität. Die kreative Reaktion der Regisseure und Drehbuchautoren: subtile Dialoge, verschlüsselte Andeutungen und doppeldeutige Szenen, wobei der Witz oft zwischen den Zeilen zu finden war.

Grundsätzlich darf man aber nicht den Fehler begehen und den Begriff »Film« auf die englischsprachigen Werke aus dem kommerziell erfolgreichsten und reichweitenstärksten Produktionsstandort im kalifornischen Stechpalmenwald reduzieren. Zum globalen Kino-Allgemeingut zählen ebenso die Streifen der französischen **Nouvelle Vague** um die Regisseure **Francois Truffaut** (*Jules und Jim*, *Sie küßten und sie schlugen ihn*) und **Jean-Luc Godard** (*Außer Atem*) mit Schauspielern wie **Jean Paul Belmondo, Jean Seberg und Jean-Pierre Léaud** und die der italienischen **Neorealisten**, z. B. **Luchino Visconti** und **Federico Fellini**. Letzterer ist vor allem für seine surrealen und poetischen Filme mit unverkennbarem Stil bekannt, darunter Werke wie *La Dolce Vita* und *Amarcord*. Auf der Leinwand bewunderte das Publikum neben Fellinis Ehefrau **Giulietta Masina** u. a. den bekannten Mimen **Marcello Mastroianni**.

Erfolgreich waren auch die Schweden: Regisseur **Ingmar Bergman** – nicht zu verwechseln und auch nicht verwandt mit der *Casablanca*-Hauptdarstellerin und dreifachen Oscar-Preisträgerin Ingrid Bergman (*Mord im Orientexpress*) – gilt als Meister der psychologischen Dramen, dessen Filme wie *Das siebente Siegel* und *Szenen einer Ehe* sich durch tiefgründige Themen auszeichnen. Als bedeutendster Regisseur Japans gilt **Akira Kurosawa**, dessen epische und visuell beeindruckende Filme wie *Die sieben Samurai* und *Rashomon – Das Lustwäldchen* auch zahlreiche internationale Regisseure maßgeblich prägten. Die Hauptrolle besetzte er häufig mit **Toshirō Mifune**.

In den 1950er- und 1960er-Jahren dominierten in den USA einerseits epische **Monumentalfilme**, z. B. mit **Charlton Heston** als Moses (*Die Zehn Gebote*) sowie *Ben Hur*, **Kirk Douglas** als *Spartacus* und **Elizabeth Taylor** als *Cleopatra*, andererseits setzte man auf die Erfolgsrezepte des klassischen Hollywood-Kinos mit etablierten Gesichtern in altbekannten Rollen wie **Cary Grant** und **Tony Curtis** in Komödien, **Rock Hudson** und **Doris Day** in amüsanten Romanzen und **John Wayne** in seiner Paraderolle als Westernheld. Als Gegentrend entwickelte sich gegen Ende der 1960er-Jahre die New-Hollywood-Bewegung, die von den europäischen Autorenfilmen fasziniert und inspiriert war, neue, gesellschaftskritische Akzente setzte und eine Lücke schloss, nachdem sich viele der alten Regie- und Schauspielstars von der Bildfläche verabschiedet hatten. Dies brachte Filme wie das Gangster-Drama *Bonnie und Clyde* von **Arthur Penn**, **Mike Nichols'** *Die Reifeprüfung* mit **Dustin Hoffmann**, das Road-Movie *Easy Rider* von **Dennis Hopper** mit **Peter Fonda** und **Jack Nicholson**, *Der Stadtneurotiker* vom produktiven Komödienexperten **Woody Allen**, *Hundstage* von **Sidney Lumet**, *Die Unbestechlichen* von **Alan J. Pakula** und nicht zuletzt **Francis Ford Coppolas** Mafia-Epos *Der Pate* mit dem legendären **Marlon Brando** hervor.

Monsteralarm!

Für Schreckmomente im Kinosaal sorgen regelmäßig die früher durch Stop Motion, später durch Computer Generated Imagery (CGI) zum Leben erweckten Riesenmonster wie **King Kong, Godzilla** und der **weiße Hai** - wobei Letzterer erst sehr spät und überhaupt nur wenige Minuten im gleichnamigen Film zu sehen ist. Eine Meisterleistung des Kopfkinos von Steven Spielberg, der damit unter Beweis stellte, dass die reine Vorstellung einer gefährlichen Kreatur furchteinflößender als deren Präsenz sein kann.

FILMPREISE UND PREISTRÄGER

Der seit 1929 vergebene **Academy Award of Merit** der **Academy of Motion Picture Arts and Sciences** wird der sogenannte **Oscar** derzeit in 23 Kategorien verliehen; da sich einige gegenseitig ausschließen, kann ein Werk höchstens 17 goldene Trophäen gewinnen.

Der Nominierungsrekord liegt bei 14, jeweils für **Alles über Eva**, **La La Land** und **Titanic**. Letzterer hält zudem mit elf goldenen Statuen den Oscar-Rekord und teilt sich das Siegertreppchen mit **Ben Hur** und **Der Herr der Ringe – Die Rückkehr des Königs**, der all seine elf Nominierungen in Trophäen verwandeln konnte. Der Science-Fiction-Thriller *Gravity* des mexikanischen Regisseurs **Alfonso Cuarón** mit **Sandra Bullock** und **George Clooney** in den Hauptrollen heimste zwar sieben Oscars ein, u. a. in der Kategorie »Beste Regie« – doch als bester Film schaffte er es noch nicht einmal in die Liste der Nominierten.

Trügerischer Schein

Um die Tatsache, dass die Trophäe gemeinhin Oscar genannt wird, ranken sich verschiedene Legenden, doch seit 1939 wird der Name auch offiziell verwendet. Wer die über drei Kilogramm schwere Statue - womöglich aus Geldnot - einschmelzen ließe, wäre vermutlich bitter enttäuscht, denn das rund 35 Zentimeter hohe Männchen besteht nur zu einem Bruchteil tatsächlich aus Gold.

Die »Big Five« bei den Oscars sind die Auszeichnungen in den Kategorien »Bester Film«, »Beste Regie«, »Bestes Drehbuch«, »Beste Hauptdarstellerin« und »Bester Hauptdarsteller«. Alle davon haben bisher nur drei Werke abgesahnt: **Es geschah in einer Nacht** (Regie: Frank Capra, Drehbuch: Robert Riskin, Hauptrollen: Claudette Colbert und Clark Gable), **Einer flog über das Kuckucksnest** (Regie: Miloš Forman, Drehbuch: Bo Goldman und Lawrence Hauben, Hauptrollen: Louise Fletcher und Jack Nicholson) sowie **Das Schweigen der Lämmer** (Regie: Jonathan Demme, Drehbuch: Ted Tally, Hauptrollen: Jodie Foster und Anthony Hopkins).

In der Kategorie »Beste Regie« wurde **William Wyler** am häufigsten nominiert. Zwölfmal stand er auf der Liste und gewann alles in allem drei Oscars – genauso viele nennt auch der italienischstämmige **Frank Capra** sein Eigen, der vor allem in den 1930er- und 1940er-Jahren in Hollywood als besonders einflussreich galt. Die meisten Trophäen (4) sahnte der eigentlich für Western bekannte Regisseur **John Ford** ab, allerdings vor allem für Dramen wie *Früchte des Zorns*. Der kommerziell sehr erfolgreiche US-Amerikaner **Steven Spielberg** wurde zwar satte 22-mal nominiert – dabei sechs Jahrzehnte in Folge für die beste Regie –, durfte sich aber lediglich dreimal über die Trophäe freuen (*Schindlers Liste*, *Der Soldat James Ryan*). Es sollte mehr als 80 Jahre dauern, bis die erste Regisseurin mit dem begehrten Preis geehrt wurde: Im Jahr 2010 bekam ihn **Kathryn Bigelow** für *Tödliches Kommando – The Hurt Locker*. Der zweite Regie-Preis für eine Frau ging elf Jahre später an die Chinesin **Chloé Zhao** für *Nomadland*, und die Dritte im Bunde ist die Neuseeländerin **Jane Campion**, ausgezeichnet für *The Power of the Dog* im Jahr 2022.

Eine Rede, eine Rede!

Alfred Hitchcock, einer der größten Regisseure des 20. Jahrhunderts, erhielt nie einen Oscar für die beste Regie. Ein Jahr vor seinem Tod wurde er zumindest mit einem Ehren-Oscar für sein Lebenswerk ausgezeichnet. Seine lakonische Dankesrede: »Thank you.« Das Prädikat »Längste Dankesrede bei einer Oscarverleihung« geht verdient an die britische Schauspielerin **Greer Garson**, deren Redefluss satte fünfeinhalb Minuten dauerte. Mittlerweile gibt es übrigens ein Zeitlimit von 45 Sekunden.

WEITERE WICHTIGE REGISSEURE, DIE SIE KENNEN SOLLTEN

Werner Herzog: Den abenteuerlustigen Regisseur verband eine Hassliebe mit dem exzentrischen Schauspieler **Klaus Kinski**, deren besondere Zusammenarbeit in den Filmen *Fitzcarraldo* und *Aguirre, der Zorn Gottes* zu sehen ist.

Loriot: Vicco von Bülows Künstlername leitet sich ab vom französischen Wort für »Pirol«, dem Wappentier der Familie. Neben vielen Sketchen gehören seine Kinokomödien *Ödipussi* und *Pappa ante portas,* bei denen er nicht nur Regie führte, sondern zusammen mit seiner Schauspielpartnerin **Evelyn Hamann** auch vor der Kamera stand, mittlerweile zum deutschen Kulturgut.

Rainer Werner Fassbinder: Einer der wichtigsten Vertreter des Neuen Deutschen Films schrieb die Drehbücher meist selbst und schauspielerte auch. Zu den bekanntesten Filmen des Workaholics zählen *Angst essen Seelen auf* mit **Brigitte Mira** und *Die Ehe der Maria Braun* mit **Hanna Schygulla**.

Wim Wenders: Der hochproduktive Regisseur schuf neben vielprämierten Filmen wie *Paris, Texas* oder *Der Himmel über Berlin* mit **Bruno Ganz** auch zahlreiche Dokumentarfilme wie *Buena Vista Social Club* oder *Das Salz der Erde*.

Frank Beyer: schuf insbesondere die Romanverfilmungen *Nackt unter Wölfen, Spur der Steine* und *Jakob der Lügner*, die einzige DDR-Produktion, die für den Oscar in der Kategorie »Bester fremdsprachiger Film« nominiert wurde. Gilt neben **Konrad Wolf**, nach dem die größte Filmhochschule Deutschlands benannt ist, als wichtigster Regisseur der DEFA.

Lars von Trier (Dänemark): Der oft provokatorische Regisseur gründete zusammen mit Thomas Vinterberg **Dogma 95**, eine Filmmanifest-Bewegung, die sich der Rückbesinnung auf filmische Authentizität und Einfachheit verschrieben hat. Mit Werken wie *Melancholia* und *Dogville* entwickelte er einen einzigartigen Stil.

Jean Renoir (Frankreich): Der Sohn des impressionistischen Malers Pierre-Auguste Renoir gilt als einer der größten Filmemacher des französischen Kinos und schuf als Vertreter des Poetischen Realismus komplexe Klassiker wie *Die große Illusion* und *Die Spielregel*.

Alain Resnais (Frankreich): Der Vorreiter der Nouvelle-Vague-Bewegung, der für seine nicht lineare Erzählweise und innovative Schnitttechnik bekannt war, schuf eindrückliche Filme wie *Hiroshima, mon amour* und *Letztes Jahr in Marienbad*.

Roberto Rossellini (Italien): Er gilt als einer der Gründerväter des Neorealismus; reale Schauplätze, dokumentarische Elemente, Laiendarsteller und der Verzicht auf eine glamouröse Inszenierung zeichnen seine Filme aus, darunter *Rom, offene Stadt* und *Paisà*. Er war u. a. mit der schwedischen Schauspielerin Ingrid Bergman verheiratet.

Abbas Kiarostami (Iran): Der wohl erfolgreichste Vertreter der reichen iranischen Filmtradition verwandelte alltägliche Geschichten in fesselnde poetische Kunstwerke, z. B. *Quer durch den Olivenhain* und *Der Geschmack der Kirsche.* Dabei kam er oft gänzlich ohne Drehbuch aus und arbeitete häufig mit Laienschauspielern. Schuf seine Filme unter dem repressiven Ayatollah-Regime, das heutzutage seinem jüngeren Kollegen **Jafar Panahi** schwer zusetzt.

Pedro Almodóvar (Spanien): Er besetzt seine Filme gerne mit weiblichen Hauptfiguren, in deren Rolle häufig **Penélope Cruz** schlüpft, z. B. in *Alles über meine Mutter* oder *Volver – Zurückkehren.*

Andrei Tarkowski (ehem. Sowjetunion): Der visionäre Filmemacher schuf ruhige, poetische und philosophische Werke, die sich durch ihre meditative Erzählweise und tiefgründige Reflexionen über das menschliche Dasein auszeichnen, z. B. *Stalker, Der Spiegel* und *Solaris.*

Apichatpong Weerasethakul (Thailand): Er gilt durch seine Filme *Uncle Boonmee erinnert sich an seine früheren Leben* und *Memoria* unter Arthouse-Fans und Filmexperten als einer der besten Regisseure der Welt.

Alfred Hitchcock (Großbritannien): Die zeitlosen Kinoklassiker des »Master of Suspense«, bekannt für Cameo-Auftritte in seinen Produktionen, sorgen nach wie vor für Nervenkitzel beim Publikum, z. B. *Vertigo, Psycho, Das Fenster zum Hof* oder *Die Vögel.*

Stanley Kubrick (USA): Der vielseitige Perfektionist kreierte u. a. den Science-Fiction-Film *2001: Odyssee im Weltraum,* die Dystopie *Uhrwerk Orange,* den Kostümfilm *Barry Lyndon,* den Horrorstreifen *The Shining* und den Antikriegsfilm *Full Metal Jacket.*

Quentin Tarantino (USA): Der exzentrische Kultregisseur schuf anspielungsreiche, oftmals von expliziten Gewaltdarstellungen und markanten Dialogen getragene Filme wie *Pulp Fiction, Kill Bill* und *Once Upon a Time in Hollywood.*

Die begnadete Schauspielerin **Katharine Hepburn** gewann die meisten goldenen Statuen, nämlich vier Stück – allesamt als beste Hauptdarstellerin. **Frances McDormand** wurde dreimal für ihre schauspielerische Leistung geehrt, zuletzt im Jahr 2021 für *Nomadland*, und über jeweils drei Oscars für die beste weibliche respektive männliche Haupt- bzw. Nebenrolle durften sich bisher **Daniel Day-Lewis, Jack Nicholson, Walter Brennan, Ingrid Bergman** und **Meryl Streep** freuen. Letztere sammelt Jahr für Jahr weiter Oscar-Nominierungen (aktuell 21) und baut ihren Rekord stetig aus. **Peter O'Toole**, vor allem bekannt für seine Darbietung in *Lawrence von Arabien*, hält einen traurigen Rekord: Er wurde für die meisten Oscars als bester Hauptdarsteller nominiert (8), erhielt ihn jedoch kein einziges Mal.

Der Academy Award mag die wichtigste internationale Auszeichnung für Filme sein, jedoch ist der Preis sehr US-lastig, was dazu führt, dass überwiegend englischsprachige Produktionen mit der Auszeichnung »Bester Film« prämiert werden – in der gesamten Oscar-Geschichte schafften es gerade einmal etwas mehr als ein Dutzend fremdsprachige Filme in die Nominierungsliste. Ohnehin gibt es eine eigene Kategorie namens »Bester fremdsprachiger Film« (seit 2020: »Bester internationaler Film«). Reüssiert haben in dieser Kategorie bislang nur vier deutsche Filme, nämlich **Die Blechtrommel** von **Volker Schlöndorff**, **Nirgendwo in Afrika** von **Caroline Link** und **Das Leben der Anderen** von **Florian Henckel von Donnersmarck** und ganz frisch im Jahr 2023 **Im Westen nichts Neues** von **Edward Berger**, der lose auf dem Roman von Erich Maria Remarque basiert. Italienische Filme durften sich am häufigsten über Siege bei den Oscars freuen, 14-mal insgesamt: Vier davon durfte **Federico Fellini** für sich verbuchen, ebenso **Vittorio De Sica**. Auf dem zweiten Platz landet Frankreich mit neun Auszeichnungen, Deutschland teilt sich mit spanischen und dänischen Filmemachern Rang drei. Der auch hier festzustellende westliche Bias wird in den letzten Jahren schwächer, wie die Siege von Regisseuren aus dem Iran wie **Asghar Farhadi** (*The Salesman*), Japan wie **Ryūsuke Hamaguchi** (*Drive My Car*) und Südkorea wie **Bong Joon-ho** (*Parasite*) zeigen, wobei Letzterer sogar als erste fremdsprachige Produktion auch als bester Film ausgezeichnet wurde.

Bei einer Filmproduktion kommen verschiedene Talente und Berufe zusammen, um Geschichten zu erzählen und Emotionen zu wecken – alle tragen mit ihrer Arbeit dazu bei, dass ein Film zum Leben erweckt wird. Vielfach sind dies eingespielte Teams, die sich fast blind verstehen, was die Zusammenarbeit erleichtert. So z. B. **Thelma Schoonmaker**, die als **Filmeditorin** seit den 1980er-Jahren Martin Scorseses Filmen beim Schnitt den Feinschliff verpasst. Regisseur Alfonso Cuarón vertraut dem versierten Auge des mexikanischen **Kameramanns Emmanuel »Chivo« Lubezki** – zu Recht, wie man am Oscar für die beste Kamera für *Gravity* sieht. Die Trophäe bekam er auch für *The Revenant – Der Rückkehrer* und *Birdman* und das in drei aufeinanderfolgenden Jahren. Die meistausgezeichnete **Kostümbildnerin** ist **Edith Head**, die bei rund 450 Filmen die Schauspieler und Statisten einkleidete. Dafür heimste sie 35 Oscar-Nominierungen ein – gewinnen konnte sie 8 Trophäen. Ebenso viele erhielt **Dennis Muren**, der gesetzte **Visual Effects Supervisor** für George Lucas' *Star-Wars*-Reihe. Gekürt wurde er neben *Episode V* und *VI* u. a. für die Gestaltung der Spezialeffekte in Steven Spielbergs *E. T. – Der Außerirdische*. **Ken Adam** sorgte als **Filmarchitekt** für das richtige Szenenbild, u. a. für Stanley Kubricks Satire *Dr. Seltsam oder: Wie ich lernte, die Bombe zu lieben* und mehrere *James-*

Bond-Filme. **Rick Baker** machte als **Maskenbildner** den Hollywood-Stars und -Sternchen nicht nur die Haare schön, sondern sorgte so manches Mal für eine komplette Typveränderung. Sieben Oscars heimste er für das »Beste Make-up« ein, u. a. bei *Men in Black* und *Der Grinch*.

WEITERE FILMPREISE UND -FESTIVALS, DIE SIE KENNEN SOLLTEN

BAFTA Awards: Der jährlich von der British Academy of Film and Television Arts verliehene Preis würdigt herausragende Leistungen in der Filmbranche, insbesondere von britischen Produktionen. Am häufigsten gewannen den BAFTA die Schauspielerinnen Judi Dench und Maggie Smith.

Berlinale: Offiziell als Internationale Filmfestspiele Berlin bezeichnet, begrüßt das größte Publikumsfestival der Welt mit knapp einer halben Million Besuchern seit 1951 Filmemacher und Filmliebhaber. Die Filmschaffenden konkurrieren u. a. um den Goldenen Bären für den besten Film und Silberne Bären in verschiedenen Kategorien.

Deutscher Filmpreis: Die renommierteste Auszeichnung für deutsche Filme wird seit 1951 vergeben, zunächst als Filmband in Gold, seit 1999 als Lola. Am häufigsten ausgezeichnet wurden Bernhard Wicki (Beste Regie), Hannelore Elsner, Sandra Hüller, Sibel Kekilli und Lilli Palmer (Beste Hauptdarstellerin), Daniel Brühl, O. W. Fischer, Heinz Rühmann und Albrecht Schuch (Bester Hauptdarsteller).

Festival de Cannes: Als Auszeichnung winkt die Goldene Palme beim seit 1946 jährlich im französischen Cannes stattfindenden Filmfestival. Immer im Mai zieht der rote Teppich an der Côte d'Azur Filmstars aus aller Welt an. Zehn Regisseure wurden bisher zweifach mit der Palme d'Or ausgezeichnet, u. a. der Österreicher Michael Haneke, der Japaner Shōhei Imamura und der Serbe Emir Kusturica.

Golden Globe Awards: Die Preisverleihung im Januar gilt als wichtiger Indikator für die Oscars. Die gleichnamige Trophäe wird von den Mitgliedern der Hollywood Foreign Press Association für herausragende Leistungen in Film und Fernsehen vergeben.

Internationale Filmfestspiele von Venedig: Beim ältesten Filmfestival der Welt werden seit 1932 in der italienischen Lagunenstadt jährlich Filme von einer hochkarätigen Wettbewerbsjury mit dem vom venezianischen Stadtwappen inspirierten geflügelten Goldenen Löwen ausgezeichnet. Diesen haben bisher nur vier Regisseure zwei Mal gewinnen können: die Franzosen André Cayatte und Louis Malle, der Chinese Zhang Yimou und der Taiwaner Ang Lee.

Sundance Film Festival: Das größte unabhängige Filmfestival in den USA findet jährlich in Park City, Utah, statt und konzentriert sich auf die Präsentation von Indie-Filmen und neuen Filmemachern. Benannt ist das Event nach der Figur des Sundance Kid *(Zwei Banditen)*, verkörpert von Robert Redford, einem der Mitgründer des Festivals.

Eine Auszeichnung, die die meisten Filmschaffenden nur ungern erhalten, ist die **Goldene Himbeere**. Der auch »Razzie« genannte Award prämiert die schlechteste Leistung des Filmjahrs. Der Name geht auf den englischen Ausdruck »to blow a raspberry« zurück, der etwa so viel bedeutet wie »ein Furzgeräusch mit dem Mund erzeugen«. Adam Sandlers Film **Jack and Jill** erhielt im Jahr 2012 mit zehn »Trophäen« nicht nur die bisher meisten Goldenen Himbeeren, sondern wurde zugleich als Erster in allen zu vergebenden Kategorien prämiert. Genauso viele Razzies erhielt bisher Sylvester Stallone alleine. Nur wenige Stars holen sich die Trophäe mit einem geschätzten Materialwert von fünf US-Dollar bei der Preisverleihung selbst ab, getraut haben sich bisher u.a. Halle Berry und Sandra Bullock.

Ein weiterer Relevanzmesser geht auf eine Promotion-Aktion der Handelskammer von Hollywood zurück und ist heutzutage eines der größten Denkmäler für Größen der US-zentrierten Unterhaltungsindustrie: Auf dem **Hollywood Walk of Fame** in Los Angeles reihen sich mittlerweile 2767 Sterne aus altrosafarbenem Terrazzo über 15 Häuserblocks in einem Abstand von 1,80 Meter aneinander. Für diese Ehre müssen die Stars allerdings tief in die Portokasse greifen, denn die Kosten in Höhe von 30 000 US-Dollar tragen sie selbst. Es gibt nur eine Person, die einen fünfzackigen Stern, der ihren Namen trägt, in allen fünf Kategorien – Film, TV, Radio, Musik und Theater – in den Boden einsetzen durfte: der Schauspieler und Country-Sänger Gene Autry. Zu den Geehrten zählen darüber hinaus auch Trickfiguren wie Bugs Bunny und Schneewittchen oder Hunde wie Lassie und Rin Tin Tin.

Deutschland hatte mit dem im Jahr 2012 eingeweihten **Boulevard der Stars** am Potsdamer Platz in Berlin ebenfalls ein wachsendes Denkmal dieser Art. Den ersten Stern zierte Marlene Dietrichs Name, es folgten über 100 weitere – von Romy über Helge Schneider, von Hardy Krüger bis Diane Kruger. Doch seit 2014 steht das Projekt still, und einige große Namen wie der im Jahr 1995 posthum mit der Goldenen Kamera als »Größter deutscher Schauspieler des Jahrhunderts« ausgezeichnete Heinz Rühmann und der Humorist Heinz Ehrhardt (»Onkel der Nation«) fehlen definitiv noch.

KRITIKEN UND BESTENLISTEN

Wer Filme beurteilen möchte, braucht Vergleichsmöglichkeiten und sollte dementsprechend viele gesehen haben. Beruflich machen genau das **Filmkritiker** bei fast jeder größeren Zeitung und im Internet. Über 5000 Rezensionen mitsamt seinen Bewertungen auf der Vier-Sterne-Skala stammen von dem mittlerweile verstorbenen US-Amerikaner **Roger Ebert**, der im Jahr 1975 als erster Journalist für seine Rezensionen mit dem Pulitzer-Preis ausgezeichnet wurde und dessen Name sich auch auf einem Stern auf dem Hollywood Walk of Fame befindet. Zu den einflussreichsten Filmkritikerinnen des 20. Jahrhunderts zählt **Pauline Kael**.

Mit Kritikerurteilen muss man nicht übereinstimmen, aber sie dienen neben Filmpreisen und Jahresendlisten als weitere Orientierungshilfe für die Qualität filmischer Werke. Letztere haben jedoch eine Beschränkung, sie beziehen sich immer nur auf ein Jahr. Anhand von Kritikerumfragen erstellte Best-of-All-Times-Listen zeichnen sich hingegen durch den Vorteil aus, dass Geschmacksmoden eines Jahres nicht so sehr ins Gewicht fallen. Die wohl renommierteste ist die Umfrage des britischen Magazins *Sight and Sound*. Seit 1952 fragen die Organisatoren alle zehn Jahre zahlreiche Filmjournalisten und Regisseure nach den ihrer Meinung nach besten Filmen aller Zeiten. Dabei ist eine bemerkenswerte Konstanz festzustellen: So schaffte es **Citizen Kane** von Orson Welles vier Mal an die Spitze und wurde nur von Alfred Hitchcocks **Vertigo** sowie dem italienischen Film **Fahrraddiebe** von Vittorio De Sica in der ersten und **Jeanne Dielman, 23 quai du Commerce, 1080 Bruxelles** von Chantal Akerman in der letzten Ausgabe übertroffen. Bei der Bewertung und Nennung der Filme mag für die Votierenden sicher neben der Qualität auch der wahrgenommene Einfluss auf die Filmkunst eine Rolle gespielt haben. Diese Liste ist im Vergleich zum durchschnittlichen Kino- oder Fernsehfilmprogramm deutlich internationaler. So sind in den Top 10 z.B. Produktionen aus Japan mit **Die Reise nach Tokio** vom Pionier **Yasujirō Ozu**, der neben Akira Kurosawa zu den besten Regisseuren seines Landes zählt, Hongkong mit **In the Mood for Love** von **Wong Kar-Wai**, Frankreich mit **Der Fremdenlegionär** von **Claire Denis** sowie die Sowjetunion mit **Der Mann mit der Kamera**, einem experimentellen Dokumentarfilm aus dem Jahr 1929 von **Dziga Vertov**, vertreten. Dieser setzte darin eine Vielzahl völlig neuer, von ihm erfundener oder weiterentwickelter Filmtechniken ein, u.a. Mehrfachbelichtung, Zeitraffer, Freeze Frame, Jump Cut, Split Screen, Dutch Angle und Stop-Motion-Animation.

Eine eher durch den Massengeschmack geprägte Liste der Filme, die man gesehen haben sollte, ist die auf der Internetseite IMDb.com. Die **International Movie Database** listet die 250 »besten« Filme auf Basis der Stimmen von: uns. Jede Person ist stimmberechtigt, das Ergebnis die »Filmweisheit der Vielen«. Im Ranking finden sich erwartungsgemäß überwiegend Hollywood-Streifen, die in der Regel mit Preisen bedacht worden sind und an den Kinokassen Erfolge vorzuweisen hatten. Grundvoraussetzung ist dies allerdings nicht – die Gunst des Publikums kann auch erst über die Jahre hinweg gewonnen werden, wie der Spitzenreiter beweist: Mit einer durchschnittlichen Bewertung von 9,3 von 10 möglichen Sternen, basierend auf über 2,6 Millionen Stimmen, führt das auf einem Roman von Stephen King beruhende Filmdrama **Die Verurteilten** mit Morgan Freeman und Tim Robbins seit 2008 ununterbrochen die Bestenliste an. An den Kinokassen spielte der Film jedoch gerade so sein Budget wieder ein und gewann trotz sieben Nominierungen keinen einzigen Oscar. Die IMDb-Liste des gemeinen Zuschauers kann demnach auch als Zeugnis dafür gewertet werden, wie emotional verankert Filme im kollektiven Gedächtnis sind. Auf den weiteren Plätzen folgt eine Mischung moderner Klassiker, die jedoch in den Kritikerlisten oft nicht auf den vordersten Plätzen zu finden sind: **Der Pate** (2.) und **Der Pate II** (4.), Christopher Nolans Batman-Verfilmung **The Dark Knight** mit Christian Bale und Heath Ledger, das Gerichtsdrama **Die Zwölf Geschworenen**, Steven Spielbergs **Schindlers Liste**, zwei Teile von Peter Jacksons **Herr-der-Ringe**-Trilogie sowie Quentin Tarantinos Kultfilm **Pulp Fiction** und Sergio Leones **Zwei Glorreiche Halunken**. Weitere übliche Verdächtige aus dem dem häufig im TV-Programm wiederholten Hollywood-Kosmos folgen, etwa Tom Hanks genial gemimter **Forrest Gump** und David Finchers herausfordernder Psychothriller **Fight Club** mit Brad Pitt und Edward Norton, der mit einem großartigen Plot Twist aufwartet.

Auf und Ab der Genres

Die Popularität von Filmgenres ändert sich über die Generationen hinweg. Wenn neue Genres wie Animationsfilme oder Superhelden-Streifen die Leinwände erobern, verlieren andere zwangsläufig an Bedeutung. Im historischen Vergleich werden v.a. Dramen, Musical-Filme und Western heute wesentlich seltener produziert. In den 1940er- und 1950er-Jahren machten diese Genres noch rund die Hälfte der erfolgreichsten Filme in den USA aus. Auch die Komödien, die in den 1980er-Jahren das populärste Genre in dem wichtigsten Filmmarkt der Welt waren, sind eher zu einer Rarität geworden.

Das **American Film Institute** veröffentlichte im Jahr 2003 eine Bestenliste der »100 Heroes & Villains«. Auf beiden Seiten findet sich übrigens Arnold Schwarzenegger: als Schurke in *Terminator*, als Held in *Terminator* 2. Welche Helden und Schurken es jeweils in die Top-10-Liste geschafft haben, erfahren Sie im Folgenden.

DIE ZEHN TAPFERSTEN HELDEN, DIE SIE KENNEN SOLLTEN

1. **Atticus Finch:** *Wer die Nachtigall stört (1962),* Gregory Peck
2. **Indiana Jones:** *Jäger des verlorenen Schatzes* (1981), Harrison Ford
3. **James Bond:** *007 jagt Dr. No* (1962), Sean Connery
4. **Rick Blaine:** *Casablanca* (1942), Humphrey Bogart
5. **Marshal Will Kane:** *Zwölf Uhr mittags* (1952), Gary Cooper
6. **Clarice Starling:** *Das Schweigen der Lämmer* (1991), Jodie Foster
7. **Rocky Balboa:** *Rocky* (1976), Sylvester Stallone
8. **Ellen Ripley:** *Aliens - Die Rückkehr* (1986), Sigourney Weaver
9. **George Bailey:** *Ist das Leben nicht schön?* (1946), James Stewart
10. **T.E. Lawrence:** *Lawrence von Arabien* (1962), Peter O'Toole

DIE ZEHN ÜBELSTEN SCHURKEN, DIE SIE KENNEN SOLLTEN

1. **Dr. Hannibal Lecter:** *Das Schweigen der Lämmer* (1991), Anthony Hopkins.
2. **Norman Bates:** *Psycho* (1960), Anthony Perkins
3. **Darth Vader:** *Das Imperium schlägt zurück* (1980), David Prowse und James Earl Jones

4. **Böse Hexe des Westens:** *Der Zauberer von Oz* (1939), Margaret Hamilton
5. **Mildred Ratched:** *Einer flog über das Kuckucksnest* (1975), Louise Fletcher
6. **Mr. Potter:** *Ist das Leben nicht schön?* (1946), Lionel Barrymore
7. **Alex Forrest:** *Eine verhängnisvolle Affäre* (1987), Glenn Close
8. **Phyllis Dietrichson:** *Frau ohne Gewissen* (1944), Barbara Stanwyck
9. **Regan MacNeil:** *Der Exorzist* (1973), Linda Blair
10. **Böse Hexe:** *Schneewittchen und die sieben Zwerge* (1937)

Gänzlich ohne Helden und Schurken aus Fleisch und Blut kommen **Trick- und Animationsfilme** aus, die Generationen von Zuschauern – Große wie Kleine – mit ihren Geschichten verzaubern und die Kinokassen klingeln lassen.

Walt Disney gründete mit seinem Bruder Roy bereits im Jahr 1923 das **Walt Disney Studio**. Der erste vertonte Trickfilm war **Steamboat Willie**, und Disney schuf über die Jahre zeitlose Charaktere wie Mickey Mouse, Donald Duck und Goofy. Das Studio produzierte nicht nur Märchenklassiker, aber viele davon, wie z.B. den ersten abendfüllenden animierten Spielfilm **Schneewittchen und die sieben Zwerge** (1937), den ersten »Eintrag« in der Disney-Meisterwerke-Reihe. Dort finden sich derzeit 60 weitere Vertreter, von **Bambi** und **Das Dschungelbuch** über **Arielle, die Meerjungfrau** und **Der König der Löwen** bis hin zu **Die Eiskönigin – Völlig unverfroren** und **Encanto**.

Seit Mitte der 1980er-Jahre gibt es einen neuen Player: **Pixar**, u.a. von Steve Jobs gegründet, etablierte sich schnell im Bereich der computergenerierten Animation. Das Studio arbeitete eng mit Disney zusammen und schuf bahnbrechende Filme wie **Toy Story** (1995), den ersten vollständig computeranimierten Spielfilm überhaupt. Weitere bekannte Produktionen sind u.a. das Unterwasserabenteuer **Findet Nemo** sowie **Oben**, der offizielle Eröffnungsfilm der Internationalen Filmfestspiele in Cannes im Jahr 2009. Die beliebte **Ice-Age**-Reihe stammt von den im Jahr 1987 gegründeten **Blue Sky Studios**, die mittlerweile zu Disney gehören. Mit humorvollen Animationsfilmen wie **Shrek**, **Madagascar** und **Kung Fu Panda**, die mittlerweile alle mehrere Sequels haben, etablierte sich das Mitte der 1990er-Jahre von Steven Spielberg, dem ehemaligen Disney-Manager Jeffrey Katzenberg und David Geffen gegründete **DreamWorks**.

Das in den 1980er-Jahren von dem Japaner Hayao Miyazaki ins Leben gerufene **Studio Ghibli** ist international für seine einzigartigen und visuell beeindruckenden handgezeichneten Animationsfilme wie **Mein Nachbar Totoro**, **Chihiros Reise ins Zauberland** und **Das wandelnde Schloss** bekannt. Doch bei japanischen **Animes** geht es nicht ausschließlich märchenhaft zu, es sind durchaus brutale Vertreter darunter, z.B. der Anime-Klassiker **Akira** von Katsuhiro Otomo. Er wird oft im selben Atemzug mit Mamoru Oshiis **Ghost in the Shell** genannt, der eine Inspiration für die Macher von *Matrix* war.

BLOCKBUSTER UND ANDERE KASSENSCHLAGER

Hollywood folgt den Logiken des Marktes – und am lukrativsten scheint für die großen Filmstudios derzeit die Wette auf altgediente Gäule zu sein: Der Filmmarkt wird seit vielen Jahren von Franchises und etablierten Marken dominiert, sodass viele Neuerscheinungen bloße Fortsetzungen oder Auskopplungen sind – sei es als **Sequel**, bei dem klassisch die Handlung chronologisch an den Ursprungsfilm anknüpft, oder als **Prequel**, dessen Erzählstrang vor der bereits bekannten Geschichte liegt.

Viele der kommerziell erfolgreichsten Film-Franchises basieren auf erfolgreichen literarischen Vorlagen, allen voran natürlich **Harry Potter** und **Der Herr der Ringe** inklusive des dreiteiligen Prequels **Der Hobbit**. Doch nicht nur Romanreihen eignen sich zur Verfilmung, die ergiebigste Basis stellen mittlerweile Comics dar – nicht verwunderlich, wenn man bedenkt, wie viele Figuren in den unzähligen Heftchen auftauchen. Neben dem klassischen DC-Duo **Batman** und **Superman** haben sich vor allem die Helden und Schurken aus dem konkurrierenden Marvel-Universum auf den Kinoleinwänden etabliert. Da nicht nur die rechtliche Nutzbarkeit der unterschiedlichen Figuren gesichert ist, sondern diese auch alle quasi zur selben Zeit auf der Erde leben, sind gemeinsame Auftritte und gegenseitige Besuche problemlos möglich. Neben **Spider-Man** gehören zu den populärsten Figuren mit eigenen Filmen u. a. **Iron Man, Thor**, der **Unglaubliche Hulk** und **Captain America**, die in der megaerfolgreichen **Avengers**-Filmreihe als Superhelden-Supergroup auftreten. Ebenso aus dem Marvel-Universum stammen **X-Men, Black Panther** und **Guardians of the Galaxy**. Die über 30 Filme, die man zu diesem Kosmos zählt, haben bislang über 30 Milliarden US-Dollar eingespielt, was **Kevin Feige**, der diese verantwortet, zum kommerziell erfolgreichsten Filmproduzenten aller Zeiten macht.

Auch auf literarischen Vorlagen, wenngleich als Filmserie wesentlich bekannter als ihre schriftlichen Originale, beruhen die **Jurassic-Park**-Filme – geschrieben von Michael Crichton – und die Geschichten um den britischen Geheimagenten **James Bond**, der seit 1962 verlässlich alle paar Jahre, ob durch den

Schotten **Sean Connery**, den Iren **Pierce Brosnan** oder den Engländer **Daniel Craig** verkörpert, auf der Leinwand die Welt rettet. Das einzige Mega-Franchise, das weder auf Büchern noch auf Comics basiert, ist die Rennserie **Fast & Furious** mit **Vin Diesel** und zeitweise **Dwayne »The Rock« Johnson**.

Der für die Nutzung innovativer Techniken bekannte kanadische Regisseur **James Cameron** setzte mit seinen Produktionen oftmals neue technische und visuelle Standards. Dies honorierten die Kinobesucher: **Avatar – Aufbruch nach Pandora, Avatar – The Way of Water** und **Titanic** bilden die Top 3 nach Einspielergebnissen in den deutschen Kinos. Schaut man sich die internationalen Zahlen an, drängt sich nur **Avengers: Endgame** aus dem Hause Disney auf Platz zwei dazwischen. Sie alle spielten weltweit über zwei Milliarden US-Dollar ein.

Jeder Film ist nicht nur ein künstlerisches Werk, sondern auch eine finanzielle Investition. Doch es braucht nicht unbedingt »bankable« Stars, aufwendige Dreharbeiten oder kostspielige Spezialeffekte, die ein Budget im höheren dreistelligen Millionenbereich verschlingen. Dies beweisen **Low-Budget-Produktionen** immer wieder: Kleines Geld, eine einfache Handlung, gepaart mit einer effektiven Inszenierung – diese Kombination ließ schon oft die Kinokasse klingeln. Das Ergebnis: Ein Return on Investment vom Feinsten!

DIE FÜNF PROFITABELSTEN FILME ALLER ZEITEN, DIE SIE KENNEN SOLLTEN

1. **Paranormal Activity** (2007) - Budget: 15 000 US-Dollar, Kinokasse: 193 Mio. US-Dollar
2. **Blair Witch Project** (1999) - Budget: 60 000 US-Dollar, Kinokasse: 248 Mio. US-Dollar

3. **Mad Max** (1979) - Budget: 300 000 US-Dollar, Kinokasse: 100 Mio. US-Dollar
4. **Die Nacht der lebenden Toten** (1968) - Budget: 114 000 US-Dollar, Kinokasse: 30 Mio. US-Dollar
5. **Rocky** (1976) - Budget: 1,1 Mio. US-Dollar, Kinokasse: 225 Mio. US-Dollar

Der Begriff **Bollywood** – zurückgehend auf den ehemaligen Namen der indischen Metropole Mumbai, das bis 1997 noch Bombay hieß – bezieht sich nur auf Filme auf Hindi. Die Filmindustrie des sprachlich äußerst diversen Indiens beschränkt sich jedoch nicht auf die eher im Norden und Zentrum des Landes verbreitete indogermanische Sprache. So zählen zu den fünf kommerziell erfolgreichsten Filmen Indiens neben den Hindi-Streifen **Dangal** und **Secret Superstar** auch **K.G. F: Chapter 2** in der südindischen Sprache Kannada und **Bahubali 2** und **RRR** auf Telugu und teilweise Tamil, beide vom Regiestar **S.S. Rajamouli**. Letzterer Film sorgte 2023 für Aufsehen, als das äußerst eingängige Lied »Naatu Naatu« bei den Oscars und Golden Globes als »Best Original Song« ausgezeichnet wurde, sodass die gesammelte Pop-Elite um Taylor Swift, Billie Eilish, Lady Gaga und Rihanna leer ausging.

Indische Filme zeichnen sich zumeist durch einen starken, oft opulenten Einsatz theatralischer Gesangseinlagen aus. Die Bedeutung von Musik in der Filmindustrie des Subkontinents drückt sich u.a. durch die eigenständige Kategorie »Bester Play-back-Sänger« bei den **National Film Awards**, den prestigereichsten jährlichen Filmauszeichnungen des Landes, aus. Play-back-Gesang, ein Begriff, der bei uns in der Regel negativ konnotiert ist, genießt in Indien großen Respekt und ist elementarer Bestandteil der Filme. Legendenstatus erzielten die singende (!) **Lata Man-**

geshkar – die 2022 verstorbene »Nachtigall Indiens« – und ihre Schwester **Asha Bhosle**, die Künstlerin mit den laut *Guinness Buch der Rekorde* meisten Studioaufnahmen aller Zeiten. Sie soll über 11 000 Stücke in über 20 Sprachen aufgezeichnet haben.

Mit knapp 1000 Filmen pro Jahr zählt **Nollywood** – die Filmindustrie Nigerias – nach Bollywood, aber vor Hollywood, zu den produktivsten Standorten der Welt, wenngleich die internationale Aufmerksamkeit auf sich warten lässt, was womöglich auch daran liegt, dass die Qualität der Quantität noch hinterherhinkt.

Während man dem indischen Kino eine globale Bedeutung außerhalb der eigenen Landes- und Sprachengrenzen attestieren kann, ist dies beim zweiten Markt mit über einer Milliarde potenzieller Kinogänger nicht auszumachen. Im Gegensatz zu indischen Filmen oder den Erfolgsexporten koreanischer und japanischer Unterhaltungskultur finden chinesische Blockbuster außerhalb des eigenen Kulturraums so gut wie keine Beachtung. Zwar zählten zu den zehn weltweit kommerziell erfolgreichsten Filmen 2022 mit der Science-Fiction-Komödie **Moon Man** und dem Kriegsfilm **The Battle at Lake Changjin II** auch zwei chinesische Produktionen, 99,9 Prozent der Einnahmen wurden jedoch in China erzielt, während dieser Wert bei den meisten erfolgreichen Hollywood-Filmen zwischen 40 und 70 Prozent liegt. Ein Grund für den fehlenden internationalen Erfolg mag neben der Humor- und Sprachbarriere die Tatsache sein, dass viele der erfolgreichsten Filme den chinesischen Nationalismus ansprechen und außerhalb des Landes wie Propagandawerke erscheinen. Dasselbe ließe sich aber gewiss auch über eine nicht unbedeutende Zahl von Hollywood-Filmen behaupten.

Der chinesische Filmmarkt ist mittlerweile der größte weltweit (Jahresumsatz 2019: umgerechnet über 9 Mrd. US-Dollar), allerdings gelten für ausländische Filme strenge Regeln seitens der chinesischen Regierung. Zum einen müssen ggf. Anpassungen vorgenommen werden, was von Angleichungen der Darstellung von historischen Persönlichkeiten oder Ereignissen an die chinesische Sichtweise bis hin zum Entfernen von Szenen mit Gewalt oder (homo-)sexuellen Inhalten reicht. Zum anderen gibt es ein Limit: Mehr als 40 Filme pro Jahr schaffen es nicht ins Land. Wenn es jedoch einem Film gelingt, in der Volksrepublik auf die Leinwand zu kommen, lockt ein gigantisches Publikum – Chinesen sind nämlich fleißige Kinogänger. *Avengers: Endgame* spielte dort fast 630 Millionen US-Dollar ein, nahezu ein Drittel des weltweiten Einspielergebnisses. Kein Wunder, dass Regisseure ihre Filme z.T. für diesen Megamarkt maßschneidern.

Die an den Kinokassen erfolgreichsten deutschen Filme sind seit den 1970er-Jahren fast allesamt **Komödien**. An der Spitze rangieren die Produktionen von Michael »Bully« Herbig, **(T)Raumschiff Surprise** und **Der Schuh des Manitu**, die die *Star Wars-*, *Star Trek-* bzw. *die Karl-May-*Verfilmungen parodieren. Die Geschichte um Abahachi, Winnetouch und Ranger ist der einzige deutsche Film, der über zehn Millionen Besucher in die heimischen Kinos locken konnte. Den deutschen Humornerv trafen ebenso Otto Waalkes, der mit **Otto – Der Film** sogar noch vor dem Mauerfall fast neun Millionen Tickets verkaufen konnte, und die beiden **Fack-ju-Göhte**-Filme, die – ebenso wie die TV-Serie *Türkisch für Anfänger* – auf die Idee von Regisseur und Drehbuchautor **Bora Dağtekin** zurückgehen, und mit denen auch Elyas M'Barek, einer der wenigen deutschen Filmstars, seinen Durchbruch feierte. Ein weiterer Kinokassenschlager hierzulande war die Demenz-Tragikomödie **Honig im Kopf** mit Dieter Hallervorden in der Hauptrolle sowie **Keinohrhasen**, beide mit Til Schweiger vor und vor allem auch hinter der Kamera als Regisseur, Drehbuchautor und Produzent. Die deutliche Dominanz der Komödien – Sönke Wortmanns **Der bewegte Mann** und Wolfgang Beckers **Good Bye, Lenin** dürfen natürlich nicht fehlen – wird nur durch den Sexreportagefilm **Schulmädchen-Report: Was Eltern nicht für möglich halten** aus dem Jahr 1970 durchbrochen.

Eine Erklärung für den relativen Erfolg von Komödien, der abgesehen von den Karl-May-Verfilmungen auch in Nachkriegsjahren mit den **Heimatfilmen** und den Komiker-Legenden Heinz Ehrhardt und Heinz Rühmann sichtbar ist, mag darin liegen, dass die Konkurrenz in anderen Genres größer ist, z.B. die enorm kostspieligen **Actionfilme** Hollywoods, und dass man das nationale Kulturgut **Krimi** ohnehin gemütlich auf der heimischen Couch vor dem Fernseher schaut. Mit dem Aufkommen von Streamingdiensten wie **Netflix, Amazon Prime Video** und **Disney+** verändert sich allmählich die Art und Weise, wie wir Spielfilme konsumieren, denn es ist jederzeit eine riesige Auswahl an Filmen per Knopfdruck abrufbereit. Wozu also noch ins Kino gehen?

TV-LANDSCHAFT IN DEUTSCHLAND

In den Anfangsjahren des Fernsehens gab es hierzulande nur einige wenige Sender, die noch dazu einen **Sendeschluss** hatten – für die jüngeren Generationen wohl ein schier undenkbares Konzept –, angekündigt durch das mit einem piependen Ton unterlegte Testbild. Seither hat eine wahre Explosion der Sender und damit der Angebote stattgefunden. Da die Halbwertszeit von TV-Shows und -Serien jedoch geringer ist als bei Filmen, liegt der Fokus im Folgenden überwiegend auf aktuellen Produktionen und einigen ausgewählten Klassikern. Im Jahr 2020 gab es laut Statista allein unglaubliche 489 private Fernsehprogramme in Deutschland! Mittlerweile existieren **Spartensender** für nahezu alles: Die einen fokussieren sich auf Nachrichten wie **n-tv**, die anderen auf Dokumentationen wie **N24 Doku**, überwiegend an Frauen richtet sich **sixx**, an die Männer **DMAX**, kindergerechte Inhalte gibt es bei **KiKa**, und wieder andere zeigen überwiegend Wiederholungen, z. B. **Sat1 Gold**.

Das **duale Rundfunksystem** Deutschlands umfasst einerseits **öffentlich-rechtliche Sender** wie **ARD** und **ZDF**. Sie werden durch den sogenannten **Rundfunkbeitrag** (früher: GEZ-Gebühr) finanziert und sind weitgehend werbefrei. Daneben gibt es zahlreiche regionale und lokale Sender mit spezifischen Formaten und Inhalten für verschiedene Regionen oder gar Städte. Auf der anderen Seite gibt es **private Sender**, die sich hauptsächlich über Werbung finanzieren, z. B. **RTL, ProSieben, Sat.1** und **VOX**, die eine bunte Palette an Unterhaltungsformaten bieten, u. a. Serien, Reality-TV, Shows und Filme. Sie konkurrieren mit den öffentlich-rechtlichen Sendern um Zuschauer und auch Werbeeinnahmen. Öffentlich-Rechtliche und Private sind »der freien individuellen und öffentlichen Meinungsbildung sowie der Meinungsvielfalt verpflichtet«. So soll ein vielfältiger und qualitativ hochwertiger Programmmix aus Nachrichten, Unterhaltung, Kultur, Bildung und Sport entstehen.

Art und Umfang der Rundfunkwerbung, Sponsoring u. Ä. regelt der **Medienstaatsvertrag** (früher: Rundfunkstaatsvertrag): ARD und ZDF dürfen an Werktagen im Jahresdurchschnitt lediglich 20 Minuten Werbung zeigen, an Sonn- und Feiertagen sowie täglich ab 20 Uhr herrscht Werbeverbot. Dabei sind Werbesendungen vom übrigen Programm eindeutig durch Optik oder Akustik zu trennen, was uns z.B. beim ZDF die Spots mit den Mainzelmännchen Anton, Berti, Conni, Det, Edi und Fritzchen als Werbetrenner beschert hat. Im Privatfernsehen sind hingegen pro Stunde (!) bis zu zwölf Minuten Werbung erlaubt, das sind satte 20 Prozent der Sendezeit.

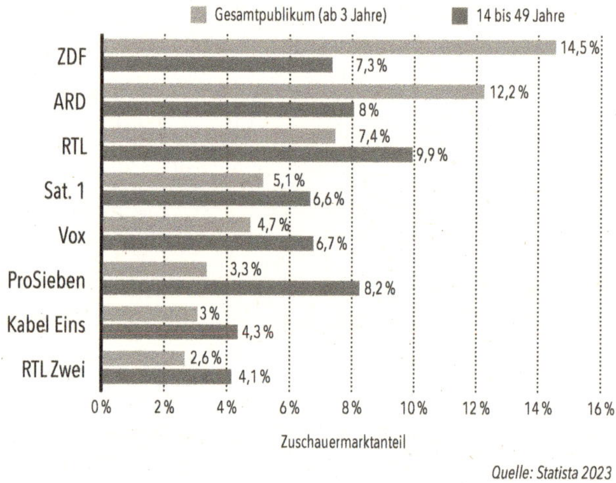

Marktanteile deutscher Sender 2022

Die **Einschaltquoten** – in Deutschland von der **Gesellschaft für Konsumforschung (GfK)** ermittelt – errechnen sich aus einer repräsentativen Stichprobe von Haushalten, die spezielle Messgeräte, sogenannte **TV-Meter**, an ihren Fernsehgeräten installiert haben. Diese erfassen, wer welche Sendungen schaut. Die Nutzung von **Mediatheken** fließt nachträglich mit ein. Sie gelten noch als zuverlässiger Indikator für das Zuschauerverhalten sowie die Beliebtheit von TV-Shows und Serien, daher werden sie von Sendern wie auch von Werbetreibenden als wichtige Referenzgröße gesehen.

Hohe Einschaltquoten bedeuten in der Regel gute Werbeeinnahmen und ermöglichen es den Sendern, erfolgreiche Formate fortzusetzen oder ähnliche Inhalte zu produzieren. Auch die mehrheitlich über Gebühren finanzierten Formate der Öffentlich-Rechtlichen orientieren sich an Zuschauerzahlen. Große Bedeutung kommt der werberelevanten Zielgruppe der 14- bis 49-Jährigen zu, insbesondere bei den Privatsendern. Doch das Sehverhalten ändert sich – immer weniger Menschen zappen sich durch die klassischen TV-Sender. Auch wenn die Quoten gleich geblieben sind, hat u.a. aufgrund der Konkurrenz durch Streamingdienste die Zahl der absoluten Zuschauer abgenommen. »Video killed the radio star« trällerten die Buggles (u.a. mit Hans Zimmer) bereits in den 1980er-Jahren – und so manche spekulieren, dass Streamingdienste womöglich das Ende des linearen Massenmediums Fernsehen einläuten. Doch zum einen bevorzugen ältere Zuschauer oft noch das traditionelle Fernseherlebnis, zum anderen gibt es Formate, die sich bisher kaum bei Netflix & Co. finden, etwa Live-Sportübertragungen, Nachrichtensendungen und TV-Shows.

TV-SERIEN

Der seit 1949 jährlich in 90 Kategorien vergebene **Emmy** ist der wichtigste Fernsehpreis der USA, deren Produktionen weltweiter Referenzpunkt von fiktionalen TV-Serien sind. Der Primetime Emmy Award ist für Abendsendungen vorgesehen, Sendungen, die tagsüber ausgestrahlt werden, buhlen um den Daytime Emmy Award, und auch für Nachrichtensendungen und Dokumentarfilme sowie ausländische Produktionen gibt es eine passende Auszeichnung. Die Comedyshow **Saturday Night Live** konnte sich insgesamt über 80 Mal über die Trophäe freuen, die Fantasy-Serie **Game of Thrones** errang mit 59 Emmys den zweiten Platz, gefolgt von der US-Sitcom **Frasier** (37), der US-Politserie **The West Wing** (26) sowie **Polizeirevier Hill Street** (25) aus den 1980er-Jahren. Die Abräumer des Jahres 2022 waren **Succession** u. a. als beste Dramaserie und **The White Lotus** als beste Miniserie (beide von HBO, in Deutschland im Pay-TV bei Sky zu sehen) sowie **Ted Lasso** (Apple TV+) u. a. in der Kategorie beste Comedy. Bei den Awards 2021 konnte Netflix insgesamt 44 Emmys einheimsen und stellte so den Rekord für die meisten Auszeichnungen in einem Jahr ein – Streamingdienste haben längst die Dominanz der großen US-TV-Sendern wie CBS, ABC, Fox und NBC durchbrochen.

In Deutschland wird jährlich der nach Adolf Grimme, dem ersten Generaldirektor des NDR, benannte **Grimme-Preis** vergeben. Gewürdigt werden nicht nur Unterhaltungsformate, sondern auch Dokumentationen und Reportagen. Eine unabhängige Expertenjury wählt die Preisträger in verschiedenen Kategorien aus; die Trophäe gilt als ein Qualitätsmerkmal. Die Gewinner 2023 waren u. a. **Jan Böhmermann** für die Satiresendung **ZDF Magazin Royale**, der beliebte Begleiter vieler kleiner Kinder zur Schlafenszeit **Unser Sandmännchen** sowie das Politmagazin **Kontraste**. Andere medial inszenierte Award Shows wie der **Deutsche Fernsehpreis** oder die von der Funke Mediengruppe verliehene **Goldene Kamera** sind eher publikumswirksame Preisverleihungen, bei denen sich die Branche selbst feiert.

Ein weiterer sinnvoller Orientierungspunkt für die Qualität

von TV-Serien mögen Websites wie **Metacritic.com** sein. Dort werden Kritiken zu Filmen, Serien, Musikalben sowie Videospielen gesammelt und nach einem Schlüssel ausgewertet und codiert. Der Durchschnitts-Score aller Rezensionen, erschienen in Zeitungen, Zeitschriften und Fachseiten – also meist von renommierten Experten verfasst –, kann dann als guter Richtwert gelten. Durch die schiere Anzahl unterschiedlicher Rezensenten fallen Einzelmeinungen nicht zu sehr ins Gewicht.

Man kann natürlich auch hier in Bestenlisten von etablierten Medien schauen. Die beste Fernsehserie des 21. Jahrhunderts ist z.B. laut BBC die Krimiserie **The Wire** mit bekannten Gesichtern wie Idris Elba, die Polizeiarbeit und organisiertes Verbrechen realistisch darstellte und sich kritisch mit den sozialen und politischen Problemen Baltimores auseinandersetzte. In die Top 5 schafften es zudem die Dramaserie **Mad Men** rund um eine New Yorker Werbeagentur in den 1960er-Jahren, **Breaking Bad** mit dem krebskranken Chemielehrer Walter White (gespielt von Bryan Cranston), der als »Heisenberg« im großen Maßstab Crystal Meth produziert, die BBC-Dramedyserie **Fleabag** von Phoebe Waller-Bridge, die nicht nur das Drehbuch verfasst hat, sondern auch die Hauptrolle übernahm, sowie das acht Staffeln umfassende **Game of Thrones**.

Anstatt sich auf hochgerechnete Einschaltquoten zu stützen, können Streamingdienste die Nutzerzahlen präzise festhalten. Zu den meistgesehenen Serien der letzten Jahre bei Netflix zählen z.B. die Mystery-Serie **Stranger Things**, die Comedy-Horror-Serie aus dem Addams-Family-Kosmos **Wednesday**, die historisch nicht ganz akkurate, auf Liebesromanen basierende Serie **Bridgerton**, das südkoreanische Survival-Drama **Squid Game**, die spanische Heist-Serie **Haus des Geldes** und die in der Fantasy-Reihe **The Witcher** adaptierte Geralt-Saga des polnischen Autors Andrzej Sapkowski. Amazon Prime Video wartet u. a. mit den preisgekrönten Serien **The Marvelous Mrs. Maisel** (Comedy) sowie der düsteren Superhelden-Satire **The Boys** auf. Disney+ schickt den *Star-Wars*-Spin-off **The Mandalorian** ins Rennen. Auch deutsche Produktionen laufen bei Streamingdiensten erfolgreich, z. B. **Dark** und **Babylon Berlin**.

Das erfolgreichste Genre im deutschen Fernsehen ist zweifelsohne der **Krimi**. Seit Anfang der 1970er-Jahre verfolgen Millionen von Zuschauern gebannt die Kommissare im **Tatort** auf Verbrecherjagd – über 1200 Fälle wurden schon gelöst. Zu den beliebtesten Ermittlerteams zählen **Frank Thiel** und Rechtsmediziner **Prof. Dr. Dr. Karl-Friedrich Boerne** in Münster, gespielt von Axel Prahl und Jan Josef Liefers. Götz George verkörperte den für seine raue Art und seine Vorliebe für Bier und Frikadellen bekannten Kommissar **Horst Schimanski**, der mit seinem Kollegen **Christian Thanner** im Jahr 1981 in Duisburg seinen ersten Fall löste, und die vielschichtige Kriminalhauptkommissarin **Charlotte Lindholm**, gespielt von Maria Furtwängler, hatte ihr Debüt in Hannover im Jahr 2002. Treue Fans hat auch das Kölner Ermittlerduo **Max Ballauf** (Klaus J. Behrendt) und **Freddy Schenk** (Dietmar Bär).

Eine wahre Ikone der Krimi-Landschaft ist außerdem der absolute Exportschlager der deutschen Fernsehgeschichte: **Derrick** mit dem legendären Horst Tappert in der Hauptrolle. Der Spruch »Harry, hol schon mal den Wagen« ist zwar Bestandteil des kollektiven Gedächtnisses, wurde aber so nie gesagt. Die Serie, die von 1974 bis 1998 in Deutschland lief, flimmerte in mehr als 100 Ländern über den Fernsehschirm. Das ostdeutsche Pendant des Tatorts, **Polizeiruf 110**, läuft hingegen auch heutzutage noch und wird mittlerweile bundesweit geguckt. Den Vorabend verbringen die deutschen Fernsehzuschauer gerne mit **SOKOs** im ZDF – jedenfalls diejenigen, die nicht so gerne Quizsendungen schauen. Selbst wenn ein Hauptdarsteller aufhört oder verstirbt, bedeutet dies nicht unbedingt das Aus für die Serie. Sie geht oft trotzdem weiter – dann eben mit anderen Schauspielern, wie z. B. bei **Der Alte** oder **Ein Fall für Zwei**.

Legendäre US-Ermittler waren der Trenchcoat tragende **Columbo**, der Lolli lutschende **Kojak** und der in quietschbunte Hawaiihemden gekleidete **Magnum**.

Echte Verbrechen

Krimis müssen dabei nicht immer fiktiv sein: **Aktenzeichen XY … ungelöst**, eines der ältesten Formate des ZDF, widmet sich der Aufklärung tatsächlicher Verbrechen und bittet dabei die Bevölkerung um Mithilfe. Durch wertvolle Hinweise konnten fast 40 Prozent der vermeintlich hoffnungslosen Cold Cases aufgeklärt werden. Die zahlreichen Folgen der Forensik-Serie **Medical Detectives** wurden allein im Jahr 2022 über 2000 Mal gezeigt, bei VOX laufen sie die ganze Nacht in Dauerrotation mit hervorragenden Marktanteilen.

Als einer der produktivsten und erfolgreichsten US-amerikanischen **Fernsehproduzenten** gilt der im Jahr 2006 verstorbene **Aaron Spelling**. Er schuf weit über 200 Serien und Filme, darunter *Starsky & Hutch*, *Drei Engel für Charlie*, *Der Denver-Clan*, *Beverly Hills 90210* und *Charmed – Zauberhafte Hexen*. Im Comedyfach ist es **Chuck Lorre**, der *The Big Bang Theory* und *Two and a Half Men* kreierte, und im Krimi-Genre zeichnet der Tausendsassa **Dick**

Wolf u. a. für *Miami Vice*, *Law & Order* und *Criminal Intent – Verbrechen im Visier* verantwortlich. **Jerry Bruckheimer**, der für Filme wie *Top Gun*, *Bad Boys* und *The Rock* bekannt ist, tummelte sich auch erfolgreich im TV, für das er u. a. die Serien *CSI: Vegas*, *Without a Trace – Spurlos verschwunden* und *Lucifer* produzierte. Um die Aufklärung von Verbrechen rund um die US Navy und des Marine Corps kümmert sich das NCIS-Team seit über 20 Staffeln – eine Schöpfung von **Donald P. Bellisario** und **Don McGill**, die mittlerweile in mehr als 200 Ländern ausgestrahlt wird und u. a. Serienableger in Los Angeles und New Orleans hat. Die Drehbuchautorin und Produzentin **Shonda Rhimes** kann u. a. Erfolge wie *Grey's Anatomy*, *How to Get Away with Murder* und *Bridgerton* für sich verbuchen.

WEITERE FANTASY-, SCIENCE-FICTION- UND HORROR-SERIEN, DIE SIE KENNEN SOLLTEN

Doctor Who: In der BBC-Serie reist »Der Doktor« mithilfe der Zeit-Raum-Maschine TARDIS (getarnt als alte Polizei-Notrufzelle) von einem Abenteuer zum nächsten. Sie gilt laut *Guinness-Buch der Rekorde* als die bisher am längsten laufende und erfolgreichste Science-Fiction-Fernsehserie weltweit. Mit Jodie Whitaker war die 13. Inkarnation erstmals weiblich, mit Ncuti Gatwa ist der aktuelle, 15. Doctor Who erstmals schwarz.

Raumschiff Enterprise/Star Trek: Captain James T. Kirk (William Shatner) manövriert mit seiner Crew durch die unendlichen Weiten des Weltalls. Zu den Hauptfiguren der Science-Fiction-Serie von Gene Roddenberry zählen der Vulkanier Commander Spock (Leonard Nimoy) und Schiffsarzt Dr. Leonard »Pille« McCoy (DeForest Kelley).

Twin Peaks: Der von Regiemeister David Lynch kreierte Genre-Mix aus Krimi, Mystery und Seifenoper gilt unter Kritikern als eine der besten Serien aller Zeiten.

Akte X: Die FBI-Agenten Fox Mulder (David Duchovny) und Dana Scully (Gillian Anderson) sehen sich mit mysteriösen, schier unerklärlichen Fällen konfrontiert.

Buffy - Im Bann der Dämonen: Die junge Vampirjägerin Buffy (Sarah Michelle Gellar) kämpft gemeinsam mit ihren Freunden gegen Blutsauger, andere Dämonen und dunkle Mächte. Aus der Idee von Joss Whedon wurde zudem das Spin-off **Angel** kreiert.

The Walking Dead: Die auf der gleichnamigen Comicserie beruhende Horror-Serie von Frank Darabont *(Die Verurteilten)* dreht sich um eine Gruppe von Menschen, die sich bei einer weltweiten Zombie-Apokalypse gegen Scharen von Untoten zur Wehr setzen muss.

Daily Soaps bieten eine Mischung aus Drama, Romantik, Spannung und Unterhaltung, was über Jahre hinweg für große Beliebtheit und hohe Zuschauerzahlen sorgen kann. Die aus Südamerika stammende Serienart **Telenovela** unterscheidet sich durch die Fokussierung auf einen geschlossenen Handlungsstrang (zwei Liebende suchen sich) mit Happy End (zwei Liebende finden sich) leicht von Soaps. Der **Cliffhanger** am Ende jeder Episode soll die Leute neugierig halten, damit sie auch am nächsten Tag wieder einschalten, um dann zu erfahren, wie es weitergeht. Ein neueres Phänomen – spätestens seit dem Aufkommen von Streamingdiensten und Mediatheken – ist das **Binge-Watching**, auch Serienmarathon genannt: Statt über Monate jeweils eine Folge pro Tag oder pro Woche zu konsumieren, schaut man die komplette Staffel einfach am Stück.

Türkisch für Serienfans

Als zweitgrößter TV-Serien-Exporteur nach den USA gilt die Türkei mit opulenten Produktionen, deren Geschichten ein internationales Millionenpublikum begeistern, z.B. *Das osmanische Imperium – Harem: Der Weg zur Macht* und *Diriliş Ertuğrul*, das als türkisches *Game of Thrones* gehandelt wird.

EINIGE DEUTSCHE SOAPS, DIE SIE KENNEN SOLLTEN

Lindenstraße: Das mit dem Grimme-Preis und dem Bambi ausgezeichnete Urgestein gilt als erste deutsche Seifenoper und wurde von 1985 bis 2020 in der ARD ausgestrahlt – allerdings wöchentlich. In einer fiktiven Wohnstraße in München verstrickt sich das Leben einer vielfältigen Gruppe von Charakteren mit unterschiedlichen Hintergründen, Kulturen und Generationen, verkörpert von Schauspielern wie Marie-Luise Marjan als Mutter Beimer, Joachim Hermann Luger als Hans Beimer und Else Kling als Annemarie Wendl.

Gute Zeiten, schlechte Zeiten (GZSZ): Die in Berlin spielende RTL-Cashcow startete 1992 und ist bis heute eine der erfolgreichsten deutschen Daily Soaps. Bisher wurden über 8000 Folgen der Vorabendserie ausgestrahlt, fast von Anfang an dabei ist Wolfgang Bahro als Bösewicht Jo Gerner.

Sturm der Liebe: Seit 2005 gibt es die romantische Telenovela im Luxushotel Fürstenhof in der idyllischen Landschaft Bayerns, die auch in anderen Ländern ausgestrahlt wurde, von Italien über Israel bis nach Kanada. Sie überdauerte zusammen mit *Rote Rosen* den Telenovela-Boom, der mit *Verliebt in Berlin* Mitte der 2000er-Jahre in Deutschland einsetzte.

Schon seit den 1950er-Jahren sind **Sitcoms** ein fester Bestandteil des US-Fernsehens, zu den populärsten zählen **Eine schrecklich nette Familie** um den Schuhverkäufer Al Bundy, die Geschichten von sechs New Yorker Freunden in **Friends**, die Serie **The Big Bang Theory** rund um vier befreundete Nerds (drei promovierte Physiker und ein Ingenieur), **Seinfeld** über den fiktiven Alltag des Stand-up-Comedians Jerry Seinfeld und **How I Met Your Mother**, bei der Hauptfigur Ted Mosby seinen Kindern nach unzähligen lustigen Geschichten aus seinem Leben am Ende der neunten Staffel endlich offenbart, wie er ihre Mutter kennengelernt hat.

Bei den klassischen Sitcoms kommen die Lacher vom Band, und das Setting besteht häufig aus einer festen Kulisse, etwa einem Wohnzimmer mit Sofa. Daneben gibt es weitere Arten, z.B. **Mockumentary-Sitcoms** wie **Modern Family** oder **The Office**, dessen deutsche Adaption **Stromberg** mit Christoph Maria Herbst mehrfach prämiert wurde. Die **Krankenhaus-Sitcom Scrubs** drehte sich in neun Staffeln rund um den jungen Internisten J.D. Dorian (Zach Braff) im Sacred Heart Hospital. Die im Koreakrieg spielende tragikomische US-Serie **M*A*S*H** (die Abkürzung steht für Mobile Army Surgical Hospital, also ein Feldlazarett) wurde 99 Mal für den Emmy nominiert, immerhin 14 Mal durften sich die Macher über die Auszeichnung freuen. Im Jahr 1983 verfolgten knapp 106 Millionen Zuschauer das Serienfinale – ein Rekord, der fast 30 Jahre hielt –, mit einer sagenhaften Einschaltquote von 77 Prozent.

Die auf einer Idee von Romanautor und Arzt Michael Crichton beruhende **US-Krankenhaus-Serie Emergency Room** mit George Clooney und Julianna Margulies spielte zwischen 1994 und 2009 in der Notaufnahme des County General Hospital in Chicago. **Grey's Anatomy**, u.a. mit Ellen Pompeo und Patrick Dempsey in den Hauptrollen, ist mit über 17 Staffeln eine der am längsten laufenden medizinischen Dramaserien in den USA. Der britische Schauspieler Hugh Laurie verkörperte in **Dr. House** den titelgebenden brillanten, sarkastischen Diagnostiker, der knifflige medizinische Rätsel löste – gerne auch mal mit unkonventionellen Methoden.

In Deutschland sind vor allem **In aller Freundschaft** an der Leipziger Sachsenklinik und **Der Bergdoktor** in den idyllischen Tiroler Alpen zu nennen. Erstere läuft seit 1998 und ist mit 20 Staffeln eine der langlebigsten deutschen Serien, Letztere erzählt seit 2008 die Geschichte des Mediziners Martin Gruber (dargestellt von Hans Sigl), der sich um die medizinischen Belange der Einheimischen und Touristen kümmert.

Längste TV-Serien der Welt

Der Startschuss für die US-Seifenoper **Springfield Story** fiel in den 1950er-Jahren. Und sie lief und lief - bis 2009, also über fünf Jahrzehnte. Das ist absoluter Daily-Soap-Rekord weltweit! In Deutschland startete sie im Jahr 1986 mit Folge 8258, insgesamt wurden 15762 gedreht. Die Anzahl der Folgen wird nur noch getoppt von **Unser Sandmännchen** (22000), die US-Krankenhausserie **General Hospital** liegt mit 15000 auf dem dritten Platz. Aber die beiden laufen ja auch noch ...

Seit 1985 schmunzeln die Zuschauer über den einfach gestrickten, gerne Duff-Bier-trinkenden **Homer Simpson** (Neeeiiin!) und verfolgen das Leben seiner Familie in Springfield – über 34 Staffeln mit insgesamt mehr als 750 Episoden à 22 Minuten. In der gesellschaftskritischen, aber dennoch humorvollen **Trickfilmserie** von **Matt Groening** haben regelmäßig Stars Gastauftritte – besser gesagt deren gelbe Alter Egos –, z. B. Michael Jackson, Stephen Hawking oder Lady Gaga, aber auch US-Politiker wie Bill Clinton, Al Gore oder Barack Obama. Die smarten Autoren hinter der Serie erweisen sich nicht selten als begabte Zukunftsforscher. So imaginierten sie bereits viele Jahre vor Amtsantritt eine Präsidentschaft Donald Trumps.

Weitere wichtige **Animationsserien** für Erwachsene sind u.a. das im 31. Jahrhundert spielende, ebenfalls aus Groenings Feder stammende **Futurama**, die satirische Serie **Southpark** um die Freunde Eric, Kyle, Kenny und Stan aus der gleichnamigen Stadt in Colorado und **Family Guy** rund um den übergewichtigen, einfältigen Peter Griffin und seine Familie.

Auch Kinder wollen unterhalten werden. Bekannte langjährige Klassiker sind die **Sesamstraße** mit Ernie und Bert, Graf Zahl und dem Krümelmonster, die ebenfalls auf Puppen basierende Serie **Muppet Show** mit Kermit und Miss Piggy, die Wissensserie **Löwenzahn** mit Peter Lustig und nicht zu vergessen die Lach- und Sachgeschichten aus der **Sendung mit der Maus** (und dem Elefanten). Darüber hinaus gibt es unzählige **Zeichentrickserien** für verschiedene Altersgruppen. Per Streaming werden selbst Klassiker wie **Tom und Jerry, Der kleine Maulwurf, Captain Future** oder **Heidi**, die viele noch aus ihrer Kindheit kennen, für den eigenen Nachwuchs erlebbar – Nostalgie pur! Letztere wurde übrigens wie viele andere Zeichentrickserien in Japan produziert. Bei erfolgreichen Anime-Serien wie **Dragon-**

ball oder **Sailor Moon** ist dies offensichtlicher. Selbst Digital Natives schauen Serien, wenn auch nicht mehr nur im analogen TV. Wer kleine Kinder hat, kennt mit ziemlicher Sicherheit **Feuerwehrmann Sam** aus dem fiktiven walisischen Dorf Pontypandy, Ryder und seine »Helfer auf vier Pfoten« der **PAW Patrol**, die Probleme in der Abenteuerbucht löst, und das Ferkel **Peppa Wutz**.

TV-NACHRICHTEN

Nachrichtensendungen waren von Anfang an integraler Bestandteil des Fernsehens. Die ARD informiert täglich um 20 Uhr mit der viertelstündigen **Tagesschau**, später am Abend mit dem Nachrichtenjournal **Tagesthemen**, beim ZDF beginnt die Sendung **heute** bereits eine Stunde früher, das dazu passende Nachrichtenmagazin ist das **heute-journal.** Die einzig relevante Hauptnachrichtensendung bei den privaten Sendern ist **RTL Aktuell**, die die Zuschauer täglich um 18:45 Uhr über das Neueste aus aller Welt in Kenntnis setzt. In gemütlicherer Atmosphäre kommen Morgenmagazine und Frühstücksfernsehen daher und begleiten das Publikum zwischen 5 und 10 Uhr mit einer Mischung aus Reportagen, News aus Wirtschaft, Sport, der Welt der Reichen und Schönen und vielem mehr. In diesem Bereich ist der ansonsten eher schwächelnde Sender Sat.1 Marktführer.

EINIGE BEKANNTE NACHRICHTENSPRECHER DEUTSCHLANDS, DIE SIE KENNEN SOLLTEN

Die Liste der News-Moderatoren ist lang, und je nach Generation bringen die Zuschauer unterschiedliche Gesichter und Stimmen mit den Nachrichtensendungen in Verbindung.

Zwischen 1959 und 1987 trug **Karl-Heinz Köpcke** alias »Mr. Tagesschau« als erster Sprecher dort die Nachrichten vor. Die erste und bisher einzige Chefsprecherin am ARD-Nachrichtenpult war ab 1979 **Dagmar Berghoff**, die den Fernsehzuschauern über zwei Jahrzehnte erhalten blieb. Ein weiteres Mitglied der Nachrichten-Riege war **Jan Hofer**, zwischen 1985 und 2020 der Chefsprecher, abgelöst von **Jens Riewa**, derzeit u. a. im Team mit **Susanne Daubner**, **Thorsten Schröder** und bis Januar 2024 **Judith Rakers**.

Der frankophile Weinkenner **Ulrich Wickert** moderierte zwischen 1991 und 2006 die *Tagesthemen*. Ebenfalls dabei waren die späteren Politik-Talkerinnen **Sabine Christiansen** und **Anne Will**. »Morgen ist ein neuer Tag« - so lautete die Verabschiedung, mit der **Tom Buhrow** zwischen 2006 und 2013 die Zuschauer aus der Sendung entließ.

Exakt 2977 Mal begrüßte **Claus Kleber** die Zuschauer zum *heute journal* im ZDF, viele Male zusammen mit Co-Moderatorin **Gundula Gause**.

Peter Kloeppel wird seit 1992 in einem Atemzug mit *RTL Aktuell* genannt. Der Publikumsliebling konnte sich in Umfragen von Meinungsforschungsinstituten bereits mehrfach als glaubwürdigster und sympathischster Nachrichtensprecher gegen seine Konkurrenz vom öffentlich-rechtlichen Fernsehen durchsetzen. Der RTL-Anchorman der ersten Stunde, **Hans Meiser**, ist durch die Moderation einer für die 1990er-Jahre üblichen Trash-Talkshow in Erinnerung geblieben.

TV-SHOWS

Ein weiteres ureigenes Genre des Fernsehens sind **Shows** aller Art – egal ob live oder aufgezeichnet.

Auf aktuelles Tagesgeschehen beziehen sich z. B. **Late-Night-Shows**, in der Regel eine Kombination aus Comedy und Talkshow. Sie sind ein US-amerikanisches Phänomen, zu den bekanntesten Hosts zählen derzeit **Jimmy Fallon, Jimmy Kimmel** und **Stephen Colbert**, die in die medialen Fußstapfen von Legenden wie **David Letterman, Jay Leno** und **Johnny Carson** getreten sind. In Deutschland konnte eigentlich nur **Harald Schmidt** mit der nach ihm benannten Show in diesem Genre ein Millionenpublikum am späten Abend geistig anregend unterhalten.

Eine ganz eigene Sendung schuf **Stefan Raab** mit **TV total**, einem spätabendlichen Genre-Mix aus Late Night und Comedy, das er mehr als 15 Jahre moderierte. Das mit lustigen Clips bestückte Nippelboard genießt noch heute Kultstatus. Daneben kreierte der kreative Tausendsassa zahlreiche weitere Shows wie die **Wok-WM**, bei der sich mehr oder weniger sportliche Teilnehmer im Einer- oder Vierer-Wok sitzend waghalsig eine Bobbahn hinunterstürzten, und veranstaltete das **TV total Turmspringen**. Er produzierte u. a. Songs wie »Hier kommt die Maus« zum 25. Jubiläum der bekannten Kindersendung oder »Guildo hat euch lieb« für den Eurovision Song Contest 1998. Zwei Jahre später nahm er mit »Wadde hadde dudde da?« selbst an diesem Spektakel teil. Bei **Stefan sucht den Super-Grand-Prix-Star** – abgekürzt SSDSGPS – war sein Ziel, einen Kandidaten für die ESC-Vorentscheidung zu finden, und die erfolgreiche Sängerin **Lena Meyer-Landrut** entstammt einem weiteren Casting-Format, an dem er beteiligt war. Bei **Schlag den Raab** (ProSieben) traten Kandidaten gegen den ehrgeizigen Entertainer Stefan Raab höchstpersönlich in verschiedenen Disziplinen an. Als Preis winkten mindestens 500 000 Euro. Wie langlebig seine Kreationen sind, zeigt sich daran, dass *TV total* mit **Sebastian Puffpaff** neu aufgesetzt wurde, und Elton nicht nur **Schlag den Star** moderiert, sondern auch das TV-Total-Quiz **Blamieren oder Kassieren** als eigene Show (RTL) auskoppeln durfte. Allen voran Stefan Raab, aber auch TV-Kollegen wie Günther Jauch und Jörg Pilawa produzier(t)en viele ihrer Sendungen selbst.

In der RTL-**Castingshow Deutschland sucht den Superstar** (DSDS) konkurrieren seit mittlerweile 20 Staffeln mehr oder weniger begabte Gesangstalente zuerst um den Zuspruch der Jury und einen Platz im Recall. Bei den Motto-Shows versuchen sie dann, das Fernsehpublikum von sich zu überzeugen. Mit zahlreichen Siegern stürmte das für seine markigen Sprüche bekannte Dauerjurymitglied Dieter Bohlen die Charts, auch wenn sich die meisten Künstler nicht langfristig im Musikgeschäft etablieren konnten. Mit schwingenden Hüften über den Catwalk laufen bei ProSieben Heidi Klums »Mädchen« bei **Germany's Next Top Model** (GNTM) und hoffen darauf, dass sie nicht den Satz hören: »Ich habe heute leider kein Foto für dich«, sondern am Ende mit einem Modelvertrag ausgestattet das Cover eines Modemagazins zieren dürfen. Nur Prominenten vorbehalten ist **Let's Dance** auf RTL: Zusammen mit einem professionellen Tanzpartner gleiten sie mehr oder weniger grazil übers Parkett und buhlen dabei um die Gunst des per Telefon votierenden Couchpublikums und der mit Wertungskellen ausgestatteten Fachjury.

Die oft geschmähte Dschungelcamp-Sendung **Ich bin ein Star – Holt mich hier raus!** (IBES) auf RTL zählt seit zwei Jahrzehnten hierzulande zu den erfolgreichsten TV-Formaten. Sie ist nicht nur eine Chance für ausgediente, unter Geldnot leidende Ex-Celebritys auf einen zweiten Karrierefrühling, sondern u.U. ein potenzielles Sprungbrett von der C- zur B-Prominenz für Reality-Eigengewächse. Auf die Teilnehmer warten im australischen Dschungel Prüfungen für den Magen (z.B. Verspeisen von Känguruhoden oder Krokodilpenissen) und das Nervenkostüm (z.B. Bad unter Schlangen oder Ratten – sowohl echten, aber auch Mitcampern), um im besten Fall mit der Krone auf dem Kopf, stolzgeschwellter Brust und einigen Kilos weniger auf den Rippen nach Deutschland zurückzukehren.

Wesentlich leckerer geht es bei Kochsendungen im Wettbewerbsformat zu, bei denen Hobbyköche oder Profis ihr Können unter Beweis stellen. Auf VOX fordert (meistens) Tim Mälzer in **Kitchen Impossible** seine Kollegen heraus, Gerichte ohne Zutatenliste oder gar Rezept eines ortsansässigen Kochs nachzukochen, gerne mit ungewöhnlichen Ingredienzien. Für **Das perfekte Dinner** (VOX) laden sich fünf Hobbyköche gegenseitig zum Drei-Gänge-Menü zu Hause ein. Am Ende wird der »perfekte Gastgeber« nach Punkten gekürt. In der täglichen ZDF-Kochshow **Die Küchenschlacht** treten jeweils sechs Hobbyköche über eine Woche im Ausscheidungswettkampf gegeneinander an und präsentieren ihre Gerichte einem TV-Koch, der entscheidet, welche Kandidaten weiterkommen. Am Ende jeder Woche wird ein Küchenschlacht-Sieger gekürt. Um allerlei süße Leckereien geht es in **Das große Backen** auf Sat.1: Im Backzelt stellen Hobbybäcker ihre Backkünste unter Beweis. Neben dem Goldenen Cupcake darf sich der Gewinner über 10 000 Euro und die Veröffentlichung eines eigenen Backbuchs freuen.

Um innovative Food-Start-ups, aber auch viele andere Geschäftsideen, Dienstleistungen und Produkte geht es in **Die Höhle der Löwen**, bei der die Jungunternehmer sich auf VOX vor einer Investoren-Jury präsentieren müssen. Ist der Pitch gelungen, winkt ein dickes Investment. Nicht von der Hand zu weisen sind monetäre Interessen der Teilnehmer auch bei Formaten wie **Der Bachelor** bzw. **Die Bachelorette**, die sich (zumindest vordergründig) um Liebe und Beziehungen drehen. Die Kandidaten wetteifern dabei um die Rosen der Titelfigur – eine Situation, die Unterhaltung ebenso wie ordentlich Zoff verspricht. Vermutlich etwas mehr an echter Liebe interessiert sind die Protagonisten der ebenfalls auf RTL ausgestrahlten **Doku-Soaps Bauer sucht Frau** und **Schwiegertochter gesucht**. Die rührseligen und nicht selten unfreiwillig amüsanten Darstellungen grenzen jedoch gelegentlich an **Scripted Reality**, also die Vortäuschung und Nachahmung realer Ereignisse durch Laiendarsteller, die Regieanweisungen folgen. Eindeutig in diese Kategorie fallen z. B. **Gerichtsshows** wie **Richterin Barbara Salesch** und **Richter Alexander Hold**, die das juristische (Halb-)Wissen der Bundesrepublik vermehrt haben. Authentische Laiendarsteller sind eine Basis für Erfolgsformate wie **Berlin Tag und Nacht** (»Reality Daily Soap«), einen Quotenrenner von RTL Zwei.

Gameshows bieten Unterhaltung, Spannung und die Möglichkeit für Kandidaten, attraktive Preise zu gewinnen. Sie haben einen festen Platz in der deutschen Fernsehlandschaft und erfreuen sich nach wie vor großer Beliebtheit. Frühe Vertreter waren z. B. **Was bin ich?** mit Robert Lembke, bei dem Prominente den Beruf eines Gasts erraten mussten. **Dalli Dalli** mit Hans Rosenthal – sein Luftsprung gepaart mit dem Ausruf »Das war … spitze!« war legendär – erlangte Kultstatus. Ein seltener Entertainment-Export des deutschen Fernsehens ist **Wetten, dass..?** Die von Frank Elstner erfundene ZDF-Fernsehshow mit verrückten und unterhaltsamen Wetten und bisweilen der Weltprominenz auf dem Sofa moderierte Thomas Gottschalk über lange Jahre. Sie ist für viele der Inbegriff der Samstagabendunterhaltung für die ganze Familie. In eine ähnliche Kerbe schlägt das seit 2011 von Kai Pflaume moderierte **Klein gegen Groß – Das unglaubliche Duell** in der ARD, bei dem Kinder und Jugendliche prominente Gäste herausfordern und darauf wetten, in ihrer Disziplin besser zu sein als die Erwachsenen.

Last, but not least dürfen **Quizsendungen** hier nicht fehlen. Bitte vermeiden Sie das unsägliche Wort »Ratesendung«, denn es wird (hoffentlich) gewusst! Eine der ersten deutschen Quizshows war **Der große Preis**, moderiert von Showgrößen wie Wim Thoelke, Wolfgang Lippert und Hans-Joachim »Kuli« Kulenkampff. Diese präsentierten den Kandidaten u.a. Fragen aus ihrem jeweiligen Spezialwissensgebiet. Bei **Jeopardy!** mussten die Antworten als Fragen formuliert werden. Heutzutage assoziieren die meisten Bundesbürger das Genre »Quizshow« mit der seit 25 Jahren von Günther Jauch moderierten RTL-Sendung **Wer wird Millionär?**. Durch die korrekte Beantwortung von 15 Fragen können Kandidaten eine Million Euro gewinnen. (Übrigens sind die Gewinne bisher meist steuerfrei, aber zitieren Sie mich bitte nicht beim Finanzamt!) Bei **Gefragt-Gejagt** (ARD) treten seit 2012 vier Kandidaten gegen einen sogenannten Jäger an, eine Rolle, die ich mittlerweile seit über zehn Jahren ausfüllen darf. Diese Quizshow mit der wohl höchsten Fragenfrequenz moderiert Alexander Bommes seit der ersten Folge. Elton und Bernhard Hoëcker bilden – ebenfalls bei der ARD – jeweils mit einem Prominenten ein Team bei **Wer weiß denn sowas?**. Hier haben wir es überwiegend mit einer Ratesendung zu tun, bei der von Kai Pflaume vorgetragene, z.T. skurrile Fragen richtig beantwortet werden sollen.

Nach dem US-Vorbild *Saturday Night Live* gestrickt war die **Comedyshow RTL Samstag Nacht** in den 1990er-Jahren, u.a. mit Wigald Boning, Olli Dittrich, Esther Schweins und dem 2021 verstorbenen Mirco Nontschew. Bei **Last One Laughing** von Amazon Prime Video mit Michael »Bully« Herbig – u.a. Erfinder der nach ihm benannten **Bullyparade**, die zwischen 1997 und 2007 auf ProSieben lief – gewinnt derjenige, der als Letzter lacht. Ernste Miene bis zum Schluss behielten **Torsten Sträter, Max Giermann, Anke Engelke, Michael Mittermeier** und **Kurt Krömer**. Erfolgreich zum Lachen gebracht wurden deutsche Comedians, u.a. Carolin Kebekus, Bastian Pastewka, Paul Panzer und Martina Hill, aber auch beliebte Moderatoren wie Barbara Schöneberger, Elton oder Joachim »Joko« Winterscheidt und Klaas Heufer-Umlauf. Die beiden Letzteren haben sich mit Spielshows wie **Joko gegen Klaas – Das Duell um die Welt**, der Quizshow **Wer stiehlt mir die Show?** sowie mit der u.a. mit dem Grimme-Preis prämierten Late-Night-Show **Circus Halligalli** als Raab-Nachfolger und neue ProSieben-Gesichter etabliert.

Einige Comedians haben darüber hinaus z.T. eigene fiktive Comedyserien wie **Ladykracher, Alles Atze** oder **Pastewka** kreiert, oder ihre Stand-up-Auftritte vor Livepublikum wurden und werden im Fernsehen oder bei Streamingdiensten gezeigt. Unbedingt erwähnenswert in der deutschen Stand-up-Comedy-Szene, ob man seinen Humor teilt oder nicht, ist **Mario Barth** (Kennste, kennste?). Der gebürtige Berliner ist ein wahrer Publikumsmagnet und stellte mehrere Weltrekorde auf: 70 000 Zuschauer im Olympiastadion Berlin (2008) und »Das größte Publikum für einen Komiker in 24 Stunden« mit 116 498 Zuschauern (2014). Auch im TV ist der Comedian ein Dauermagnet: In **Mario Barth deckt auf** (RTL) kümmert er sich in durchaus populistischer Weise z.B. um Fälle von Steuerverschwendung.

Etwas mehr Anspruch legen **Satire**-Sendungen an den Tag. Hier sind vor allem die von Oliver Welke moderierte **heute-show** (ZDF), das **ZDF Magazin Royale, Die Anstalt** (ZDF) und **Extra 3** (NDR) zu nennen sowie deren eher konservativer Gegenpol **Nuhr im Ersten**.

Wer hat's erfunden?

Viele Fernsehformate stammen ursprünglich aus anderen Ländern. Auf britische Vorlagen gehen u. a. *Das Supertalent, DSDS* und *X-Factor, IBES, Let's Dance, Wer wird Millionär?, Das perfekte Dinner, Das große Backen* und *Gefragt - Gejagt* zurück. Bei unserem holländischen Nachbarn Jon de Mol können wir uns z. B. für *Big Brother* (RTL Zwei) und *The Voice of Germany* (ProSieben und Sat. 1) bedanken, über den Großen Teich schwappten *GNTM* und der *Bachelor*. Die *Höhle der Löwen* hat ihren Ursprung in Japan und *The Masked Singer* (ProSieben) in Südkorea.

Da das Fernsehen einer meiner Arbeitsplätze ist, habe ich ein inhärentes Interesse daran zu wissen, was gerade so läuft - und was nicht. Ich zappe also regelmäßig durch die Kanäle, um up to date zu bleiben, checke Einschaltquoten, Kritiken, Blogs, soziale Medien oder die Charts von Streamingplattformen, um aktuelle Filme, Serien und Trends zu entdecken.
Erweitern auch Sie Ihr Film- und Fernsehwissen, um ein tieferes Verständnis für diese Kunstform zu entwickeln. Ich kann hierfür das von vielen verpönte Zappen nur wärmstens empfehlen, um einen repräsentativeren Überblick über die Vielfalt der Unterhaltungswelten zu erhalten. Im Internet lassen sich zudem viele »uralte« Filme aus verschiedenen Genres und Epochen entdecken - das kann sehr erhellend sein! Genauso wichtig ist - und das hat schon Peter Lustig gesagt - abschalten!

3 Lifestyle & Technik

In diesem Kapitel werden Ihre Geschmacksknospen genauso angeregt wie Ihr Wissensdurst in puncto neuere technologische Entwicklungen – in einer ausgewählten Kombination verschiedenster Häppchen. Zuerst widmen wir uns bei einem Festival der Genüsse der vielseitigen Kulinarik aus der ganzen Welt, danach machen wir einen Schwenk in die verführerische Welt der Genussmittel. Ein wahrer Augenschmaus sind die kunstvollen Kreationen der Modedesigner, diese erkunden wir bei einem Kurztrip in die schillernde Modewelt, um uns daraufhin temporärer und permanenter Körperkunst zu widmen. Dabei gilt: Über Geschmack lässt sich nicht streiten! Doch damit nicht genug: Wir werfen einen konzentrierten Blick ins World Wide Web, auf soziale Medien und deren Stars und auf Künstliche Intelligenz, auch wenn – oder gerade weil? – Deutschland im Hinblick auf Digitalisierung anderen Nationen hinterherhängt. Solche Zukunftsthemen werden uns als Gesellschaft auch weiterhin auf Trab halten.

KULINARIK RUND UM DIE WELT

Keine Frage: Die besten Buletten der Welt macht immer die eigene Oma. Dennoch gelten andere als größte und einflussreichste Köche. Gemeinhin genießt Frankreich unter Feinschmeckern das größte Renommee unter den Nationalküchen – nicht nur aufgrund der Gaumenfreuden selbst, sondern weil sich die gehobene Esskultur in französischen Restaurants erst etablierte. Eine Mehrgänge-Menüfolge, bestehend mindestens aus einer Vorspeise, einem Hauptgang und einer Nachspeise, wurde in Frankreich in der **Haute Cuisine** institutionalisiert, die mitsamt ihrem Ausbildungssystem und der internen Küchenorganisation zum Vorbild der gehobenen Küchen der Welt wurde.

Die internationale Küchensprache ist daher auch Französisch, so gehört zur Küchenbrigade der für Suppen zuständige **Potager**, der **Rotisseur**, der das Fleisch *à point* brät, und der **Saucier**, der sich mit *roux* (in der Michelküche: Mehlschwitze) und Abbinden auskennen sollte, um Grundsoßen wie die Béchamel oder die Hollandaise zu kreieren. Entscheidenden Anteil am esskulturellen Aufstieg Frankreichs und seiner Vorbildfunktion hatten die Köche **Marie-Antoine Carême** und **Auguste Escoffier** sowie der Autor **Jean Brillat-Savarin**.

Als »Koch des Jahrhunderts« (gemeint ist das vergangene) gilt der Franzose **Paul Bocuse** – zumindest laut dem Restaurantführer *Gault-Millau*. So ganz klar wollte sich die angesehene kulinarische Publikation, die Kochmützen als Qualitätsauszeichnung an Restaurants vergibt, aber nicht festlegen, denn der Ehrentitel ging zudem an seinen Landsmann **Joël Robuchon**, den Schweizer **Frédy Girardet** und dessen österreichischen Schüler **Eckart Witzigmann**, die sich alle um die **Nouvelle Cuisine** verdient gemacht haben. Bocuse wurde von 1965 bis 2019 ohne Unterbrechung mit der höchsten Bewertung von drei Sternen vom Konkurrenzgastroführer *Guide Michelin* ausgezeichnet, auch wenn der Meisterkoch lange nicht mehr selbst am Herd stand. Die Neuinterpretation des Berufsbilds hin zum modernen, selbstständigen Entrepreneur ist ebenfalls sein Verdienst. Der wichtigste, alle zwei Jahre in Lyon stattfindende internationale Kochwettbewerb, der **Bocuse d'Or**, trägt zudem seinen Namen – kein Wunder, er hat ihn schließlich ins Leben gerufen.

Die Spitzenküchen sind mittlerweile internationaler geworden. So konkurriert Frankreich längst mit Japan um die höchste Anzahl von Sternerestaurants, und Tokio läuft Paris langsam, aber sicher den Rang als Gourmetmetropole ab. Dennoch setzten vor allem europäische Spitzenköche weiterhin neue Maßstäbe, u. a. der Spanier **Ferran Adrià** mit seiner im wahrsten Sinne des Wortes experimentellen **Molekularküche**, die Verfahren und Utensilien aus dem Chemielabor nutzt, und der Däne **René Redzepi** mit seinem Kopenhagener Restaurant Noma, das vom *Restaurant Magazine* fünf Mal zum besten Restaurant der Welt gekürt wurde. Auf den Tellern der zweistelligen Anzahl von Menügängen mit fast vierstelligem Preis können dann auch mal Seesterne und Gelee aus Rentierhirn auf den Tellern landen.

Ungewöhnliche Speisen findet man bei **Jamie Oliver, Anthony Bourdain, Steffen Henssler, Johann Lafer** oder dem für seine Wutausbrüche bekannten **Gordon Ramsay** weniger, wenngleich Letzterer vielfach von Gourmetkritikern ausgezeichnet worden ist. Das Verdienst der TV-Köche liegt nicht nur in der unterhaltsamen Popularisierung der Kochkunst und zahlreicher Gerichte und Nationalküchen, sondern auch in der Motivierung vieler Millionen von Menschen, selbst wieder öfter den Kochlöffel zu schwingen – und für den Hausgebrauch reichen dann auch die vermeintlich einfacheren Gerichte.

EINIGE BEGRIFFE AUS DER WELT DES KOCHENS, DIE SIE KENNEN SOLLTEN

Blanchieren: kurzzeitiges Erhitzen von Gemüse oder Obst in kochendem Wasser, gefolgt von einem Abschrecken in eiskaltem Wasser, um Farbe, Geschmack und Nährstoffe zu erhalten.

Juliennes schneiden: Zerkleinern von Gemüse oder Obst in dünne, gleichmäßige Streifen, oft für dekorative Zwecke oder zum Garen in kurzer Zeit. Bei der Schneidetechnik **Brunoise** werden die Lebensmittel hingegen in möglichst gleichmäßige Würfel geschnitten.

Pochieren: langsames Garen von Lebensmitteln in einer Flüssigkeit, die knapp unter dem Siedepunkt gehalten wird. Häufig wird diese Methode für Eier oder Fisch verwendet.

Reduzieren: Einkochen einer Flüssigkeit, oft einer Soße oder Suppe, um das Volumen zu verringern und so Geschmack und Konsistenz zu konzentrieren.

Sautieren: Lebensmittel wie Gemüse oder Fleisch werden klein geschnitten und unter Schwenken in einer Pfanne bei hohen Temperaturen von allen Seiten kurz angebraten.

Tranchieren: das Zerlegen von bereits zubereitetem Fleisch und Fisch in Stücke oder Scheiben. Im rohen Zustand wird **filetiert**.

In der Gaumengunst ganz vorne sind laut Umfragen hierzulande wenig überraschend neben dem US-amerikanischen Kulturgut des **Burgers** die italienischen Teigwarenklassiker **Pasta** und **Pizza** – in allen ihren Formen. Über 600 unterscheidbare Nudelsorten soll es geben, und den Hefeteigfladen können unterschiedliche Beläge bedecken, von der klassischen, nach der gleichnamigen Königin benannten Pizza Margherita bis zu Quattro Formaggi mit den italienischen Käseklassikern Mozzarella, Pecorino, Gorgonzola und Parmesan.

EINIGE INTERNATIONALE KÄSESORTEN, DIE SIE KENNEN SOLLTEN

Käse ist ein vielseitiges Lebensmittel in der Regel aus roher oder pasteurisierter Kuh-, Schafs-, Ziegen- oder Büffelmilch, wobei jede Milchsorte einen einzigartigen Geschmack und Charakter in das Produkt einbringt. Von weich und cremig bis hin zu hart und bröckelig ist alles dabei - ausschlaggebend für die jeweilige Konsistenz ist die Art des Käses sowie dessen Herstellung.

Weichkäse werden durch Hinzufügen von speziellen Bakterienkulturen oder Lab hergestellt, die den Käse von innen heraus reifen lassen und ihm seine cremige Konsistenz verleihen. **Hartkäse** werden durch Hinzufügen von Bakterienkulturen oder Lab hergestellt, gepresst und gereift, wodurch ihnen Feuchtigkeit entzogen wird, was sie fester und bröckeliger macht. Zusätzlich spielen der Fettgehalt der Milch, die Reifezeit, die Temperatur und die Feuchtigkeitsbedingungen während der Reifung eine Rolle für die Konsistenz eines Käses.

Frankreich: Brie und Camembert (Weichkäse/Kuh), Roquefort (Blauschimmelkäse/Schaf), Comté (Hartkäse/Kuh), Reblochon (Halbfester Schnittkäse/Kuh)

Italien: Mozzarella (Weichkäse/Büffel oder Kuh), Gorgonzola (Blauschimmelkäse/Kuh), Parmesan (Hartkäse/Kuh), Pecorino (Hartkäse/Schaf), Ricotta (Frischkäse/Kuh und/oder Schaf)

Schweiz: Emmentaler, Appenzeller und Gruyère (Hartkäse/Kuh)

Niederlande: Gouda, Leerdammer und Edamer (Halbhartkäse/Kuh)

Deutschland: Harzer Käse (Sauermilchkäse/Kuh)

Spanien: Manchego (Hartkäse/Schaf)

Griechenland: Feta (Salzlakenkäse/Schaf und/oder Ziege)

Zypern: Halloumi (halbfester Käse/Kuh, Schaf oder Ziege)

Feta oder doch nur Hirtenkäse?

Einige Produktnamen sind geschützt und dürfen nur dann verwendet werden, wenn die Güter nachweislich in einem bestimmten geografischen Gebiet erzeugt, verarbeitet und/oder hergestellt wurden - oft ist sogar ein festgelegtes Verfahren vorgeschrieben. Solche **Herkunftsbezeichnungen** schützen viele Käsesorten, Weine oder Schinken, aber auch süße Leckereien wie Aachener Printen, Lübecker Marzipan und Nürnberger Lebkuchen sind **geschützte geografische Angaben** (g.g.A.). »Made in Germany« wurde übrigens ursprünglich Ende des 19. Jahrhunderts als Schutz vor vermeintlich minderwertiger Importware in Großbritannien eingeführt. Heute gilt die Bezeichnung als Gütesiegel - so landete Deutschland im Jahr 2017 in einer repräsentativen Studie auf Platz 1 im »Made-in-Country-Index«.

Die neapolitanische Bäckertradition wurde von der UNESCO sogar in die repräsentative Liste des **immateriellen Kulturerbes der Menschheit** aufgenommen – wobei dies weder das Convenience-Food schlechthin, die Tiefkühlpizza, noch die mutige Fusionkreation der Pizza Ananas inkludiert. Weitere kulinarische Einträge sind das belgische Bierbrauhandwerk, die Jagd nach dem hochgehandelten Trüffel, die arabische Kaffeekultur sowie ganze Küchen, u.a. die französische, mediterrane und die mexikanische. Vermeintlich klassische Gerichte Letzterer, wie **Chili con Carne, Nachos, Tortillas** und **Burritos**, entstammen allerdings in ihrer verbreiteten Form der im Süden der USA beheimateten Tex-Mex-Küche. Diese hat natürlich ihre Wurzeln im Mexikanischen – immerhin war Texas bis Mitte des

19. Jahrhunderts mexikanisches Staatsgebiet – und die kulinarischen Grenzen sind fließend. **Tacos** sind durchaus ein populärer mexikanischer Snack, aber urtypische Speisen des Landes sind eher **Tamales**, in Bananen- oder Maisblätter gehüllter, mit Fleisch, Käse und Gemüse gefüllter und gegarter Maismehlbrei, oder die **Moles**, Soßen auf verschiedenen Basen, insbesondere Chili und Schokolade.

Genauso wenig sind einige in Deutschland populäre Gerichte mit der jeweiligen Landesküche gleichzusetzen. **Sushi** ist der kulinarische Exportschlager Japans, doch die hierzulande beliebten Variationen Inside-Out oder Philadelphia sind US-amerikanischen Ursprungs und haben nichts mit den ursprünglichen **Maki** (Reis und Fisch im Noriblatt, einem getrockneten essbaren Meeresalgenblatt, gerollt) oder **Nigiri** (Fisch lose auf Reis liegend) zu tun. Auch wenn der rohe Fisch auf oder in gesäuertem Reis in Japan zu den Grundspeisen zählt, ist das dort mit Abstand am häufigsten konsumierte Gericht die Nudelsuppe **Ramen**. Die Ursprünge der kräftigen Warmspeise liegen in China (chin. »Lamian«), im Westen des Landes wird auch der Ursprung der Nudel vermutet. Ernsthafte Konkurrenz bei den Nudelsuppen kommt im weltweiten Vergleich nur aus Vietnam: Die mit Reisbandnudeln gefüllte **Pho** lässt das Herz vieler Foodies höherschlagen. Durchgesetzt hat sich bei uns auch eine andere japanische Erfindung: **Instantnudeln**.

Die japanische Küche ist zudem mit Gerichten wie den Spießen **Yakitori** und dem Feuertopf **Shabu Shabu** wesentlich fleischlastiger, als man bei dem für Sushi und **Sashimi** bekannten Inselstaat vermuten könnte. Immerhin wird in Japan mit knapp 50 Kilogramm pro Kopf mehr Fisch im Jahr konsumiert als in den meisten anderen Ländern der Erde – mit Ausnahme von Südkorea, Portugal, den Malediven und dem Spitzenreiter

Island. Beim Fleischkonsum im Allgemeinen liegen allerdings die US-Amerikaner und die Bewohner der iberischen Halbinsel mit etwa 150 Kilogramm pro Kopf und Jahr vorne. Daher würde sich das japanische Kobe-Rind, das Fleischfreunde aller Welt begeistert (die Tiere bekommen entgegen einem weit verbreiteten Mythos kein Bier!), auf dem amerikanischen Kontinent besonders heimisch fühlen, ob beim US-amerikanischen **Barbecue**, beim lateinamerikanischen Äquivalent **Asado** oder **Churrasco** oder schlicht als argentinisches Steak, schließlich wird in Argentinien pro Kopf auch das meiste Rindfleisch verspeist. Allerdings wird weltweit Hühnerfleisch, in der Regel von der Rasse Cornish Cross, am häufigsten gegessen.

Weltweit verzichten viele Menschen auf den Konsum von Fleisch, allen voran in Indien. Im nordindischen Rajasthan ernähren sich z. B. schätzungsweise drei Viertel der Bevölkerung **vegetarisch**. Eine fleischlose oder gar **vegane** Ernährungsweise ist auch hierzulande längst kein Modetrend mehr, sondern für viele Menschen eine Grundsatzentscheidung. Schätzungen zufolge ernähren sich etwa 10 Prozent der Bundesbürger vegetarisch. Als veganer proteinreicher Fleischersatz kommen u. a. **Tofu** (aus der geronnenen Milch von Sojabohnen hergestellt), **Tempeh** (durch Edelschimmelpilze fermentierte Sojabohnen) und das aus Weizenmehl gewonnene **Seitan** auf den Teller.

Bei allen Vereinfachungen und nationalen Zuordnungen sollte man nie außer Acht lassen, dass jede Küche – insbesondere jene größerer Länder – verschiedene bedeutende **Regionalküchen** mit jeweils unterschiedlichen Zutaten, Zubereitungsarten und Kombinationen aufweist. Die deutsche Küche besteht schließlich nicht nur aus **Sauerkraut**, **Schweinshaxe** und **Bratwurst**, sondern u. a. aus zwei wunderbaren Berliner Erfindungen: der

Currywurst (sorry, Hamburg) und dem **Kebab**, den der türkische Immigrant Kadir Nurman in den 1970er-Jahren in Kreuzberg erstmals vom Drehspieß schnitt.

Teigtaschen-Vielfalt

Ein Klassiker der japanischen Küche sind **Gyoza**, gefüllte Teigtaschen, die entweder gebraten, frittiert oder gedämpft werden. Diese Vor- oder Nebenspeise existiert in vielen Variationen in eurasischen Küchen, in China heißen sie **Jiaozi**, in Korea **Mandu**, in Polen **Piroggen**, in der Ukraine **Wareniki**, in Russland **Pelmeni**, in der Türkei **Mantı**. Aus dem Schwabenland kennt man die **Maultaschen** und aus Italien die **Ravioli** oder **Tortellini**.

Das, was man gemeinhin in Deutschland unter »indischer Küche« versteht, ist tatsächlich die nordindisch-pakistanische Tradition (oder entstand in Großbritannien wie **Chicken Tikka Masala**). Sie unterscheidet sich stark von den anderen Küchen des Subkontinents. Während man im Norden Indiens mehr Gebrauch von Milchprodukten macht und prinzipiell fleischbetonter isst, würzt man im tropischen Süden – wie klimatisch zu erwarten – in der ohnehin gewürzstarken Küche recht scharf und macht von Früchten wie Kokosnuss und Mango mehr Gebrauch.

Das benachbarte China zählt nach einer Zählweise acht wichtige regionale Kochtraditionen, darunter die scharf-würzige Sichuan-Küche mit dem Feuertopf, die deftige, ohne Reis auskommende Nordküche mit der bekannten **Pekingente** – Chinas zwei große Ströme, der Jangtsekiang und der Huang He, teilen das Land in Weizen- und Reisgebiete – oder die kantonesische

Küche mit ihren unzähligen **Dim Sum**, meist gedämpfte oder frittierte kleine Gerichte, quasi die Tapas des Reiches der Mitte.

WEITERE KLASSIKER VERSCHIEDENER NATIONALKÜCHEN, DIE SIE KENNEN SOLLTEN

KOREA

Bibimbap: Schüssel Reis mit Gemüsesorten, Ei und scharfer Gochujang-Paste

Bulgogi: mariniertes »Feuerfleisch«, meist Rind

Kimchi: fermentiertes, scharfes Gemüse, meist Chinakohl

SÜDOSTASIEN

Halo Halo: philippinisches Eis mit zahlreichen Zutaten wie Früchten und Gelee

Nasi Goreng: indonesisches gebratenes Reisgericht

Pad Thai: gebratene Reisbandnudeln, die im Zweiten Weltkrieg vom damaligen Ministerpräsidenten Phibun zum Nationalgericht Thailands erklärt wurden.

Tom Kha Gai: thailändische Kokosmilchsuppe mit Huhn und Galgant

INDIEN

Biryani: herzhaftes Reisgericht

Chutney: würzige, süß-saure, bisweilen pikante Soße

Roti: flaches, ungesäuertes Brot

Tandoori: »im Ofen zubereitetes Gericht«

NAHER OSTEN

Baklava: mit gehackten Walnüssen, Mandeln und Pistazien gefülltes Blätterteig-/Filoteig-Gebäck, in Honig oder Sirup getränkt

Hummus: Püree aus Kichererbsen, Tahini (Sesampaste), Knoblauch, Zitronensaft

Mezze: orientalische Vorspeisen wie Falafel (frittierte Kichererbsenbällchen), Baba Ghanoush (Auberginenpüree) und Taboulé (Petersiliensalat mit Hartweizen/Bulgur)

Schawarma: gewürztes, gegrilltes Fleisch, dünn geschnitten im Fladenbrot

Shakshuka: pochierte Eier in Tomatensoße

AFRIKA

Couscous: nordafrikanischer Hartweizengrieß

Fufu: west- und zentralafrikanisches Grundnahrungsmittel, fester und stärkehaltiger Brei, meist aus Maniok oder Yams, als Beilage oder Hauptbestandteil vieler Gerichte.

Injera: äthiopischer Sauerteigfladen, wird mit den Händen gegessen.

Jollof: westafrikanisches Reisgericht, ursprünglich aus Senegambia. Heute konkurrieren Nigeria, Ghana und weitere Landesküchen darum, wer das Gericht am besten macht.

Tajine: im gleichnamigen marokkanischen tönernen Schmortopf gekochtes Gericht.

OSTEUROPA

Bliny: dünne, runde Pfannkuchen, gewissermaßen russische Crêpes

Borschtsch: Rote-Beete-Eintopf

Ćevapčići: gegrillte, würzige Hackfleischröllchen vom Balkan

GROSSBRITANNIEN

Fish and Chips: in Backteig frittiertes Fischfilet mit Pommes

Full English Breakfast: herzhaftes Frühstück mit Eiern, Speck, Würstchen, Tomaten, Bohnen und Toast

Haggis: schottisches Gericht aus Schafsinnereien

ÖSTERREICH

Kaiserschmarrn: zerzupfter, süßer Pfannkuchen mit Rosinen und Puderzucker

Sachertorte: Schokoladentorte mit Aprikosenmarmelade

Wiener Schnitzel: paniertes, gebratenes Kalbsschnitzel

DEUTSCHLAND

Bratwurst: Spezialität aus Franken, Thüringen oder Frankfurt

Königsberger Klopse: Hackfleischbällchen mit Kapern in einer säuerlichen Sahnesoße

Sauerkraut: eingelegter, fermentierter Weiß- oder Spitzkohl

Schweinshaxe: gekocht (Eisbein) oder gebraten mit knuspriger Kruste

Spätzle: geschabte Eiernudeln aus Schwaben

IBERISCHE HALBINSEL

Paella: spanisches Reisgericht mit Meeresfrüchten oder Fleisch, gelb durch Safran

Pastel de Nata: portugiesisches Blätterteiggebäck mit eigelbbasierter Cremefüllung

Tapas: Vielzahl von kleinen Gerichten, oft in Bars angeboten, z. B. Albondigas (Fleischklößchen), Boquerones (Sardellen) oder Tortilla (Kartoffelomelett).

SÜDAMERIKA

Ceviche: peruanisches Fischgericht, in Zitrusfruchtsäften mariniert

Chimichurri: argentinische Kräutersoße zu gegrilltem Fleisch

Feijoada: brasilianischer Eintopf aus Bohnen und Fleisch

GENUSSMITTEL

Ein unbestrittener Star unter den Genussmitteln hierzulande ist **Kaffee**. Im Schnitt tranken die Bundesbürger im Jahr 2022 167 Liter pro Jahr und Kopf, was rund vier Tassen am Tag entspricht. Trotz vielfältiger Zubereitungsarten (Filtermaschine, French Press, Vollautomat, Herdkanne etc.), was den bevorzugten Kaffeegenuss angeht, ist eine Sache doch universell: Ohne Kaffee am Morgen sind viele Menschen einfach nicht zu gebrauchen; in Finnland steht Mitarbeitern sogar zweimal pro Tag eine »Kaffeepaussi« zu, um ihren »Kahvi« zu genießen.

Der klassische italienische Wachmacher **Espresso** bildet die Basis für viele andere Kaffeespezialitäten, z. B. einen in Bella Italia nur zum Frühstück kredenzten **Cappuccino**, einen **Latte Macchiato** oder einen **Flat White** durch die Zugabe von warmer, aufgeschäumter Milch bzw. Milchalternativen in unterschiedlichen Anteilen, wobei ein versierter Barista noch Herzen, Blätter, Schwäne und andere Muster in den Schaum zaubert. Stärker und konzentrierter als der Espresso ist der **Ristretto**, einen **Americano** erhält man durch Verdünnen mit heißem Wasser. Wer einen **Affogato** als Erfrischung oder Dessert-Ersatz ordert, dem wird ein heißer Espresso mit einer Kugel Vanilleeis serviert, der nach dem Genuss von innen wärmende **Irish Coffee** kommt hingegen mit einem guten Schuss Whiskey sowie einem Klacks Schlagsahne daher, und den **Caffè Corretto** verfeinert ein Grappa. Im traditionellen Wiener Kaffeehaus kann man aus der reichhaltigen Kaffeekarte u. a. einen **Fiaker** (Mokka mit einem Schuss Rum oder Schnaps) oder einen **Einspänner** (Mokka mit Sahnehaube) bestellen. Beliebt sind auch besondere Zubereitungsarten wie in der Türkei oder Vietnam.

Je nach Zubereitungsart, Röstung und Mahlgrad der **Arabica-**

bzw. **Robusta**-Bohnen variiert der **Koffein**gehalt, doch ungeachtet dessen steigert der nach rund 20 Minuten einsetzende munter machende Kick die Aufmerksamkeit, die Konzentrations- und Leistungsfähigkeit, weil das Koffein die Adenosin-Rezeptoren im Gehirn besetzt. Das körpereigene Adenosin – ein Botenstoff, der normalerweise die Ausschüttung von wach machenden und belebenden Neurotransmittern wie Dopamin oder Noradrenalin blockiert – kann nun nicht mehr »andocken«, wodurch die schläfrig machende Wirkung entfällt. Nach durchschnittlich vier Stunden hat der menschliche Körper die Hälfte des vorhandenen Koffeins wieder abgebaut; die individuelle Verstoffwechselung kann jedoch variieren.

In Großbritannien (*Tea Time*), Japan (*Chanoyu*) und China (*Gong Fu Cha*) wird das Teetrinken regelrecht zelebriert, wobei jede Kultur ihre eigenen Rituale und Traditionen hat. Doch auch hierzulande findet eine passionierte Gemeinschaft von Teeliebhabern Gefallen an einer breiten Palette von Teesorten. Von **Weißem Tee** mit seinem delikaten Aroma über nicht fermentierten (genauer: nicht oxidierten) **Grünen Tee** mit seinen gesundheitlichen Vorteilen bis hin zum fermentierten **Schwarzen Tee** in kräftigen Geschmacksrichtungen – die Auswahl ist vielfältig. **Blends** sind Mischungen von Teesorten, wie z. B. **Ostfriesentee** aus verschiedenen Schwarztees, vor allem **Assam**, der gerne mit Kluntje (Kandiszucker) konsumiert wird, und der nach einem britischen Premierminister benannte **Earl Grey**, der mit dem Öl der Bergamottefrucht aromatisiert ist. Darüber hinaus gewinnen exotischere Sorten wie der japanische **Matcha**, ein fein gemahlener Grüntee, oder der nicht gemahlene Sencha, die aus China kommenden **Lapsang Souchong**, ein Rauchtee, und **Puerh**, der gereift und fermentiert ist, und allen voran **Mate**, der traditionell aus einer Kalebasse getrunkene südamerikanische Tee an Beliebtheit, auch wenn Letzterer hierzulande wohl eher als Softdrink bekannt ist. Streng genommen ist er ebenso wie Kamillen-, Pfefferminz- oder Früchtetee kein echter Tee – dieser muss von der Teepflanze (*Camellia sinensis*) stammen. Die erste Tee-Ernte im Frühling nennt man **First Flush**, die zweite im Sommer **Second Flush**. Die Teeblätter werden nach Blattgraden bewertet und sortiert, z.B. Broken Tea und Orange Pekoe. **Teein**, der in Tee enthaltene Wirkstoff, ist im Übrigen chemisch gesehen dasselbe wie Koffein, allerdings ist er an natürliche Gerbstoffe gebunden, weswegen der anregende Effekt verzögert eintritt, aber auch länger anhält. Der Röstprozess beim Kaffee baut die Gerbstoffe ab.

Bier ist eines der ältesten alkoholischen Getränke der Welt. Bereits die alten Babylonier genossen diesen Durstlöscher, und die älteste überlieferte Bierschankordnung der Welt stammt aus dem *Codex Hammurabi* aus dem 18. Jahrhundert v. Chr. Das nicht verpflichtende bayerische **Reinheitsgebot** aus dem 16. Jahrhundert schreibt für die Bierherstellung ausschließlich Wasser, Malz, Hopfen und Hefe vor. Viele traditionelle Brauereien halten sich heute noch daran – sicherlich auch aus Vermarktungsgründen –, während moderne **Craft-Beer**-Stätten wesentlich experimentierfreudiger sind. Schätzungen zufolge hat Oberfranken die höchste Brauereidichte der Welt mit mehr als 200 Braustätten auf eine Million Einwohner.

Deutschland gehört laut einem Ranking von 2020 zu den größten Biertrinker-Nationen mit etwas unter 100 Litern pro Kopf und Jahr. Spitzenreiter sind allerdings die Tschechen mit über 180 Litern. Auf den folgenden Plätzen reihen sich Österreich und Polen ein. Die fünf beliebtesten Biermarken 2020 in

Deutschland (nach Absatz) waren, in absteigender Reihenfolge, Krombacher, Oettinger, Bitburger, Veltins und Beck's.

EINIGE BIERSORTEN, DIE SIE KENNEN SOLLTEN

Beim Bierbrauen kommen verschiedene Hefesorten zum Einsatz, die unterschiedliche Temperaturen für die Gärung brauchen. Bei **obergärigem** Bier sind höhere Temperaturen notwendig. In dem Fall schwimmen die Hefeteilchen an der Oberfläche und können abgeschöpft werden. Für das etwas haltbarere **untergärige** Bier kommt eine Hefe zum Einsatz, die niedrigere Temperaturen braucht und sich am Boden des Kessels absetzt. Diese können erst seit Erfindung der Kältemaschine ganzjährig gebraut werden.

Altbier: obergärig, aus Düsseldorf

Bock: untergärig, oft in der kalten Jahreszeit getrunken, stärker und dunkler als Lagerbier, der Name leitet sich von der niedersächsischen Stadt Einbeck ab.

IPA (India Pale Ale): starke Hopfennote, höhere Bitterkeit

Kölsch: obergärig, aus Köln

Lager/Helles: untergärig, milder Geschmack

Märzen: untergärig, traditionell im März gebraut

Pilsner: untergärig, stärkerer Hopfengeschmack, der Name geht auf die westböhmische Stadt Pilsen zurück.

Rauchbier: mit über Buchenholz geräuchertem Malz, das dem Bier eine rauchige Note verleiht.

Stout: dunkle Farbe durch geröstetes Malz, cremiger, schaumiger Kopf

Weißbier/Hefeweizen: obergärig, mit mindestens 50 Prozent Weizenmalz

Das Keltern von **Wein** aus dem vergorenen Saft der Beeren der Edlen Weinrebe reicht mehrere Tausend Jahre zurück, was ihn zu einem der ältesten Kulturgüter der Menschheit macht.

In Deutschland gibt es 13 ausgewiesene **Anbaugebiete** für Qualitätswein, u.a. Rheingau und Mosel. Die Spitzenreiter unter den weinproduzierenden Ländern sind jedoch Italien, Frankreich und Spanien. In der Bundesrepublik werden durchschnittlich 27,5 Liter pro Kopf und Jahr getrunken, das toppen die Portugiesen aber locker mit rund 52 Litern, genauso wie die Franzosen und Italiener mit ca. 46 Litern pro Nase im Jahr. Dafür haben wir das größte Weinfest der Welt: Mit über 600 000 Besuchern steht der Dürkheimer Wurstmarkt in Bad Dürkheim an der Spitze.

EINIGE BELIEBTE VOLKSFESTE UND KULTURELLE VERANSTALTUNGEN, DIE SIE KENNEN SOLLTEN

Das seit 1810 stattfindende **Münchner Oktoberfest** ist mit mehr als sieben Millionen Besuchern das größte Volksfest der Welt, das auf die Hochzeit von Kronprinz Ludwig und seiner Therese zurückgeht - deswegen heißt der Festplatz auch Theresienwiese. Auf der »Wiesn« 2023 flossen rund 6,5 Millionen Maß Bier in großen Festzelten wie Schottenhamel oder Fischer Vroni die durstigen Kehlen der in Dirndl und Lederhosen gekleideten Besucher hinab. Ausgeschenkt wird nur Bier der sechs Traditionsbrauereien. Weitere beliebte Volksfeste hierzulande sind der **Cannstatter Wasen** (Stuttgart), die **Kieler Woche** und der dreimal im Jahr stattfindende **Hamburger Dom**.

Am 11.11. um 11:11 Uhr läuten die Jecken beim **Kölner Karneval** die »fünfte Jahreszeit« ein, beim spektakulären **Karneval in Rio de Janeiro** ziehen hüftschwingende Samba-Tänzer in luftigen, glitzernden

Kostümen zum pulsierenden Beat durch die Straßen, und der historische, bis ins 12. Jahrhundert zurückreichende **Carnevale di Venezia** ist für Masken und Kostüme bekannt.

Mehrere Hundert Millionen Menschen weltweit feiern am 20. März **Nouruz,** das persische Neujahrs- bzw. Frühlingsfest zur Tagundnachtgleiche, und beim thailändischen Neujahrsfest **Songkran** (seit 2023 auf der UNESCO-Liste des immateriellen Kulturerbes der Menschheit), das vom 13. bis 15. April stattfindet, bespritzt man sich gegenseitig mit Wasser - als Symbol der Reinigung und Erneuerung. Im Gegensatz dazu bewerfen sich die Teilnehmer der **Tomatina** in Spanien mit überreifen Tomaten.

Die Farbe des Weins hat im Übrigen nichts mit der Farbe der Rebsorten zu tun, sondern ist eine Folge der Verarbeitung der Trauben nach der Lese. Bei der Herstellung von Rotwein verbleiben die Schalen während des Gärungsprozesses in dem hellen Traubensaft, wodurch sich die Farbpigmente herauslösen. Doch man kann aus roten Traubensorten auch Weißwein machen, z. B. Blanc de Noirs, und im Übrigen auch Champagner. Solche Schaumweine, zu denen auch Sekt, Prosecco und Cava zählen, entstehen aus Wein während einer zweiten Gärung. Im Unterschied zu anderen Schaumweinen muss Champagner nicht nur aus dem nördlichsten Weinanbaugebiet Frankreichs, der Champagne, stammen, auch die zweite Gärung muss in der Flasche (und nicht in großen Tanks) erfolgen, um danach mindestens 15 Monate darin zu reifen, was ihn besonders feinperlig macht. Wichtige **Rebsorten** – absteigend nach ihrer Anbaufläche weltweit – sind Cabernet Sauvignon (rot), Merlot (rot), Tempranillo (rot), Chardonnay (weiß), Syrah (rot), Pinot Noir (rot), Sangiovese (rot), Riesling (weiß) und Pinot Gris/Grauburgunder (weiß).

EINIGE BEGRIFFE RUND UM DEN WEIN, DIE SIE KENNEN SOLLTEN

Zur Beschreibung und Bewertung eines Weins bedienen sich Experten wie Sommeliers eines reichhaltigen Vokabulars. Hier einige Beispiele.

Abgang: Eindruck, den ein Wein im Mund hinterlässt, nachdem er geschluckt oder ausgespuckt wurde.

Barrique: kleines Fass aus Eichenholz, in dem Wein gelagert und gereift werden kann.

Bouquet: Duft eines Weins nach der Flaschenreifung, der durch den Alterungsprozess entsteht.

Körper: Textur und Dichte

Tannin: bitterer Geschmacksstoff, der dem Wein Struktur und Körper verleiht.

Terroir: Einfluss von Klima, Boden und Topografie auf den Wein.

Wer es hochprozentiger will, muss ins Spirituosenregal greifen. Diese Alkoholika können verschiedene Ausgangsstoffe haben.

Whiskey bzw. **Whisky** entsteht durch die **Destillation** von Getreidemalzmaische. Ob ein E im Namen ist, verrät übrigens, aus welcher traditionellen Hochburg die Spirituose stammt: Ob aus den Highlands, Lowlands oder von Inseln wie Islay oder Lagavulin – Whisky wird in schottischen Destillerien produziert, Whiskey hingegen kommt aus Irland. Egal aus welchem Land, das meist in Eichenholzfässern gelagerte »Wasser des Lebens« muss drei Jahre ruhen, bis es seinen vollen Geschmack entfaltet hat. Vor allem Gerste kommt als Basis zum Einsatz, aber auch Mais, Roggen und Weizen bis hin zu Buchweizen, Reis, Quinoa und Dinkel werden verwendet. Die meisten großen Whiskymarken sind **Blends**, also Mischungen aus verschiedenen Whiskys wie der schottische Johnnie Walker und der irische Jameson. Überwiegend aus Mais wird **Bourbon** gemacht, eine US-amerikanische Whiskey-Art. Sein würziger Bruder, **Rye Whisky**, entsteht auf Basis von Roggen. Im neuen Jahrtausend konnte sich Japan als neue »Whisky-Supermacht« etablieren.

Schräger Standort

Der Tennessee-Whiskey **Jack Daniel's**, die meistverkaufte US-Whiskeymarke weltweit, wird ausgerechnet in der Kleinstadt Lynchburg produziert, in der Alkoholkonsum strengstens untersagt ist - ein Überbleibsel aus der Zeit der Prohibition (1920-1933).

Wodka – das traditionelle »Wässerchen« aus Osteuropa – wird aus kohlenhydrathaltigen Ausgangsstoffen hergestellt, vor allem Getreide, aber auch Kartoffeln. Den mit Abstand höchsten Pro-Kopf-Verbrauch hat Russland, hier bewahrheitet sich also ein verbreitetes Klischee. Was jedoch viele überraschen dürfte, ist die Tatsache, dass viele beliebte Wodka-Marken zwar russisch klingen, wie **Smirnoff**, **Wodka Gorbatschow** oder **Trojka**, aber aus ganz anderen Ländern stammen. Grundsätzlich lässt sich feststellen, dass viele der weltweit absatzstärksten Brands nicht russisch sind, wie z.B. **Absolut Wodka** (Schweden) und **Grey Goose** (Frankreich).

Die Trendspirituose der vergangenen Jahre ist vermutlich **Gin**. Wacholderbeeren verleihen ihm seinen charakteristischen Geschmack. Auf diese Grundzutat geht übrigens auch der Name zurück: franz. *genévrier*. Um den Geschmack zu variieren, werden

Botanicals wie Koriander, Angelikawurzel oder Zitrusfrüchte bei der Produktion zugegeben. Bei aller Beliebtheit steht zu hoffen, dass es nicht zu einer Neuauflage der historischen Gin-Epidemie kommt: In der ersten Hälfte des 18. Jahrhunderts stieg der Pro-Kopf-Verbrauch im Vereinigten Königreich so stark an, dass die Regierung zum Schutz der Bevölkerung mit harten Maßnahmen durchgreifen musste.

Mezcal wird aus dem Fruchtfleisch verschiedener Agavenarten gewonnen. Ausschließlich aus der Blauen Agave gebrannt wird **Tequila**, die wohl bekannteste Form dieses Schnapses aus Mexiko. Einige Mezcal-Marken enthalten eine Schmetterlingsraupe in der Flasche als Marketinggag. Klassisch wird erst vom Handrücken Salz abgeleckt, dann der Tequila-Shot getrunken und anschließend in eine Zitronenscheibe gebissen – zumindest bei uns, in Mexiko ist diese Trinkweise nicht üblich.

Rum, zunächst ein Abfallprodukt des Zuckerrohranbaus in der Karibik, wird überwiegend aus Melasse gewonnen. Die ursprüngliche Variante ist der etwas mildere weiße Rum, der heutzutage in Stahltanks lagert. Eine bräunliche Färbung der Spirituose kann durch eine längere Reifung im Holzfass (gerne Eiche) entstehen, doch so manche Hersteller helfen dabei künstlich nach. »Ne Buddel voll Rum« hat auch oft Piraten glücklich gemacht, z. B. Blackbeard, und auch heute noch wird die Assoziation verwendet: Der walisische Freibeuter **Henry Morgan** leiht einer der meistverkauften Marken seinen Namen.

Zu den populärsten **Brandys** zählen die französischen Klassiker Cognac und Armagnac sowie der südamerikanische Pisco und natürlich der **Sherry** – diese Weinbrände sollen nur aus bestimmten Rebsorten gewonnen werden. Der **Weinbrand** wird, wie der Name vermuten lässt, aus Wein oder Traubenmost hergestellt. Nicht zu verwechseln mit dem Begriff **Brannt-**

wein – dieser bezeichnet im Prinzip alle Spirituosen mit mehr als 15 Vol.-% Alkohol.

Der legendäre **Absinth** – auch »Die grüne Fee« genannt – galt im 18. Jahrhundert als Heilmittel und wird traditionell mit Wasser vermengt getrunken. Großer Beliebtheit erfreute sich der aus Wermutkraut und anderen Kräutern hergestellte Höchstprozentige Ende des 19. und Anfang des 20. Jahrhunderts in Frankreich, vor allem unter Künstlern wie Vincent van Gogh und Oscar Wilde.

Weitere beliebte Schnäpse sind der oft mit Kümmel versetzte **Aquavit**, der aus Traubenrückständen gewonnene und vornehmlich aus Italien stammende **Grappa** und der aus Pflaumen hergestellte slawische **Sliwowitz**. Besonders verbreitet sind Anisschnäpse: In Griechenland trinkt man **Ouzo**, in der Türkei **Rakı**, in Frankreich **Pastis**, im Nahen Osten **Arak** und in Italien **Sambuca** (mit drei Kaffeebohnen im Glas). Die in der westlichen Welt bekannteste asiatische Spirituose ist der japanische Reiswein **Sake**.

EINIGE COCKTAILS, DIE SIE KENNEN SOLLTEN

Die **International Bartenders Association (IBA)** legt internationale Cocktailrezepte und -standards fest. Darüber hinaus organisiert sie regelmäßig Wettbewerbe. Auf der Liste offizieller IBA-Cocktails finden sich u. a. Klassiker wie Martini, Mojito und Cosmopolitan. Die Rezepte dienen als Referenz für Barkeeper auf der ganzen Welt, sodass die Cocktails international nach denselben Standards zubereitet werden.

Whiskey-basiert: z. B. Old Fashioned, Manhattan, Whiskey Sour

Wodka-basiert: z. B. Cosmopolitan, Bloody Mary, Moscow Mule, White Russian, Screwdriver

Gin-basiert: z.B. Martini, Negroni, Gin and Tonic, Singapore Sling, Tom Collins
Tequila-basiert: z.B. Margarita, Tequila Sunrise
Rum-basiert: z.B. Mojito, Daiquiri, Mai Tai, Piña Colada

Der Genuss alkoholischer Getränke ist hierzulande gesellschaftlich akzeptiert, doch die Volksdroge Nummer eins kann zu ernsthaften Abhängigkeiten führen. So sollen in Deutschland rund drei Millionen Erwachsene an einer sogenannten alkoholbezogenen Störung leiden. Alkohol ist jedoch nicht der einzige Suchtstoff, dem Menschen verfallen können.

Rund ein Viertel der Bundesbürger greift regelmäßig zu **Zigarette** & Co., Männer mehr als Frauen, wobei der Anteil der Raucher in den letzten Jahrzehnten stark abgenommen hat, sicherlich auch aufgrund der zahlreichen Einschränkungen. Der süchtig machende Wirkstoff **Nikotin** ist übrigens nach dem französischen Diplomaten Jean Nicot benannt, der die **Tabak**pflanze im 16. Jahrhundert als Heilmittel in sein Heimatland brachte – Virginischer Tabak ist die am weitesten verbreitete Art.

Für **Zigarren** werden die Blätter der getrockneten Pflanze maschinell oder von Hand gerollt, die dann im Humidor gelagert und beim Konsum nach Anschnitt gepafft werden. Bekannte Marken sind Cohiba und Montecristo aus Kuba. Ebenso nicht inhaliert wird der Rauch der Tabakpfeife, wobei diese Konsumform – ebenso wie Tabakschnupfen und -kauen – kaum noch verbreitet ist. An Popularität gewonnen haben **Shishas** (Wasserpfeifen), bei denen der aromatische Rauch durch eine mit Wasser gefüllte Bowl gezogen wird. In letzter Zeit gab es zudem einen Boom bei der Nutzung von **E-Zigaretten** und **Vaporizern**. Erstere sind mit einem Liquid gefüllt, das elektrisch zum

Verdampfen gebracht wird, aus Letzteren werden die Wirkstoffe aus trockenem Material (das nicht immer nikotinhaltiger Tabak ist) ohne Verbrennung extrahiert.

Ebenfalls geraucht wird **Cannabis** (Hanf), eine der ältesten Nutzpflanzen der Erde, die u. a. Tetrahydrocannabinol (THC) und Cannabidiol (CBD) enthält, die psychoaktive und medizinische Eigenschaften haben können. Als **Haschisch** bezeichnet man das getrocknete und gepresste Harz, während **Marihuana** (»Gras«) die getrockneten Blüten und Blätter meint. Es gibt darüber hinaus Backwaren (»Edibles«), Süßigkeiten, Getränke, Öle oder Kapseln. In Deutschland ist ab dem 1. April 2024 eine Teil-Legalisierung geplant, die den Anbau, Besitz und Konsum zumindest in geringen Mengen erlaubt. Der Zeitpunkt ist interessant gelegt, gilt doch der 20. April quasi als internationaler Feiertag der Kiffer – nach US-amerikanischer Datumschreibweise 4/20, ein wichtiger Code der Szene.

Das aus den Blättern des Kokastrauchs als weißes Pulver gewonnene **Kokain** wird meist per Schnupfröhrchen (oder gerollten Geldschein) nasal konsumiert, seltener auch intravenös injiziert. Angebaut wird diese Pflanze vor allem in Kolumbien, Peru und Bolivien und ist Grundlage eines Multimilliarden-Geschäfts der Drogenkartelle. Die Sonderform **Crack** aus Kokainsalz und Natron wird in kleinen Pfeifen geraucht, macht innerhalb von wenigen Sekunden high und greift massiv in die Hirnchemie ein. Dies tun auch die synthetischen Drogen **Methamphetamin** (»Crystal Meth«), **Amphetamin** (»Speed«) und das Opioid/Schmerzmittel **Fentanyl** – zur selben Gruppe gehört das halbsynthetische **Heroin**, wobei das zugrunde liegende **Opium** aus Schlafmohn gewonnen wird, welcher überwiegend in Afghanistan angebaut wird. Am »Speedball«, einer Mischung aus Kokain und Heroin, starben u. a. der Jazzmusiker Chet

Baker und die Schauspieler John Belushi und Philip Seymour Hoffman. Solch eine tödliche Überdosis an Opioiden wird oft euphemistisch als goldener Schuss bezeichnet. Darüber hinaus gibt es das als beliebte Partydroge geltende **MDMA**, besser bekannt als **Ecstasy**, und das stark halluzinogene Psychedelikum **LSD**, das der Schweizer Chemiker Albert Hofmann zufällig im Rahmen seiner Arzneimittelforschung synthetisierte und versehentlich auch als Erster konsumierte; später avancierte es zur Droge der Wahl bei den Hippies. Weitere bekannte Psychedelika sind das mescalinhaltige **Peyote** aus der gleichnamigen Kaktusart, psilocybinhaltige **Magic Mushrooms** und die Pflanzenmischung **Ayahuasca**.

Abwasser high!

Eine europaweite Studie war illegalen Drogen in Kläranlagen auf der Spur: In Dresden, Chemnitz und Erfurt wurde vor allem Metamphetamin nachgewiesen, in Berlin, Dortmund und Zürich eher Kokain, Saarbrücken lag bei den Amphetaminen weit vorne, und in Amsterdam fanden sich mehr Rückstände von Ecstasy. Und 90 Prozent der Euroscheine weisen Spuren von Kokain auf - allerdings in sehr geringen Mengen.

Der Konsum von Alkohol, Drogen, aber auch die Einnahme von Medikamenten wie Schmerz- oder Schlafmitteln, kann zu körperlicher und/oder psychischer Abhängigkeit und auf Dauer zu schwerwiegenden Gesundheitsschäden bis hin zum Tod führen. Im Jahr 2022 lag die Zahl der Drogentoten in Deutschland bei rund 2000 Menschen, in den USA nähert sie sich aufgrund der

Opioidkrise der 100 000er-Marke. Die Anzahl der Menschen, die Jahr für Jahr an den Folgen des Konsums legaler Drogen versterben, liegt jedoch weit darüber.

MODE UND KÖRPERSCHMUCK

Die Namen der größten Modedesigner sind heutzutage vielen Menschen um den Globus schon deshalb ein Begriff, weil die begehrten Luxusmarken fast ausschließlich ihre Namen tragen. Mit ihren Kreationen schaffen sie jedoch nicht nur Luxusmarken, sondern haben großen Einfluss auf die Entwicklung der Mode allgemein.

Als unbestrittene Ikone gilt die Französin **Coco Chanel**, die als einzige Modeschöpferin in die Liste der »Time 100: The Most Important People of the Century« aufgenommen worden ist. Die Pionierin funktionaler Damenmode kreierte u. a. den legendären Klassiker, der heute als das »Kleine Schwarze« bekannt ist und dem Audrey Hepburn in dem Film *Frühstück bei Tiffany* in einer Interpretation von Hubert de Givenchy ein Denkmal setzte. Chanels Landsmann **Christian Dior** etablierte den »New Look«, ein trotz des Namens paradoxerweise eher traditioneller Stil, der auf eine enge Taille, weiche, die Brüste betonende Schultern und einen weiten Rock abzielte. Der einstige Assistent Diors und nächste große französische Meister, **Yves Saint-Laurent**, befreite die **Haute Couture** vom Konservatismus und etablierte u. a. den Hosenanzug für Frauen.

Doch natürlich ist die Haute Couture kein rein französisches Phänomen. Als einer der einflussreichsten Modeschöpfer gilt der in Hamburg geborene **Karl Lagerfeld**, der neben seiner Arbeit für Chanel auch als Chefdesigner Kleidung für Fendi, Chloé und Tommy Hilfiger Mode entwarf. Aus Italien stammen

Giorgio Armani und **Donatella Versace**, aus den USA **Marc Jacobs** und **Ralph Lauren** und aus Großbritannien **Alexander McQueen**, **Vivienne Westwood** und **Stella McCartney**, die Tochter des Beatles.

Zum Portfolio vieler Modehäuser zählen auch einige der berühmtesten und beliebtesten **Parfüme**, z. B. Opium (Yves Saint Laurent), J'Adore (Dior), CK ONE (Calvin Klein) und natürlich Chanel N° 5. Abhängig von der Konzentration der Duftstoffe werden aufsteigend nach ihrer Intensität folgende Verdünnungsklassen unterschieden: **Eau de Solide, Eau de Cologne, Eau de Toilette, Eau de Parfum** und **Extrait de Parfum**. Die in Flakons aufbewahrten Düfte entfalten sich zeitversetzt innerhalb von drei Phasen entlang der sich aus Kopf-, Herz- und Basisnote zusammensetzenden Duftpyramide.

EINIGE BEGRIFFE AUS DER MODEBRANCHE, DIE SIE KENNEN SOLLTEN

Prêt-à-porter: bedeutet »bereit zum Tragen« und bezeichnet Konfektionskleidung, die in Standardgrößen hergestellt wird, im Gegensatz zu maßgeschneiderter oder Haute-Couture-Kleidung, die für den einzelnen Kunden angefertigt wird.

Fast Fashion: Kollektionen werden schnell und trendbezogen designt und zu niedrigen Preisen produziert und verkauft - aus ökologischer und sozialer Perspektive fragwürdig.

Vintage: ältere, meist gebrauchte Kleidungsstücke werden wiederverwendet oder nachgeahmt.

Im Gegensatz zu opulenten Modekreationen, die auf den Laufstegen präsentiert werden, verkaufen sich »Alltagsklamotten« namhafter Marken um ein Vielfaches mehr und finden sich wohl eher in unseren Kleiderschränken. Die **Jeans** – abgeleitet vom französischen Namen für Genua – geht zurück auf den Franken **Levi Strauss**, der als Auswanderer in San Francisco im 19. Jahrhundert für die Goldgräber robuste Arbeitsbekleidung herstellte. Es gibt sie heutzutage in verschiedensten Passformen (z. B. Baggy Jeans, Skinny Jeans) und Waschungsstilen (z. B. stone washed, sand washed). Die Modeschöpfung des französischen Maschinenbauingenieurs **Louis Réard** aus den 1940er-Jahren schlug ein wie eine Bombe. Kein Wunder, sie wurde ja auch nach dem Bikini-Atoll benannt, das durch zahlreiche Atomtests im Pazifik traurige Berühmtheit erlangt hatte. Heutzutage gibt es eine Vielzahl von **Bikini**-Modellen, darunter Triangel-Bikinis, Bandeau-Bikinis, High-Waist-Bikinis und viele mehr. Nicht nur getragen, sondern auch zum begehrten, teilweise ungetragenen Sammlerobjekt werden **Sneaker**. Zu den meistverkauften zählen die Modelle Nike Air Max und Adidas Stan Smith. Weitere beliebte Marken sind New Balance und Converse. Wer mehr Luft an die Füße lassen möchte und weniger Sport treibt, schlüpft in Flip-Flops, Birkenstock-Sandalen oder Crocs.

Präsentiert werden die neuen Entwürfe der Weltmarken unter großem Medieninteresse bei etablierten **Modemessen**. Zu den »Big Four« zählen die **Fashionshows** in New York, London, Mailand (führend bei Herrenmode) und Paris (führend bei Damenmode). Auf den Laufstegen werden die meist elegant-schönen, teils avantgardistisch-absurden Kreationen von Supermodels präsentiert, die den Marken bisweilen auch ihre markanten und attraktiven Gesichter für Werbekampagnen zur Verfügung stellen. In den 1990er-Jahren waren dies u. a. **Claudia Schiffer, Naomi Campbell und Cindy Crawford**, später dann **Gisele Bündchen** und **Karlie Kloss**.

Engel in knappen Klamotten

Bis zur Einstellung vor einigen Jahren stieß ein besonderes Laufsteg-Event stets auf großes Publikumsinteresse: die **Victoria's Secret Fashion Show** der gleichnamigen Lingerie-Marke, bei der einige Dutzend Damen mit Engelsflügeln im Bikini über den Catwalk schwebten. Das Highlight der erfolgreichen Promotion-Show war die Präsentation des mit Edelsteinen versetzten »Fantasy Bra« eines handselektierten Models. Diese Ehre wurde **Heidi Klum** und **Adriana Lima** am häufigsten zuteil.

Neben Laufstegauftritten sind es die Covershootings für Magazine wie der *Vogue*, anhand derer man den Erfolg eines Models bemessen kann. Mit insgesamt 40 Ablichtungen zierte die US-Amerikanerin **Lauren Hutton** am häufigsten das Cover der einflussreichen Modezeitschrift. Zu der exklusiven Gruppe, die auf den Titelblättern der wichtigsten vier nationalen Ausgaben (USA, UK, Frankreich und Italien) erschienen, zählen u. a. **Twiggy, Veruschka, Karolína Kurková, Gigi Hadid, Kate Moss** und **Kaia Gerber**, die Tochter **Cindy Crawfords**.

Körperschmuck war bei unseren Vorfahren oft tief in spirituellen und rituellen Praktiken verwurzelt. Sie bemalten und verschönerten sich – temporär mit Schminke, aber auch gerne permanent.

Bei einer **Tätowierung** werden Farbstoffe meist mit einer Nadel in die Dermis, die ledrige Schicht, die etwa ein bis drei Millimeter unter der Hautoberfläche liegt, eingebracht. Anfang des 20. Jahrhunderts hatten Tattoos nicht nur hierzulande ein eher schlechtes Image, wurden sie doch oft mit Seeleuten, Häftlingen oder Gangmitgliedern assoziiert. Dieses Bild wandelte sich mit der Zeit, und diese Art von Körperschmuck wurde zum Ausdruck der individuellen Selbstentfaltung. In Deutschland ist inzwischen fast jeder fünfte Erwachsene tätowiert, besonders beliebt in den 1990er-Jahren waren sogenannte Tribal-Tattoos mit abstrakten geometrischen Mustern oder stilisierten Natur- und Kultursymbolen, bei Frauen gerne auf dem Steiß platziert – das berühmt-berüchtigte »Arschgeweih«. Schon die alten Ägypter und Römer kannten Tätowierungen, ebenso wie viele indigene Kulturen weltweit (z. B. Tā moko der Māori). Die Gletschermumie Ötzi hatte über 60 Tattoos! Ebenfalls seit Langem bekannt sind **Skarifikationen**, vor allem bei indigenen Völkern Afrikas, wobei die Haut (rituell) geritzt wird, sodass Ziernarben entstehen, das Weiten der Ohrläppchen (heute: Flesh Tunnel) oder Lippen sowie **Piercings**. Gerne »durchlöchern« lassen die Leute heutzutage den Bauchnabel, die Nase (Septum), die Ohrmuschel (u. a. Helix, Industrial, Tragus, Conch), die Zunge, die Augenbrauen und die Brustwarzen, seltener den Intimbereich (Prince Albert, Nefertiti). Auch der Mund bzw. die Lippen (Labret, Snake Bite) werden mit Ringen oder Steckern verziert, wobei ein Nabelpiercing bei Frauen besonders häufig ist, ein Brustwarzenpiercing hingegen bei Männern.

Laut der International Society of Plastic Surgery wurden im Jahr 2021 in der Bundesrepublik mehr als 450 000 **Schönheitsoperationen** durchgeführt – doppelt so viele ästhetisch-plastische Eingriffe wie noch vor einem Jahrzehnt. Auch wenn die Anzahl bei Männern zunimmt, die sich vornehmlich überschüssiges Fett absaugen lassen und ihre Gynäkomastie (aka »Man Boobs«) loswerden, legen sich Frauen deutlich öfter unters Messer. Solche Statistiken können jedoch irreführend sein, denn wer schon einmal aus Istanbul nach Deutschland zurückgeflogen ist, wird ahnen können, dass der Anteil an Haartransplantationen höher liegt als die 1,8 Prozent unter den hierzulande durchgeführten OPs. Im Jahr 2022 führte die Lidstraffung das Ranking bei Frauen an, gefolgt von der Brustvergrößerung und Fettabsaugung, weniger invasiv sind Botox-Behandlungen und Faltenunterspritzungen (z. B. mit Hyaluronsäure oder Eigenfett) als Alternative zum Lifting. Weniger invasiv ist eine Sonderform des Tätowierens: das **Permanent Make-up**, bei dem Farbpigmente in die oberste Hautschicht eingebracht werden, etwa für die Lippenkontur, die Form und Fülle der Augenbrauen (Stichwort: Microblading) oder den perfekten Lidstrich – »permanent« allerdings nur für ein paar Jahre.

Krasse Körperkunst

Die Mexikanerin María José Cristerna will mit implantierten Hörnern und Reißzähnen sowie zahlreichen Tattoos und Piercings zur **»Vampir-Lady«** mutieren, der US-Amerikaner Dennis Avner alias **»Stalking Cat«** verwandelte sich Stück für Stück in einen Tiger, mitsamt Raubtiergebiss und angespitzten Ohren, sein Landsmann **»Lizard Man«** Erik Sprague in eine Echse mit gespaltener Zunge und der französische Influencer Anthony Loffredo, bei seinen Followern als **»Black Alien**« bekannt, ließ sich sogar zwei gesunde Finger amputieren - und sein »Kunstwerk« ist nach eigenen Angaben noch lange nicht vollendet!

EINIGE BEGRIFFE AUS DEM KOSMETIK-KOSMOS, DIE SIE KENNEN SOLLTEN

Bereits in antiken Kulturen wurden Kohl für die Augen, Henna für die Haare oder Mehndi als temporäre Körperkunst genutzt. Heutzutage kommt eine breite Palette von Produkten zum Einsatz.

Concealer: abdeckendes Kosmetikprodukt (Stift oder Creme), mit dem Hautunreinheiten, dunkle Augenringe oder andere Makel kaschiert werden können. Im Vergleich zu einer Foundation oft dicker und pigmentreicher, was ein gezieltes Auftragen auf kleine Flächen ermöglicht, und durch verschiedene Farbtöne optimal dem individuellen Hautton anpassbar.

Contouring: Schminktechnik, um die natürlichen Konturen des Gesichts zu definieren und bestimmte Partien durch Highlights zu betonen bzw. durch Schattierungen in den Hintergrund treten zu lassen.

Eyeliner: zur Betonung der Augen nahe am Wimpernkranz bzw. inneren Augenrand, um sie größer oder ausdrucksstärker zu machen, z. B. klassischer Lidstrich, Wing-Look oder Cat-Eye-Look. In vielen Farben erhältlich. Mit flüssigem Eyeliner lassen sich präzisere Linien ziehen, während Gel-Eyeliner mit Applikator oder **Kajalstifte** für »rauchigere« Effekte eingesetzt werden.

Foundation: Make-up-Grundierung, um den Hautton (Teint) und Unebenheiten auszugleichen. In verschiedenen Formulierungen erhältlich (flüssig, cremig, mousseartig oder pudrig), um unterschiedliche Hauttypen und gewünschte Finish-Effekte zu berücksichtigen. Bietet oft auch Schutz vor UV-Strahlen durch enthaltenen **Lichtschutzfaktor**, der angibt, wie viel länger man mit Sonnenschutzmittel in der Sonne bleiben kann, ohne einen Sonnenbrand zu erleiden, im Vergleich zum ungeschützten Sonnenbaden. Aber bitte mindestens LSF 20, Kinder LSF 30.

Lipgloss: verleiht Lippen einen vollen, glänzenden und ebenmäßigen Look. Meist transparent, kann jedoch auch mit Glitzerpartikeln versetzt oder getönt sein und wirkt eher dezent. Im Gegensatz dazu gibt es **Lippenstifte** in deckenden, teilweise intensiven oder sogar grellen Farben für dramatischere Looks.

Mascara: auch als **Wimperntusche** bekannt, verleiht Wimpern Volumen, Länge und Definition. Kann wasserfest oder nicht wasserfest sein; verschiedene Bürstentypen erzielen unterschiedliche Effekte.

T-Zone: Bereich des Gesichts, der Stirn, Nase und Kinn, der oft öliger ist und daher zu Glanz neigt. Aufgrund der höheren Talgproduktion kann es hier vermehrt zu Hautunreinheiten kommen.

Toner: Gesichtswasser mit verschiedenen Inhaltsstoffen, die auf den Hauttyp abgestimmt sind, z. B. Hyaluronsäure, Salicylsäure oder Niacinamid, Antioxidantien und Vitamine.

INTERNET UND SOZIALE MEDIEN

»Das Internet wird kein Massenmedium«, so urteilte der deutsche Zukunftsforscher Matthias Horx im Jahr 2001. Tja, es ist aber mittlerweile ein essenzieller Bestandteil unseres Lebens – als Ort des sozialen Austauschs, zum Einkaufen und zur Unterhaltung. Mark Twain brachte es einst überragend auf den Punkt: »Prognosen sind schwierig, insbesondere wenn sie die Zukunft betreffen.« Im Durchschnitt verweilen Deutsche über drei Stunden pro Tag in den schier unbegrenzten Weiten des **World Wide Web**, die jüngeren Kohorten der Gesellschaft noch wesentlich länger.

Die Entwicklung von immer leistungsfähigeren digitalen Geräten, die aus unserer Lebenswelt nicht mehr wegzudenken sind, verdanken wir auf **Transistoren** (erfunden u. a. von William Shockley und John Bardeen), **Dioden** und anderen Bauelementen basierenden **integrierten Schaltkreisen** (erfunden von Jack Kilby und Robert Noyce). Auf Basis von Beobachtungen prognostizierte **Gordon Moore**, der spätere Mitgründer des Technologieriesen Intel, bereits im Jahr 1965, dass sich die Zahl der Transistoren in integrierten Schaltkreisen innerhalb regelmäßiger Abstände verdopple – bekannt als **mooresches Gesetz**, das sich weiterhin bewährt. So werden technische Geräte immer leistungsfähiger und kleiner. Ab 2025 will z. B. der führende Halbleiterhersteller TSMC aus Taiwan serienmäßig 2-Nanometer-Prozessoren herstellen. Das **Smartphone** – ein Mini-Computer im Hosentaschenformat –, mit dem viele heutzutage primär online sind, fühlt sich fast schon wie ein weiteres Körperteil an, und manche Menschen empfinden gar Phantomschmerzen, wenn dieses fehlt. **Virtual Reality** und **Augmented Reality** werden diese Verschränkung von Mensch und Maschine weiter vorantreiben, die uns eines Tages womöglich zeitweise ins digitale **Metaverse** eintauchen lassen wird.

EINIGE DIGITALE WEGBEREITER, DIE SIE KENNEN SOLLTEN

Ada Lovelace: Die 1815 in London geborene Tochter des britischen Dichters Lord Byron (der sie jedoch niemals persönlich getroffen hat) gilt als erste Erstellerin von Computerprogrammen.

Konrad Zuse: Der Berliner baute in seinem Leben 251 Rechenmaschinen, u.a. den Z3 im Jahr 1941, der als erster funktionstüchtiger, vollautomatischer, programmgesteuerter und frei programmierbarer Rechner gilt.

Alan Turing: Der britische Mathematiker, Logiker und Kryptograf gilt als einer der Väter der theoretischen Informatik und der Künstlichen Intelligenz. Er war im Zweiten Weltkrieg maßgeblich an der

Entschlüsselung der von den Nazis verwendeten Enigma-Codes beteiligt. Darüber hinaus legte er die Grundlage für den nach ihm benannten **Turing-Test**, der prüfen soll, ob eine Maschine menschliches Verhalten so gut imitieren kann, dass ein Beobachter den Unterschied nicht mehr erkennt. Dieser kam jedoch erst nach seinem Tod zum Einsatz. Durch **Captchas** – das Akronym steht für »Completely Automated Public Turing test to tell Computers and Humans Apart« und bezeichnet eine Zahlen-Buchstaben-Kombination oder Bilderauswahl, die auf vielen Internetseiten erscheinen – findet seit dem neuen Jahrtausend hingegen eine Maschine heraus, ob es sich um einen Menschen oder einen Bot handelt.

Vint Cerf: Der US-amerikanische Informatiker gilt als einer der Väter des Internets. Aus seiner Programmierfeder stammt das **TCP/IP-Protokoll**, das die Grundlage für den Datenaustausch in Netzwerken bildet. Diese Standardisierung war einer der Grundsteine für die Entwicklung des Internets. Cerf wurde vielfach geehrt, u. a. mit dem Turing Award, der als höchste Auszeichnung in der Informatik gilt.

Tim Berners-Lee: Der britische Informatiker gilt als Erfinder des World Wide Web und entwickelte den ersten **Webbrowser** und **Webserver** am CERN in Genf. Er spielte zudem eine entscheidende Rolle bei der Etablierung von Standards wie der Seitenbeschreibungssprache HTML und dem Transferprotokoll HTTP.

Bill Gates und Paul Allen gründeten im Jahr 1975 Microsoft, dessen **Betriebssystem** Windows international auf den meisten Computern zum Einsatz kommt, und senkte damit die Einstiegshürde für Nichtinformatiker. Microsoft Office, bestehend aus Anwendungen wie Word, Excel und PowerPoint, ist aus den meisten Büros, aber auch Privathaushalten nicht mehr wegzudenken. Die Äquivalente von Apple heißen Pages, Numbers und Keynote, doch auch die Open-Source-Lösung LibreOffice mit Writer, Calc und Impress findet weltweit zahlreiche Abnehmer.

Steve Jobs und Steve Wozniak gründeten im Jahr 1976 gemeinsam Apple Inc. Wozniak entwarf den Apple I und II, der als einer der ersten kommerziellen Personal Computer gilt. Das visionäre Vermarktungsgenie Jobs war maßgeblich an bahnbrechenden Produktentwicklungen des Unternehmens beteiligt, u. a. iPod, iPhone und iPad.

Larry Page und Sergey Brin sind die geistigen Väter der allseits beliebten Suchmaschine **Google**, zu ihren Diensten zählt auch der Webbrowser **Chrome** mit dem weltweit höchsten Marktanteil. Ihr Betriebssystem **Android** findet sich - im Gegensatz zu Apples iOS - nicht nur auf den unternehmenseigenen Smartphones. Ihr Konzern **Alphabet Inc.** beschäftigt sich mittlerweile aber auch mit selbstfahrenden Autos, Gentechnik und Anwendungen der Künstlichen Intelligenz.

Mark Zuckerberg: Der US-amerikanische Unternehmer und Programmierer ist Mitbegründer und CEO von **Facebook** (jetzt **Meta Platforms**). Ursprünglich als soziales Netzwerk für Harvard-Studenten konzipiert, eroberte Facebook die Welt. Seit einiger Zeit stehen Virtual und Augmented Reality im Fokus, um eine neue Ära des Metaverse einzuläuten.

Grundlage unserer modernen digitalen Welt sind abstrakte, künstliche Sprachen, die von Programmierern verwendet werden, um Anweisungen zu schreiben, die von einem Computer ausgeführt werden können. Mit diesen **Programmiersprachen** können komplexe Aufgaben automatisiert werden. **Java** wird oft für die Entwicklung von Desktop- und Webanwendungen sowie mobilen Apps verwendet. Die nach dem Kaffee von der gleichnamigen indonesischen Insel benannte Programmiersprache, deren Programm-Icon sogar eine dampfende Kaffeetasse zeigt, gehört seit Langem zu den am meisten genutzten der Welt. Nicht zu verwechseln mit dem nicht verwandten, aber ebenfalls sehr populären **JavaScript**, einer Skriptsprache für Webbrowser, die dazu dient, interaktive und dynamische Webseiten zu erstellen. Ebenso großer Verwendung erfreut sich **Python**, die als vergleichsweise einfach zu erlernen gilt. Die nach der britischen Komikertruppe Monty Python benannte dynamische Programmiersprache wird u.a. zur Datenanalyse, im maschinellen Lernen, bei KI und in der Webentwicklung genutzt. Zwei weitere wichtige Programmiersprachen sind **C++**, die oft in der Entwicklung von Betriebssystemen und Computerspielen verwendet wird, und **Swift**, die von Apple entwickelt wurde und hauptsächlich für die Entwicklung von iOS- und Mac-Apps dient.

Ebenso wie Software wird sogenannte **Malware** programmiert, die darauf abzielt, Computersysteme oder Netzwerke zu infiltrieren und Schaden zu verursachen. **Viren** infizieren Dateien und verbreiten sich, indem sie sich an andere Dateien anhängen. Würmer sind selbstreplizierende Programme, die sich ohne Hilfe eines Wirtsprogramms verbreiten können und oft über Netzwerke agieren. **Trojaner** tarnen sich als legitime Software, um unbemerkt in Systeme einzudringen und schädliche Aktionen auszuführen. **Spyware** sammelt heimlich Informationen über die Aktivitäten eines Benutzers und **Ransomware** sperrt oder verschlüsselt Dateien und die Cyberkriminellen verlangen im Anschluss Lösegeld für die Freigabe. Auf die Schwächen menschlicher Intelligenz zielt das **Phishing** ab, bei dem Betrüger über gefälschte Webseiten oder Nachrichten an sensible Daten wie Passwörter gelangen wollen. Sollten Sie das hierzulande beliebteste Passwort 123456 nutzen, haben Hacker und »nigerianische Prinzen« auch ohne Spam-Nachrichten leichtes Spiel.

EINIGE TECHNOLOGIE-STANDARDS, DIE SIE KENNEN SOLLTEN

5G (Fünfte Generation des Mobilfunks): verbesserte Netzwerktechnologie für schnelle, zuverlässige und energieeffiziente drahtlose Kommunikation.

Bluetooth: Standard für drahtlose Verbindungen zwischen Geräten, oft für die Übertragung von Audio- und Videodaten verwendet; benannt nach dem dänischen König Harald Blauzahn, das Logo zeigt ein Monogramm seiner Initialen in altnordischen Runen.

DNS (Domain Name System): Standard für die Zuordnung von Domainnamen zu IP-Adressen.

HTML (Hypertext Markup Language): Standard für die Erstellung von Webseiten.

HTTP (Hypertext Transfer Protocol): Standard für die Übertragung von Daten über das Internet.

NFC (Near Field Communication): drahtlose Kommunikationstechnologie für den Austausch von Daten über kurze Distanzen, z. B. für mobile Bezahlsysteme.

QR-Codes (QR = Quick Response) bestehen aus einer quadratischen Matrix aus schwarzen und weißen Quadraten und können wesentlich mehr Informationen aufnehmen als der altbekannte Strichcode. Sie verschlüsseln meist URLs einer Webseite, aber auch Video- oder Audiodateien, Texte und vieles mehr. Scannen Sie gerne mal den abgebildeten QR-Code mit Ihrem Smartphone!

RFID (Radio Frequency Identification): Technologie zur drahtlosen Identifikation und Verfolgung von Objekten mittels elektromagnetischer Felder.

USB (Universal Serial Bus): Standard für die Übertragung von Daten zwischen Geräten. Neben dem klassischen Typ A gibt es schmalere bzw. kleinere Typen wie C und Micro B.

Wi-Fi (IEEE 802.11): drahtlose Netzwerktechnologie für die lokale Kommunikation zwischen Geräten.

GÄNGIGE ABKÜRZUNGEN VON DATEIFORMATEN, DIE SIE KENNEN SOLLTEN

DOCX ist ein Dateiformat für Microsoft-Word-Dokumente. Es ist das am weitesten verbreitete Dateiformat für Textverarbeitungsdateien.

GIF steht für Graphics Interchange Format und ist ein Format für animierte Bilder. Es wird oft in der Web- und Social-Media-Welt verwendet, um kurze, animierte Clips zu erstellen. Wird laut Erfinder Steve Wilhite »Dschif« ausgesprochen.

JPEG steht für Joint Photographic Experts Group und ist ein Dateiformat für Bilder. Es ist das am weitesten verbreitete Format für digitale Fotos und wird oft für Web- und Druckmedien verwendet.

MP3 (MPEG-1 Audio Layer III) ist der Audiokompressionsstandard zur Reduzierung der Dateigröße von Audiodateien bei Beibehaltung einer akzeptablen Klangqualität. Es ist das am weitesten verbreitete Format für Musikdateien und kann auf verschiedenen Geräten wiedergegeben werden. Es wurde am Fraunhofer-Institut für Integrierte Schaltungen in Erlangen entwickelt.

MP4 ist ein Video-Dateiformat.

PDF steht für Portable Document Format und ist ein Dateiformat, das für Dokumente verwendet wird. Es ist plattformübergreifend und kann auf verschiedenen Betriebssystemen angezeigt werden.

XLSX ist ein Dateiformat für Microsoft-Excel-Tabellenkalkulationen. Es ist das am weitesten verbreitete Dateiformat für Tabellenkalkulationsdateien.

Die *lingua franca* der digitalen Welt ist Englisch: Eine Analyse der zehn Millionen am meisten aufgerufenen Webseiten ergab, dass über 55 Prozent anglofon sind. Es folgt Russisch knapp vor Spanisch, Deutsch, Französisch, Japanisch und Türkisch. Chinesisch ist aufgrund der »Großen Firewall« (der regierungsseitigen Abschottung des chinesischen Internets von der Außenwelt) nicht vollständig erfasst und daher unterrepräsentiert. Unter den 250 größten YouTube-Kanälen sind zwei Drittel auf Englisch, 15 Prozent auf Spanisch, 7 Prozent auf Portugiesisch, 5 Prozent auf Hindi und 2 Prozent auf Koreanisch.

Rund die Hälfte der Deutschen nutzte wöchentlich mindestens eine **Social-Media-Plattform** laut der ARD-ZDF-Onlinestudie 2022. Am häufigsten tummelten sich die Bundesbürger demzufolge auf **Facebook**, mehr als jeder Dritte ist dort mindestens einmal pro Woche, dicht gefolgt vom ebenfalls zum Meta-Konzern gehörenden **Instagram**. Auf dem dritten Rang landete das vor allem bei Jüngeren populäre **TikTok**. Mehr als 10 Prozent nutzten **Snapchat**, **Twitter** und **Pinterest** mindestens einmal wöchentlich, genauso wie bei dem Karrierenetzwerk **LinkedIn**. Wenn man es noch etwas weiter fasst und auch **WhatsApp** und **YouTube** zu den sozialen Medien zählt, ist nahezu die ganze Bundesrepublik auf Social Media unterwegs. Daher ist es nicht weiter verwunderlich, dass mittlerweile mehr als ein Viertel der Werbebudgets auf sozialen Netzwerken ausgegeben wird.

In welchen Netzwerken der sozialen Medien sind Sie aktiv? Bei mir sind es vornehmlich sechs: Ich bin auf Facebook, LinkedIn, Instagram und Twitter aktiv, YouTube und TikTok nutze ich bisher nur als Beobachter. Die tägliche Verweildauer in sozialen Netzwerken beträgt laut Digital 2023, einer Erhebung von zwei Kreativagenturen, durchschnittlich 1 Stunde und 41 Minuten. Ich liege vermutlich über diesem Schnitt – auch beruflich bedingt.

Kennen Sie **MrBeast**? Der 25-jährige Jimmy Donaldson betreibt unter diesem Namen den zweiterfolgreichsten **YouTube**-Kanal der Welt mit 240 Millionen Abonnenten (mehr hat nur das indische Musiklabel T-Series). Er erzielt mit seinen Videos regelmäßig Fabel-Reichweiten, die für Fernsehschaffende schier unvorstellbar sind. Wie unterhält der junge Amerikaner derart viele Menschen regelmäßig? Seine Videos sind Stunts, Challenges und Wettbewerbe. Mal gibt er bei kalkulierten philanthropischen Aktionen einem Pizzalieferanten 10 000 US-Dollar Trinkgeld oder schenkt einem Obdachlosen ein Haus. Und er lässt seine Freunde, andere YouTuber oder Kandidaten bei absurden Spielen gegeneinander antreten: Wer am längsten im Wasser stehend ein Boot kontinuierlich mit derselben Hand berührt, darf dieses behalten. Wer am längsten ohne Pause schaukelt, bekommt eine Million US-Dollar. Diese oft viele Stunden andauernden Wettbewerbe schneidet er zu kurzen, unterhaltsamen Highlight-Videos. Donaldson geht auch an seine physischen und psychischen Grenzen, z. B. ließ er sich in einem Sarg lebendig begraben und blieb 50 Stunden unter der Erde. Den Durchbruch schaffte er mit einem Video, auf dem er von eins bis hunderttausend zählte. Ein großer Coup gelang ihm zudem, als er mit einer realen Umsetzung des Spiels aus der Netflix-Show *Squid Game* mehr Klicks generierte als die koreanische Serie selbst. Laut *Forbes Magazine* hat er im Jahr 2021 umgerechnet stolze 47 Millionen Euro verdient – und damit mehr als die allermeisten Hollywood-Stars!

Dass man kein US-Amerikaner sein muss, um als Einzelperson eine große Zuschauerschaft auf den sozialen Medien für sich gewinnen zu können, beweist der Schwede Felix Kjellberg, besser bekannt als **PewDiePie**. Sogenannte Let's Plays ebneten seinen Erfolgsweg zum zwischenzeitlich meistabonnierten YouTube-Kanal weltweit: Er filmte seinen Bildschirm beim Spielen eines Videospiels samt seinen Kommentaren.

Der bis vor kurzem meistabonnierte Kanal Deutschlands – und das sollte allen kulturellen Untergangspropheten zu denken geben – war **Kurzgesagt**, der animierte Erklärvideos zu wissenschaftlichen und gesellschaftspolitischen Themen auf die Plattform lädt. Allerdings sind die reichweitenstärksten Videos auf Englisch, da sie ein globales Publikum erreichen wollen. Ebenso viele Abonnenten, nämlich 20 Millionen, hat der Kanal **HaerteTest**, dessen Name hält, was er verspricht: Verschiedene Gegenstände wie Handys oder Lebensmittel werden von einem Auto überrollt und zerstört. Nach dem Schema »Gleiche Perspektive, gleicher Content, andere Gegenstände« und ohne Sprachbarriere arbeitet **Ice Cream Rolls**, ein Kanal, auf dem in knapp zehnminütigen Videos die Zuschauer beim immer gleichen Herstellungsprozess von Eisrollen mit unterschiedlichen Zutaten Entspannung finden. Das nennt man dann auch ASMR – die Abkürzung steht für Autonomous Sensory Meridian Response, im Deutschen auch »Ohrenorgasmus« genannt. Darüber hinaus decken Content Creators in den Bereichen Fitness (**Pamela Reif**), Kosmetik (**BibisBeautyPalace**) und Gaming (**laserluca**) vieles ab. Besonders beliebt sind auch »Reaction«-Videos, bei denen die YouTuber sich ein Video anschauen und darauf reagieren.

Unter den zehn meistabonnierten YouTube-Kanälen weltweit findet sich ein Unterhaltungsunternehmen, das im Kapitel Sport falsch eingeordnet wäre, denn es ist der Weltmarktführer im selbst betitelten Gewerbe des »Sports Entertainment«:

WWE – World Wrestling Entertainment. Über 100 Millionen Abonnenten und viele weitere Millionen Zuschauer über den ganzen Globus verstreut an den TV-Geräten – immerhin hat das Unternehmen die Ausstrahlungsrechte in fast alle Länder der Erde verkauft – sichern den selbst ernannten Status der muskelbepackten Showringer als sprichwörtliche »Superstars«. Sieg und Niederlage in den Matches zwischen den meist guten (**Babyfaces**) und bösen (**Heels**) Athleten sind vorher abgestimmt und orientieren sich an den Geschichten (**Storylines**) und der wirtschaftlichen Zugkraft (**Draw**) der einzelnen Athleten – eine Information, deren Ausplaudern mich vor 30 Jahren noch in Gefahr gebracht hätte. Als Wrestling-Insider musste man sich gegenüber Außenstehenden (**Marks**) an den sogenannten Kayfabe-Code halten – Zauberer verraten ja auch nicht ihre Tricks. Der Höhepunkt des Wrestling-Kalenders ist seit den 1980er-Jahren **WrestleMania**, das mittlerweile in großen Stadien vor weit über 60 000 Zuschauern ausgetragen wird, die in den Main Events bei Titelkämpfen die Heroen wie **Steve Austin**, **Hulk Hogan**, **The Rock**, den **Undertaker** oder **John Cena** anfeuern. Im Jahr 2023 verkaufte der Promoter-Patriarch **Vince McMahon** seinen Milliardenkonzern. Sein Schwiegersohn und ehemaliger Wrestler **Triple H** tritt nach und nach in seine Fußstapfen und ist nun für die Inhalte verantwortlich.

Show-Ringkämpfe sind allerdings kein US-amerikanisches Phänomen, es gibt populäre nationale Spielarten wie das mexikanische **Lucha Libre** maskierter Flugakrobaten mit dem Nationalhelden **El Santo** und dem japanischen **Puroresu**.

Während bei der zu Mark Zuckerbergs Meta gehörenden Plattform **Instagram** die meisten Nutzer den Profilen von ohnehin bekannten Persönlichkeiten folgen – so sind **Cristiano Ro-**

naldo und **Lionel Messi** die beiden Menschen mit den meisten Followern (über 400 Millionen!) –, werden beim Videoportal **TikTok** die erfolgreichsten Accounts von jungen Kreativen geführt, die durch die Plattform erst Prominenz erhalten. Auf der besonders bei Teenagern beliebten Plattform des chinesischen Unternehmens Bytedance folgen über 160 Millionen dem senegalesisch-stämmigen, aber in Italien lebenden **Khaby Lame**, der mit seinen wortlosen Videos überflüssige »Lifehacks« auf unterhaltsame und scharfsinnige Art der Lächerlichkeit preisgibt. Ebenfalls enorm erfolgreich sind die jungen US-Amerikanerinnen **Charli D'Amelio, Bella Poarch** und **Addison Rae** mit Tanz- und Lip-Sync-Videos. Auf der Plattform gibt es viele Wege, die zu Reichweite führen: Der Türke **Burak Özdemir** begeistert mit Rezepten aus seiner Heimat, und **Zach King** sowie der deutsche **Younes Zarou** unterhalten mit kreativen Videotricks.

Nur für Erwachsene

Die durchschnittlich wohl lukrativste soziale Plattform wird **OnlyFans** sein, bei der man für die Aussicht auf exklusive Einblicke auf meist freizügige Inhalte im Abo-Modell Personen folgen kann. Die junge US-amerikanische Rapperin **Bhad Bhabie** verdiente damit erstaunliche 50 Millionen US-Dollar innerhalb von zwei Jahren. Überraschen sollte die Zahl aber eigentlich nicht, so gehen Schätzungen zufolge bis zu 30 Prozent des Internetdatenverkehrs auf, so die verschämte Bezeichnung, »Erwachseneninhalte« zurück, und im Ranking der 50 meistbesuchten Internetseiten sind stets fünf bis acht Webauftritte für »Erwachsenenunterhaltung« vertreten.

EINIGE ABKÜRZUNGEN IN CHATS UND BEIM MESSAGING, DIE SIE KENNEN SOLLTEN

Beim Verfassen von Nachrichten soll es heutzutage schnell gehen. Über die Zeit haben sich zu diesem Zweck einige Abkürzungen beim Messaging und in Chats etabliert.

DM: »Direct Message« bezieht sich auf private Nachrichten, die zwischen Benutzern auf sozialen Medien ausgetauscht werden.

FOMO: »Fear Of Missing Out« beschreibt das Gefühl, etwas Wichtiges oder Spaßiges zu verpassen, weil man nicht dabei ist.

IMO/IMHO: »In My Opinion« bzw. »In My Humble Opinion« kennzeichnet, dass man seine eigene Meinung äußert.

LOL: »Laughing Out Loud« bedeutet, dass man über etwas lacht.

NSFW: »Not Safe For Work« warnt davor, dass ein Inhalt nicht für den Arbeitsplatz geeignet ist, z. B. aufgrund von Nacktheit, Gewalt oder anstößigem Material.

TL;DR: »Too Long; Didn't Read« wird verwendet, um eine kurze Zusammenfassung eines langen Texts zu kennzeichnen oder um auszudrücken, dass etwas zu lang ist, um es zu lesen.

Das beim Fernsehen mittlerweile immer seltener gewordene Live-Element ist mit der zu Amazon gehörenden Plattform **Twitch** zurückgekehrt – mit dem zusätzlichen Feature, dass die Zuschauer direkt über einen Chat mit ihren Stars in Kontakt treten können. Diese streamen sich in der Regel beim Spielen von Videospielen wie der US-Amerikaner **Ninja** (Richard Blevins) und die Spanier **auronplay** (Raul Alvarez) und **Rubius** (Rubén Doblas) und erreichen bisweilen mehr Menschen als so mancher Fernsehsender. Manchmal sitzen die Twitcher allerdings auch einfach nur vor dem Bildschirm und quatschen mit ihrer

Community. In Deutschland haben vor allem der aus Buxtehude stammende **MontanaBlack88** (Marcel Eris), der selbst ernannte »König des Internets« **Jens »Knossi« Knossalla** und **Trymacs** einen Nerv getroffen.

Wenn Sie noch nie von diesen Personen gehört haben, sind Sie vermutlich Ü30. Wie stark die Öffentlichkeit fragmentiert ist, zeigt sich daran, dass Prominenz immer mehr an Generationen und Plattformen gebunden ist und es klassische A-Prominente – also Leute, die jeder kennt – kaum mehr geben wird.

Den Begriff »Meme« prägte der britische Evolutionsbiologe Richard Dawkins, der damit kulturelle Phänomene beschrieb, die sich ähnlich wie Gene verbreiten und weiterentwickeln. Ein Mem kann demzufolge alles sein: Ideen, Verhaltensweisen, kulturelle Praktiken. Heute ist der Begriff vor allem als Internetphänomen bekannt: **Memes** sind humorvolle, kreative oder sarkastische Bilder, Videos oder Texte, die über soziale Medien verbreitet und geteilt werden. Das kann (fast) jeder mit einfachen technischen Mitteln. Digitale Ikonen sind u.a. **Success Kid**, ein kleiner Junge mit entschlossener Mimik am Strand, der eine mit Sand gefüllte Faust ballt, **Disaster Girl**, ein Mädchen, das ungerührt, ja fast lächelnd in die Kamera blickt, während hinter ihm ein Gebäude brennt, der **Distracted Boyfriend**, der viral ging, weil Social-Media-Nutzer das Foto verwendeten, um verschiedene Formen der Illoyalität darzustellen, und eben **Grumpy Cat** – tatsächlich hieß die mittlerweile verstorbene berühmte Internetkatze Tardar Sauce – war bekannt für ihren permanent mürrischen Gesichtsausdruck.

Online-Mutproben, neudeutsch: **Challenges**, gehören ebenfalls seit vielen Jahren zur Netzkultur, und es tauchen immer wieder neue auf – die einen lustig, die anderen riskant, von völlig sinnbefreit bis hin zu Aktionen mit noblen Hintergedanken. Zu den Letzteren zählt sicherlich die **ALS Ice Bucket Challenge**: Im Sommer 2014 schütteten sich die Teilnehmer einen Eimer Eiswasser über den Kopf und forderten im Anschluss andere heraus, ihnen dies nachzutun. Der Sinn der Sache: Aufmerksamkeit für die schwere Erkrankung Amyotrophe Lateralsklerose zu generieren und Spenden zu sammeln. Eine eiskalte Abkühlung sollen sich mindestens 17 Millionen Menschen verpasst haben, darunter auch Promis wie Bill Gates, Mark Zuckerberg, Oprah Winfrey, Eminem und sogar Ex-US-Präsident George W. Bush. Im **No Nut November** verzichten die überwiegend männlichen Teilnehmer im besagten Monat auf Orgasmen – einige lassen sich zeitgleich im Rahmen des **Movember** einen Schnäuzer stehen, um Spenden zugunsten der Erforschung und Vorbeugung gegen Prostatakrebs zu sammeln.

Beim **Planking** – nicht zu verwechseln mit dem Unterarmstütz »Plank« – legt man sich mit dem Gesicht nach unten und seitlich angelegten Armen an meist öffentlichen Plätzen steif hin und lässt sich fotografieren oder filmen. Bei der **Mannequin-Challenge** verharrte eine Gruppe von Menschen regungslos in Posen, die meist alltägliche Situationen nachstellten. Bei diversen **Food-Challenges** wurden schon ein Löffel Zimt, mit scharfen Chilis versetzte Chips oder sogar Waschmittel-Pods verspeist – doch solche irren Stunts enden nicht selten im Krankenhaus, bisweilen sogar tödlich.

Auch **Hashtags** – Schlagwörter oder Phrasen, die mit einem Hash-Symbol (#) beginnen und in sozialen Medien verwendet werden, um Inhalte zu kategorisieren und leicht durchsuchbar zu machen – können sich viral verbreiten und eine breite Beteiligung an einem bestimmten Thema fördern, daher werden sie häufig in Kampagnen verwendet, um online Aufmerksamkeit für soziale Anliegen zu erregen. Ein Beispiel ist der Hashtag **#MeToo**, die auf einen Aufruf von Schauspielerin Alyssa Milano zurückgehende Bewegung gegen sexuelle Belästigung und Übergriffe, in deren Folge sich u. a. der mächtige Hollywood-Produzent Harvey Weinstein mit zahlreichen Anschuldigungen sexuellen Missbrauchs konfrontiert sah und letztlich zu einer langjährigen Haftstrafe verurteilt wurde. **#BlackLivesMatter** setzt sich gegen Gewalt gegen Schwarze oder People of Color ein, und **#Tahrir** bzw. **#Jan25** (für den Beginn der Proteste auf dem Tahrir Square in Kairo) ist ein Beispiel dafür, dass Online-Kampagnen reale Auswirkungen auf die Politik haben können.

KÜNSTLICHE INTELLIGENZ

Künstliche Intelligenz (KI) spielt in vielen Bereichen unseres Lebens eine wichtige Rolle und wird in Zukunft ohne Zweifel weiter an Bedeutung gewinnen. Die Anwendungsbereiche sind grenzenlos – ob bei simplen Übersetzungen durch **Google Translate** und **DeepL**, Spracherkennung bei **Siri, Cortana** & Co., Bilderstellung durch **Midjourney**, Gesichtserkennung, der Erstellung von Deepfakes (täuschend echt wirkende, aber gefälschte Bilder, Audios oder Videos), der Steuerung von selbstfahrenden Fahrzeugen, humanoiden Robotern wie **ASIMO** und **Atlas** und grundsätzlich überall, wo enorme Datenmengen geordnet und analysiert werden müssen. Es finden sich praktische und hilfreiche Anwendungen von Astronomie über Medizin bis hin zur Strafverfolgung.

Nachdem IBM-Computer **Deep Blue** den Weltmeister Garri Kasparow im Schach besiegte, das IBM-Programm **Watson** den Top-Quizzern und *Jeopardy*-Champions Brad Rutter und Ken Jennings nicht den Hauch einer Chance ließ und beim hochkomplexen Go-Spiel die Legende Lee Sedol im DeepMind-Programm **AlphaGo** seinen Meister fand – drei potenzielle Kränkungen kognitiver menschlicher Hybris –, setzen die KI-Ingenieure mittlerweile auf die Lösung der größten Rätsel. Einer der beeindruckendsten wissenschaftlichen Durchbrüche, der 2021 vom Journal *Science* zum »Breakthrough oft the Year« gewählt wurde, gelang Google-Tochter DeepMind mit dem Programm **AlphaFold**: Es war in der Lage, die dreidimensionale Proteinfaltung auf Basis der Folge der Aminosäuren, also der einzelnen Proteinbausteine, vorherzusagen. Darauf aufbauend können neue Medikamente entwickelt und Krankheiten besser diagnostiziert und analysiert werden.

KI-Programme werden immer besser und leistungsstärker, weil sie quasi selbst lernen können, wie **ChatGPT**, der auf **maschinellem Lernen** beruhende **Chatbot** von OpenAI, der kurz nach der Veröffentlichung schon von vielen Millionen Menschen genutzt worden ist. Schulen und Universitäten reagieren bereits, da Dozenten und Professoren teilweise nicht mehr unterscheiden können, ob eine Hausarbeit von einem Schüler bzw. Studenten oder von einem KI-Programm geschrieben wurde. Möglicherweise wird das eigenhändige Verfassen von Texten in zehn Jahren so unüblich sein wie heutzutage das Aufklappen eines physischen Nachschlagewerks, und die Zusammenarbeit zwischen Mensch und Maschine wird zur Normalität. Überraschen würde mich dies nicht, denn bereits heute werden so einige journalistische Texte von KI-Programmen (mit)geschrieben.

Die größte Herausforderung wird wohl das grundsätzliche Ausrichtungsproblem (*alignment*) sein: Wie lenkt man immer leistungsfähige Systeme in Richtung menschlicher Ziele? Oder anders ausgedrückt: Wie behalten wir die Kontrolle über die »Geister, die wir riefen«?

Zum Abschluss dieses Kapitels möchte ich Sie dazu ermutigen, Ihre neuen Erkenntnisse auf praktische Weise anzuwenden: Entfalten Sie Ihre kulinarischen Fähigkeiten, indem Sie neue Rezepte ausprobieren, oder gehen Sie bewusst nächstes Mal nicht wieder zu Ihrem Lieblingsitaliener um die Ecke, sondern testen mal ein ganz anderes Restaurant. Seien Sie immer offen für neue Geschmackserlebnisse! Nutzen Sie zur Inspiration die Möglichkeiten des Internets und der sozialen Medien und erkunden Sie die faszinierende Welt der Künstlichen Intelligenz, indem Sie mal einen Plausch mit ChatGPT & Co. halten.

4
Geschichte

Geschichte ist wie ein mächtiger verzweigter Fluss, der unaufhörlich durch die Zeit fließt. Es ist wichtig, sich stets vor Augen zu halten, dass sie nicht aus isolierten Einzelereignissen besteht, sondern ein ineinander verwobenes Geflecht bildet, das die Vergangenheit, Gegenwart und Zukunft miteinander verbindet. Jeder Moment, jede Entscheidung und jede Begegnung wird zu einem Tropfen in diesem unendlichen Fluss der Zeit, und innerhalb seiner Wasserströmung finden sich kleinere Wellen ebenso wie bedeutungsvolle Wogen. Auf ihnen surfen wir in diesem Kapitel und machen dabei richtig große Sprünge durch die Weltgeschichte. Haben Sie bitte Nachsicht mit mir – dieses komplexe Thema auf so knappem Raum zusammenzufassen, kommt einer Quadratur des Kreises gleich; ich musste schlichtweg eine rigorose Auswahl treffen. Zwar gebe ich Ihnen in aller Kürze einen Überblick über außereuropäische Geschichte und Kulturen weltweit, historische Schlüsselereignisse sowie wissenswerte Zusammenhänge, der Fokus liegt jedoch überwiegend auf Deutschland und Europa.

FRÜHGESCHICHTE UND HOCHKULTUREN

Ein probates und beliebtes Mittel von Historikern, geschichtliche Ereignisse sinnvoll zu gliedern, ist die nachträgliche Einteilung der Vergangenheit in **Epochen** (Zeitabschnitte). Im 17. Jahrhundert schlug z.B. der deutsche Gelehrte **Christoph Cellarius** in seiner dreibändigen *Historia Universalis* die drei Epochen **Antike, Mittelalter** und **Neuzeit** vor. Diese Einteilung hat bis heute Bestand und beeinflusst maßgeblich unsere Sicht auf die Vergangenheit. Jegliche Periodisierung ist eine menschliche Erfindung, sie beruht auf keinem »Naturgesetz«, das es zu entdecken galt. Die zeitlichen Grenzziehungen sind Teil akademischer Diskurse, und selten besteht gänzlich Einigkeit, insbesondere über Anfang und Ende, denn die Übergänge sind oft fließend.

Vor rund 2,6 Millionen Jahren, in der **Steinzeit**, auch **Frühgeschichte** genannt, begannen unsere frühen Vorfahren, primitive Werkzeuge zu fertigen, und vor rund 200 000 Jahren breitete sich der moderne Mensch dann von Afrika (»Wiege der Menschheit«) über die ganze Welt aus. Von dieser Zeit zeugen Höhlenmalereien, einige gelten als älteste künstlerische Werke, die je von Menschenhand geschaffen wurden. Berühmt ist die im Jahr 1940 entdeckte und mittlerweile zum UNESCO-Welterbe zählende **Höhle von Lascaux** in Frankreich mit verschiedenen Tierdarstellungen. Eine genaue Datierung ist schwierig, Experten schätzen, dass diese Malereien zwischen 30 000 und 15 000 v. Chr. entstanden sind. Weitere Beispiele sind die Zeichnungen im nordspanischen **Altamira** und die nach derzeitigem Stand mit 45 000 Jahren älteste figürliche Darstellung auf Sulawesi, die ein Pustelschwein zeigt.

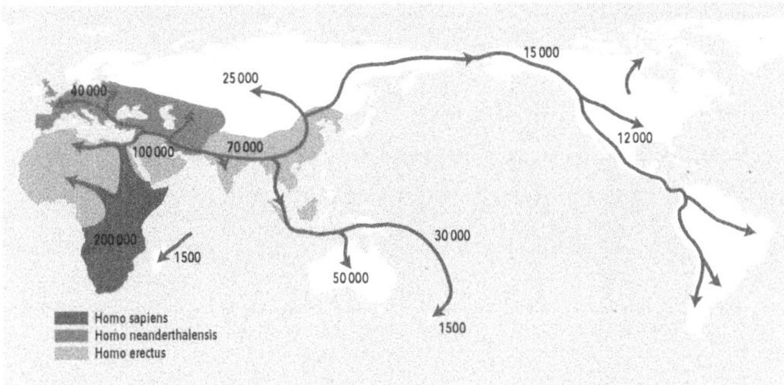

Ausbreitung des *Homo sapiens* über die Erde und vorausgehende Besiedelung durch *Homo erectus* und Neandertaler; die Zahlen stehen für Jahre vor heute.

Die **Neolithische Revolution** markiert den Übergang von einer nomadischen Existenz als Jäger und Sammler zu sesshaften Gemeinschaften, die auf Ackerbau, Viehzucht und der Entwicklung von dauerhaften **Siedlungen** basierten. Diese waren oft an fruchtbaren Flussufern angesiedelt und bildeten den Grundstein für die Entwicklung von Gemeinschaften und späteren Städten. Diese **Sesshaftwerdung** begann vor ca. 10 000 bis 12 000 Jahren und fand unabhängig voneinander an verschiedenen Orten der Welt statt, u. a. im Nahen Osten, in China, Südostasien und Zentralamerika. Werkzeuge aus Stein, Knochen und Holz wurden weiterentwickelt und verbessert, und Keramik war ein wichtiger Werkstoff für Töpferei und die dadurch ermöglichte Lagerung von Lebensmitteln. Neue Techniken wie das Schleifen von Steinen zur Herstellung von komplexeren Werkzeugen und das Weben von Stoffen wurden entwickelt. Als erste Großsiedlungen der Weltgeschichte gelten das in der Hochebene Anatoliens liegende **Çatalhöyük** sowie **Jericho** am Westufer des Jordans, das zu den heutigen palästinensischen Autonomiegebieten gehört; beide beherbergten mehrere Tausend Einwohner.

Seither ist von der **Jungsteinzeit (Neolithikum)** die Rede, die im Übrigen wie viele andere Epochen in verschiedenen Regionen der Welt zu unterschiedlichen Zeiten auftrat. Bis das Konzept »Ackerbau und Viehzucht« sich z. B. erfolgreich in Mitteleuropa ausgebreitet hatte, dauerte es noch ein paar Jahrtausende; aus europäischer Sicht beginnt die Jungsteinzeit daher etwa ab ca. 5500 v. Chr.

Wissen aus dem Eis

Der spektakuläre archäologische Fund der **Gletschermumie »Ötzi«** im Jahr 1991 in den Ötztaler Alpen in Südtirol gab Forschern wichtige Einblicke in das Leben in der Jungsteinzeit - die Leiche, die Kleidung und die Ausrüstung waren im Eis, quasi durch natürliche Gefriertrocknung, bestens konserviert geblieben. Im Gepäck hatte er u. a. ein Kupferbeil und einen Dolch aus Feuerstein.

Mit Beginn der **Kupferzeit** (ca. 5500–2200 v. Chr.) wurde das namensgebende, relativ weiche Metall verwendet, um Werkzeuge und Waffen, z. B. Äxte, Meißel, Dolche und Pfeilspitzen, aber auch Schmuck und andere dekorative Gegenstände herzustellen. Es war leichter zu bearbeiten als Stein oder Holz, aber auch brüchiger. Der in der **Bronzezeit** (ca. 2200–800 v. Chr.) wichtigste Werkstoff ist wohl ebenso leicht zu erraten. Die Legierung aus Kupfer und Zinn erwies sich als härter und haltbarer. Mit der Zeit wurde die Bronze jedoch selbst von anderen Metallen wie **Eisen** abgelöst **(Eisenzeit)**.

EINIGE FRÜHE HOCHKULTUREN, DIE SIE KENNEN SOLLTEN

Im südlichen **Mesopotamien** (dem heutigen Irak), dem **Zweistromland** zwischen **Euphrat** und **Tigris**, entwickelten sich die wichtigsten ersten Hochkulturen.

Etwa zwischen dem 4. und 3. Jahrtausend v. Chr. lebten die **Sumerer** in Stadtstaaten. In **Uruk**, das als eine der ältesten Städte der Welt gilt, lebten zu ihrer Blütezeit bis zu 50000 Menschen. Die Sumerer tüftelten **Bewässerungssysteme** aus, um die Erträge in der Landwirtschaft zu steigern, entwickelten die **Keilschrift**, die 2000 Jahre lang für verschiedene Sprachen verwendet wurde, und waren in Mathematik versiert. So geht das **Sexagesimalsystem,** ein Zahlensystem auf der Basis von 60, auf die Sumerer zurück - die Grundlage für unsere heutige Verwendung von 60 Sekunden in einer Minute und 60 Minuten in einer Stunde. Auch die **Siebentagewoche** haben wir ihnen zu verdanken. Der **Codex Ur-Nammu**, benannt nach dem gleichnamigen König, enthält u.a. Gesetze, die bestimmte Vergehen unter (Todes-)Strafe stellten, und gilt als eine der ältesten Gesetzessammlungen der Welt.

Im späten 3. Jahrtausend v. Chr. im Gebiet des heutigen Irak verortet, war das **Akkadische Reich** eine der ersten bekannten Großmächte. Unter der Führung von **Sargon von Akkad** eroberten die **Akkader** weite Teile Mesopotamiens. Der Herrscher führte eine effektive Verwaltungsstruktur ein, die die Aufsicht über verschiedene Regionen und Städte ermöglichte. **Akkadisch** gilt als Vorläufer der babylonischen und assyrischen Sprache. Mitte des 22. Jahrhunderts v. Chr. brach das Reich zusammen.

Die **Babylonier** hinterließen als Nachfolger der Sumerer im Zeitraum von etwa 1894 bis 539 v. Chr. ein beeindruckendes Erbe. Politisches, kulturelles und Handelszentrum war die Stadt **Babylon** mit dem berühmten **Ischtar-Tor** aus blau glasierten Ziegeln, die mit Reliefbildern von Drachen und Stieren geschmückt sind. Der **Codex Hammurabi** - nach dem gleichnamigen Herrscher benannt - ist eine der frühesten Sammlungen von Rechtssätzen, die man übrigens im Louvre bewundern kann. Und der babylonische König **Nebukadnezar II.**, der mehrfach Jerusalem belagerte und eroberte, wird nicht ohne Grund über 90 Mal in der *Bibel* erwähnt.

Das Volk der **Assyrer** (2000-612 v. Chr.), benannt nach der Stadt Assur, stammte aus dem Norden Mesopotamiens. Mit ihrer kampferprobten Armee, ausgestattet u. a. mit Belagerungswaffen, zogen sie aus, um andere Reiche zu erobern, z. B. Babylon, Israel und Teile Ägyptens. Doch auch Literatur und Wissenschaft standen hoch im Kurs, wie König **Assurbanipals Bibliothek von Ninive** mit mehreren Zehntausend Tontafeln zeigt, die neben medizinischen Schriften und Gesetzestexten auch Fragmente des *Gilgamesch-Epos* umfasst.

Die **Indus-Kultur** lässt sich zeitlich im 3. Jahrtausend v. Chr. und geografisch in Nordindien, genauer: im heutigen Pakistan, verorten. Experten sind sich einig, dass diese Hochkultur - zumindest was die Fläche angeht - wesentlich größer war als etwa jene in Mesopotamien: über 1000 Siedlungen, verteilt über mindestens 800 000 Quadratkilometer. Zwar ist die Indus-Schrift bis heute noch nicht decodiert, doch es gab eine akribische Stadtplanung mit Sektoren, Stadtvierteln und einem rechtwinklig angelegten Straßennetz - ähnlich wie z. B. in Manhattan. Und damit nicht genug: Es gab sogar schon Bäder mit Toiletten in den Häusern und ein fortschrittliches **Abwassersystem**! Die größten bekannten Städte, beide in den 1920er-Jahren von britischen Archäologen entdeckt, waren **Harappa** und die heutige Welterbestätte **Mohenjo-Daro**.

EINIGE BASICS ZU DEN ÄGYPTERN, DIE SIE KENNEN SOLLTEN

Die über 3000-jährige Geschichte des fruchtbaren Landes an der Lebensader Nil teilen Ägyptologen in drei »Reiche« (Perioden), in denen die Macht konzentriert wurde, und drei Zwischenzeiten, die eher von Machtkämpfen rivalisierender Gruppen geprägt waren.

Altes Reich (ca. 2700–2200 v. Chr.): Von der damaligen Hauptstadt Memphis (in der Nähe des heutigen Kairo) aus regierte **Djoser** (3. Dynastie) als göttlicher Herrscher und ließ sein Grabmal in Form der 60 Meter hohen Stufenpyramide in Sakkara von seinem Bauherrn **Imhotep** errichten. Bekannter dürften allerdings die **Großen Pyramiden von Gizeh** sein, höher sind sie auf jeden Fall: So maß **Cheops'** Pyramide ursprünglich fast 150 Meter, die seiner Söhne und Nachfolger **Chephren** und **Mykerinos** waren etwas niedriger. Die heute mit Ägypten verbundenen monumentalen Grabanlagen entstanden in rund zwei Jahrhunderten. Sonnengott **Re** war ab der 4. Dynastie die höchste Gottheit.

Mittleres Reich (ca. 2060–1780 v. Chr.): In der Zeit des Wiederaufbaus nach der Ersten Zwischenzeit wurden Ober- und Unterägypten erneut vereinigt, bis nach Nubien ausgeweitet und die Hauptstadt nach **Theben** verlegt. Die herrschenden Dynastien gründeten den **Amun**-Kult. Nach der Eroberung durch die **Hyksos** begann deren Fremdherrschaft in einem Teil des Reichs während der rund 100-jährigen Zweiten Zwischenzeit.

Neues Reich (ca. 1550–1070 v. Chr.): Nach dem Tod seiner Stiefmutter **Hatschepsut**, die in der 18. Dynastie als alleinherrschende Pharaonin das Land regierte, führte **Thutmosis III.** Ägypten durch seine Eroberungen zur größten Ausdehnung. **Echnaton** forderte den traditionellen **Polytheismus** mit dem von ihm geführten Kult um den Sonnengott **Aton** heraus. Die berühmte Büste seiner

Hauptgemahlin **Nofretete** kann man im Neuen Museum in Berlin bewundern. **Tutanchamun** konnte durch seinen frühen Tod mit 18 Jahren zwar nicht so viel bewirken, wurde aber durch die sensationelle Entdeckung seines ungeplünderten Grabes, u. a. mit der goldenen Totenmaske, im Jahr 1922 weltbekannt. Bestattet wurden die Herrscher nun nicht mehr in Pyramiden, sondern in **Grabkammern** im **Tal der Könige**. Die 66-jährige, meist friedvolle Regentschaft des **Abu-Simbel**-Erbauers **Ramses II.** gilt als Blütezeit des Reichs. Er unterschrieb 1259 v. Chr. den ersten bekannten Friedensvertrag mit den **Hethitern**.

Falscher Titel

Heute werden zwar alle Herrscher Ägyptens **Pharaonen** genannt (»großes Haus«), dies ist jedoch eine durch die *Bibel* verbreitete anachronistische Fehlbezeichnung, denn erst im Neuen Reich kam der Begriff als einer von vielen, noch nicht einmal exklusiv für den obersten Herrscher verwendeten Titeln auf.

ANTIKE

Heutzutage wird zwar gemeinhin von den »Alten Griechen« gesprochen, oft mit der Vorstellung eines einheitlichen Reiches. Kulturell waren sie sich durchaus ähnlich, denn sie teilten sich die Sprache und die Götterwelt, doch politisch waren die **Stadtstaaten (Poleis)** wie **Sparta** und **Athen** bis auf Bündnisverflechtungen unabhängig und zudem vom Regierungssystem her recht divers. Zu Recht mag die Wiege der **Demokratie** in der Stadt der Weisheitsgöttin verortet werden, aber z.B. in **Korinth** und **Theben** waren häufig **Tyrannen** – Einzelherrscher, die nicht selten durchaus im Wohle der jeweiligen Städte regierten – an der Macht, und Sparta verfügte über eine einzigartige militärische, oligarchisch-aristokratische Ordnung, bei der eine kleine Anzahl an zu Soldaten ausgebildeten Vollbürgern in einem **Doppelkönigtum** mitwirkte.

Die **attische Demokratie** bildete über zahlreiche Reformen sukzessive Formen politischer Teilhabe aus: **Drakon** setzte – auch mit Strafen (!) – das Gewaltmonopol durch, **Solon** schaffte die **Schuldknechtschaft** ab, und jeder Bürger erhielt ein **aktives Stimmrecht**. **Kleisthenes** schuf mit dem sozial repräsentativeren **Rat der 500** ein grundlegend neues System, das die Macht der **Aristokratie** (aus der er selbst stammte) brach, und **Perikles** führte schließlich die Besoldung für politische Tätigkeiten ein, wodurch sich auch weniger wohlhabende Bürger den »Luxus« von Politik leisten konnten. Eine sich herausbildende demokratische Kultur führte zur allgemeinen Erwartungshaltung, dass Bürger sich öffentlich engagieren sollten, denn wer kein Amt übernahm und sich aus öffentlichen politischen Angelegenheiten heraushielt, galt im wahrsten Sinne des Wortes als »Idiot«.

Entscheidend für die Vergabe von Ämtern war im Übrigen nicht immer die Wahl, sondern es wurde per Zufall gelost, und ein **Rotationsprinzip** stellte sicher, dass sich die Macht nicht in den Händen einiger weniger konzentrieren konnte. Die Tagesordnungspunkte der **Volksversammlungen** rangierten von niedrigschwelligen Entscheidungen wie der Festlegung von Theaterpreisen bis hin zu komplexen Fragen der Aufrüstung und außenpolitischen Strategie. Ein weiteres demokratisches Sicherungselement: die Einführung des **Scherbengerichts** (Ostrakismos). Machtmissbrauch konnte mit Verbannung aus Athen geahndet werden, wenn genügend Bürger den Namen auf eine Scherbe ritzten. Das wirkungsmächtige Kontrollinstrument konnte aber natürlich auch zur Beseitigung unliebsamer Konkurrenten genutzt werden.

Wenn von der Demokratie in Athen die Rede ist, muss allerdings stets mitgedacht werden, dass diese große Teile der Bevölkerung ausschloss: Die politische Mitwirkung auf der **Akropolis** war ausschließlich Männern vorbehalten – aber auch nicht allen, denn das Bürgerrecht war zunächst vom Vermögen abhängig. Zugezogene (Metöken) waren ausgeschlossen ebenso wie eine Gruppe, die das Rückgrat der antiken Wirtschaft darstellte und mit ihrer Arbeit den Rücken der Athener Staatsbürger freihielten: **Sklaven**. Lediglich 15 bis 20 Prozent der Bevölkerung waren laut Schätzungen überhaupt zur Teilnahme am politischen Leben berechtigt.

Abgesehen von einigen friedvollen Jahren waren kriegerische Auseinandersetzungen in der Antike ein ständiger Begleiter, sei es die gemeinsame Abwehr der **Perser** in den gleichnamigen Kriegen Anfang des 5. Jahrhunderts v. Chr. oder innergriechische Konflikte wie der **Peloponnesische Krieg** zwischen dem von Athen geführten **Attischen Seebund** und dem **Peloponnesischen Bund** unter Spartas Führungsmacht, der von 431 bis 404 v. Chr. dauerte und mit dem Sieg der Spartaner endete. Fast alle griechischen Stadtstaaten nahmen an diesem »Weltkrieg« im Mittelmeer teil. Positiver Nebeneffekt: Der griechische Historiker **Thukydides** kam mit seinen ausführlichen Darstellungen und Analysen zu Ursachen und Hintergründen des Krieges methodisch der modernen Geschichtswissenschaft näher als **Herodot**, der als Vater der Geschichtsschreibung gilt.

Im Schulunterricht treten die **Perser** meist nur als Widersacher Griechenlands auf und werden lediglich als barbarische, existenzielle Gefahr aus dem Osten dargestellt, die nach der

Seeschlacht von Salamis im Jahr 480 v. Chr. vertrieben wurde. In der Regel wird bei dieser eurozentrischen Perspektive verschwiegen, dass das **Persische Reich** nicht nur zu den größten Reichen der Weltgeschichte zählte, sondern ein fortschrittlicher **Vielvölkerstaat** mit moderner Verwaltung, toleranter Kultur und kulturellen Reichtümern war. Die **Achämeniden**-Dynastie um ihre mächtigen Herrscher **Kyros, Dareios** und **Xerxes** erweiterte ihre Herrschaftsgebiete seit dem 6. Jahrhundert v. Chr. sukzessive über Babylon, Ägypten bis hin zum Indus. In der prächtigen Residenzstadt **Persepolis** kamen zum Neujahrsfest Vertreter der über 20 Völker des Reichs zusammen, um den Königen zu huldigen. Um das riesige Reich zusammenzuhalten, wurden **Satrapen (Statthalter)** eingesetzt, oft auch in Absprache mit den Eroberten.

Dass in Griechenland kein solcher Statthalter eingesetzt werden konnte und man sich den kleinen Stadtstaaten nach anfänglichen Erfolgen zu Beginn des 5. Jahrhunderts v. Chr. geschlagen geben musste, stellt in den Eroberungszügen eine eher ungewöhnliche Ausnahme dar. Wie so oft führten aber Überdehnung und innere Streitigkeiten zum Fall des Reichs, dessen Strukturen allerdings zu Teilen von Folgedynastien wie den gegen die Römer kämpfenden **Parthern** oder den über 400 Jahre herrschenden **Sassaniden**, der letzten vorislamischen persischen Dynastie, übernommen wurden.

Im 4. Jahrhundert v. Chr. eroberte ein aus Makedonien, einem Staat an der Peripherie der griechischen Welt stammender König innerhalb von nur 13 Jahren große Teile der ihm bekannten Welt: **Alexander (III.) der Große** schlug 333 v. Chr. in der **Schlacht von Issos** den persischen Großkönig **Dareios III.**, vernichtete daraufhin dessen Achämenidenreich, besetzte das bis dahin persische Ägypten, wo er als Pharao verehrt wurde und die nachmalige Metropole Alexandria gründete, und schließlich führte er sein Heer bis zum Nordwestrand des indischen Subkontinents, wo ihn seine Soldaten zur Umkehr zwangen. Im Alter von nur 33 Jahren starb er in Babylon, wie es heißt, an einem Fieber. Moderne Historiker lassen mit dem Alexanderzug das Zeitalter des **Hellenismus** beginnen, in dem sich die griechische Kultur über weite Teile Europas und Asiens ausbreitete und den Mittelmeerraum, einschließlich des späteren Römischen Reichs, prägen sollte. Alexanders Generäle kämpften in den **Diadochenkriegen** um seine Nachfolge, und das Reich zerfiel sehr schnell in viele Staaten – in Ägypten herrschten von nun an die **Ptolemäer**, denen auch die als (nicht nur) Zeitgenossin Julius Caesars berühmte **Kleopatra VII.** angehörte, und Persien mit Vorderasien fielen an das Reich der **Seleukiden**.

Der Sage nach wurde **Rom** am Tiber von zwei Söhnen des Kriegsgotts Mars im Jahr 753 v. Chr. (»schlüpft aus dem Ei«) am Fuße des **Palatins**, einem der berühmten sieben Hügel der Stadt, gegründet. Am Anfang der durchaus von Gewalt geprägten Geschichte des **Römischen Reichs** steht ein Brudermord: **Romulus** erschlug im Streit **Remus** und entschied so u.a. auch die Namensfindung der späteren Metropole für sich. Auf eine halbmythologische, am Schluss durchaus historisch fassbare Königszeit folgte ab dem Ende des 6. Jahrhunderts v. Chr. der Aufbau der **Republik**, in der zunächst aristokratische Institutionen wie der **Senat** dominierten und erst sukzessive demokratische Elemente wie die **Volksversammlung** an Einfluss gewannen. Zudem musste sich die Republik gegen Konkurrenten behaupten, sie schlug u.a. in den **Punischen Kriegen** den phönizischen, auf Elefanten über die Alpen einmarschierenden karthagischen Feldherrn **Hannibal** am Ende des 3. Jahrhunderts v. Chr. und sicherte sich so die Vorherrschaft über das Mittelmeer.

In der Republik etablierte sich eine feste Abfolge von Ämtern, der *cursus honorum*, der nach Qästur und Prätur im **Konsulat** in der Regel den Höhepunkt einer Magistratskarriere fand. Auch wenn eine politische Mitwirkung mittlerweile allen Vollbürgern offenstand, war die Aufstiegskarriere eines sogenannten *homo novus* – eines Mannes, der es bis an die Spitze der Ämterhierarchie schaffte, ohne aus einer einflussreichen Familie zu stammen – eher eine Seltenheit; zu den wenigen Ausnahmen gehörten der brillante Redner und Jurist **Marcus Tullius Cicero** und der Feldherr **Gaius Marius**, der durch seine Erfolge gegen die **Kimbern, Teutonen** und **Numider** als »Retter Roms« und dritter »Vater des Vaterlandes« gefeiert wurde. Die Römische Republik war geprägt von einem innergesellschaftlichen Kräftemessen: einerseits zwischen den **Patriziern**, der alteingesessenen Oberschicht, die den Senat dominierte, und den **Plebejern**, dem aus Bauern, Handwerkern und Händlern bestehenden Großteil der Bevölkerung, und andererseits innerhalb der Patrizier zwischen den **Optimaten**, die eine starke Dominanz des Senats und der Aristokraten befürworteten, und den **Popularen**, die sich auf die Volksversammlung stützten. Und so schwebte die römische Republik spätestens mit dem Scheitern der **Gracchischen Landreformen**, die die Plebs und das Proletariat Ende des 2. Jahrhunderts v. Chr. stärken wollten, auch ständig in Gefahr eines Bürgerkriegs, der z. B. in den 80er-Jahren v. Chr. ausbrach und durch die kurzzeitige Diktatur **Sullas** zu einer Stärkung der Aristokratie führte.

Zeitgleich zu den inneren Querelen wurde die territoriale Expansion in alle Himmelsrichtungen kontinuierlich weitergeführt. Feldherr **Gaius Julius Caesar** nahm ganz (!) **Gallien** ein und schrieb den Bericht »De bello Gallico«, der noch heute zur Standardlektüre im Lateinunterricht zählt. Er stärkte mit dem **Ersten Triumvirat**, einem Männerbündnis mit **Pompeius** und **Crassus**, seine Machtposition. Nach dem Tod Crassus' und einem Zerwürfnis mit Pompeius überschritt Caesar sprichwörtlich den Rubikon, und die Würfel fielen zu seinen Gunsten (*alea iacta est*), denn aus dem Bürgerkrieg ging er erstarkt hervor. Aufbauend auf diesem Erfolg, ließ er sich zum **Diktator auf Lebenszeit** ernennen, was eine Gruppe von Senatoren, zu denen auch sein Günstling **Brutus** zählte, so sehr um die Republik (und sich selbst) fürchten ließ, dass sie ihn am 15.3. – den Iden des März – 44. v. Chr. durch zahlreiche Dolchstiche ermordete. Nicht einmal zwei Jahrzehnte später sollte die Republik dann wirklich ihr Ende finden, denn Caesars Großneffe **Octavian**, der sich im abermaligen Bürgerkrieg u. a. gegen seinen ehemaligen Triumvirats-Verbündeten **Marcus Antonius** mitsamt dessen ägyptischer Flamme und Caesar-Ex **Kleopatra** durchsetzte, begründete 27 v. Chr. mit seiner Kaiserwerdung als **Augustus** (»der Erhabene« – auf Griechisch: »Sebastian«!) eine neue Epoche der römischen Geschichte: die **Kaiserzeit**.

Während seiner über 40-jährigen Regentschaft vergrößerte Augustus nicht nur das römische Territorium, sondern läutete eine lange Periode der Stabilität und des inneren Friedens ein – aus der **Pax Augusta** sollte die **Pax Romana** werden. Er begründete die **Julisch-Claudische Kaiserdynastie**, und ihm sollten sein Adoptivsohn **Tiberius**, der Gewaltherrscher **Caligula**, der sein Pferd zum Konsul machte, und der als effektiver Herrscher von der Nachwelt oft verkannte **Nero** folgen. Selbst wenn das Römische Kaisertum keine Erbmonarchie war, wurde das Amt doch oftmals innerhalb der Familie weitergegeben, jedoch nicht unbedingt an Blutsverwandte, sondern an selbst ausgewählte

Adoptivsöhne. Zu diesen zählten u. a. **Trajan**, unter dem Anfang des 2. Jahrhunderts das Reich seine größte territoriale Ausdehnung erreichen sollte, **Hadrian**, der aufgrund seiner Neigung für griechische Philosophen Bärte wieder gesellschaftsfähig machte und die Engelsburg sowie den nach ihm benannten Wall auf der britischen Insel bauen ließ, sowie **Marcus Aurelius**, der Philosoph auf dem Kaiserthron, dessen stoische *Selbstbetrachtungen* noch heute gelesen werden.

Diokletian führte Ende des 3. Jahrhunderts die **Tetrarchie** ein – eine Aufteilung des Reichs auf mehrere Kaiser –, was die Führung und Verwaltung vereinfachen und das Reich innerlich befrieden sollte, aber die Machtaufteilung und Stabilität letztlich gefährdete. Er verfolgte zudem auf brutale Weise das sich ausbreitende Christentum. Anders sein Nachfolger **Konstantin** (später der Große), der – nachdem ihm bei einer entscheidenden, für ihn siegreichen Schlacht ein Kreuz erschienen sein soll – das Christentum nicht nur erlaubte, sondern es sogar förderte, sich selbst aber erst auf dem Sterbebett taufen ließ; zur Staatsreligion wurde es erst später, unter **Theodosius**. Zudem verlegte er die Hauptstadt nach Byzanz, die er ganz uneitel **Konstantinopel** nannte (heute als Istanbul bekannt).

Theodosius teilte das Reich Ende des 4. Jahrhunderts endgültig in ein **Oströmisches Reich**, auch bekannt als **Byzanz**, und in ein **Weströmisches Reich**, was der bereits voranschreitenden politischen, wirtschaftlichen und kulturellen Spaltung Rechnung trug. Ende des 5. Jahrhunderts endete dann das Römische – genauer gesagt das Weströmische – Reich durch die wiederholten Einfälle »barbarischer« Völker wie der germanischen **Goten** und **Vandalen** und das des zentralasiatischen Reitervolks der **Hunnen**, die die **Völkerwanderung** einläuteten.

Die Gründe für den Untergang Roms bilden eine der wesentlichen geschichtswissenschaftlichen Grundfragen, die ganze Generationen von Historikern beschäftigt haben und noch bis heute debattiert werden. Klar ist, dass kein Reich ewig existiert und eine Vielzahl ungünstiger Entwicklungen, Entscheidungen und Umstände zum Zusammenbruch führen kann – die Gründe sind also mit Sicherheit »multikausal«. Um einige zu nennen: Schwächung durch innere Konflikte; Überdehnung – das Reich war schlicht zu groß, um verteidigt werden zu können; klimatische Veränderungen sorgten für zahlreiche Missernten; wirtschaftliche Probleme durch das Fehlen von Sklaven, weil der Nachschub dieser ohne militärischen Expansionserfolg ausblieb.

Das **Byzantinische Kaiserreich** im Osten hingegen »überlebte« fast 1000 Jahre bis zum **Fall von Konstantinopel** im Jahr 1453 durch das **Osmanische Reich** unter **Sultan Mehmed II.**

Lebensgefährliche Berufung

Mächtig zu sein, kam im Römischen Reich oft einem Todesurteil gleich: Laut einer Untersuchung im Jahr 2005 starb nur ein Drittel der römischen Kaiser eines natürlichen Todes, mehr als die Hälfte wurde ermordet. Sie wurden mit Schwertern oder Dolchen getötet, nicht selten von ihrer eigenen Leibgarde. In der breiten Palette der Meuchelmörder und Attentäter fanden sich weitere Methoden wie Erwürgen, Vergiften, Enthaupten, Hängen und Steinigen, die mal mehr, mal weniger erfolgreich zum Einsatz kamen.

EINIGE BASICS ZU CHINA, DIE SIE KENNEN SOLLTEN

Auch wenn häufig von einer »5000-jährigen« Geschichte des chinesischen Reichs gesprochen wird, sehen Historiker eine solche Zahlenangabe doch eher als kulturstolze (Propaganda-)Legende an, sie verorten diese Anfänge eher im späten 2. Jahrtausend v. Chr. - was immer noch ein beeindruckendes Alter ist. Der Beginn des chinesischen **Kaiserreichs** kann jedoch eindeutig datiert werden: 221 v. Chr. vereinte **Qin Shi Huang Di** (der »Gelbe Kaiser«) das Reich der Mitte und beendete damit die Zeit der Streitenden Reiche. Der Nachwelt ist dieser erste Kaiser Chinas vor allem seit dem Ende der 1970er-Jahren durch die in Xi'an entdeckte Terrakotta-Armee aus Tausenden lebensgroßen Figuren von Soldaten, Pferden und Wagen bekannt. Auf die nur kurz währende **Qin**-Dynastie folgten über fast ein halbes Jahrtausend die bis 220 n. Chr. herrschenden **Han**, die der dominierenden Ethnie des bis vor Kurzem bevölkerungsreichsten Landes der Erde bis heute ihren Namen geben. Nach deren Ende sollte es über 300 Jahre dauern, bis das Reich mit der **Sui**-Dynastie wieder zentral regiert werden konnte. Die vom 7. bis zum 10. Jahrhundert herrschende **Tang**-Dynastie gilt als eine der Blütezeiten der chinesischen Kultur, vor allem der Dichtkunst - es ist diese Zeit, in der das Inselreich Japan seine größten kulturellen Einflüsse aus China (u. a. Schrift) erfährt. Zu Beginn dieser Herrschaftsperiode trug der Pilgermönch **Xuanzang** mit seinen Reisen nach Indien maßgeblich zur Ausbreitung des Buddhismus in China bei. Neben der von **Konfuzius** im 6. Jahrhundert v. Chr. formulierten Moral- und Soziallehre prägte diese ursprünglich aus Indien stammende Religion von nun an Staat und Gesellschaft auch Chinas. Schwarzpulver, Kompass und Buchdruck - drei der »Vier großen Erfindungen Chinas« - sollen in der Zeit der **Song**-Dynastie (960-1279) ihre entscheidende Weiterentwicklung erfahren haben. Lediglich das Papier war bereits eine Erfindung eines Beamten unter den Han.

Fast 100 Jahre lang saßen **Mongolen** auf dem Thron des »Sohnes des Himmels«, denn **Kublai Khan**, ein Enkel **Dschingis Khans**, vollendete dessen Eroberungen und begründete schließlich die ab 1279 regierende **Yuan**-Dynastie. Auf die mongolische Fremdherrschaft folgte ab 1368 die fast drei Jahrhunderte währende Zeit der **Ming**-Dynastie, deren Name im Westen meist mit blau-weißem Porzellan verbunden wird. Unter dem **Yongle**-Kaiser unternahm Admiral Zheng He Anfang des 15. Jahrhunderts mit einer gewaltigen Dschunken-Flotte sieben große Seereisen, die ihn bis zur afrikanischen Ostküste führten. Die Expeditionen dieses Eunuchen islamischen Glaubens wurden aber von vielen Gelehrten der Zeit als »Verschwendung von Staatsgeldern« verurteilt, das Land verlor bald darauf das Interesse an der Außenwelt und schottete sich zunehmend ab. Mitte des 17. Jahrhunderts erklommen die zweiten »Fremdherrscher« den Thron: Die **Mandschu**, von **Nurhaci** vereinte Jurchen-Stämme aus dem Nordosten Chinas, sollten als **Qing**-Dynastie über zweieinhalb Jahrhunderte über das Reich herrschen. Bedeutende Qing-Kaiser waren der 61 Jahre lang regierende **Kangxi** und sein Enkel **Qianlong**, der nach 60 Jahren aus Respekt vor seinem Großvater den Thron an seinen Nachfolger übergab - vor allem durch den Abschluss der langwierigen Kriege gegen die mongolischen **Dsungaren,** die mit der Angliederung der »Neuen Grenze« (so die Übersetzung des Namens *Xinjiang*) endete, erreichte China in der zweiten Hälfte des 18. Jahrhunderts seine größte territoriale Ausdehnung. Mitte des 19. Jahrhunderts begann das, was als »Jahrhundert der Demütigung« im Gedächtnis der Chinesen fortlebt. Als die Qing den Opiumhandel britischer Händler zu unterbinden versuchten, reagierte Großbritannien mit militärischer Gewalt, und infolge des ersten **Opiumkriegs** musste China nicht nur seine Häfen öffnen und Handelsprivilegien zugestehen, sondern auch noch **Hongkong** an die »Fremden Teufel« abtreten. Durch die Unterzeichnung des **Vertrags von Nanjing**, des ersten der sogenannten Ungleichen Verträge, wurde die Souveränität des Landes stark eingeschränkt. Die Qing-Dynastie war die letzte auf dem Kaiserthron - sie endete 1911/12 mit der **Xinhai**-Revolution und der erzwungenen Abdankung des noch minderjährigen **Pu Yi**, der Filmfreunden aus Bertoluccis preisgekrönten Streifen *Der letzte Kaiser* von 1987 bekannt ist.

Es folgten nach dem Staatspräsidenten **Sun Yat-sen**, der als Vater des modernen Chinas gilt, Jahre der Instabilität. Die wichtigsten Akteure dabei waren, neben zahlreichen Warlords mit ihren Privatarmeen, die **Kuomintang** (»Nationale Volkspartei«) unter **Chiang Kai-shek** und die im Jahr 1921 gegründete **Kommunistische Partei Chinas** unter Führung von **Mao Zedong**. Nach dem Angriff Japans 1937 bekämpfte man diesen Feind noch gemeinsam, aber schließlich zwangen Maos Truppen Chiang und seine Armee, auf die (erst seit der Qing-Zeit überhaupt zum Reich gehörende) Insel Taiwan auszuweichen, wo seitdem die 1911/12 errichtete »Republik China« fortbesteht. Im Jahr 1949 wurde in Beijing die bis heute bestehende **Volksrepublik China** gegründet.

Die bald eingeführte sozialistische Kommandowirtschaft mit ihren Fünfjahresplänen sollte den riesigen Staat innerhalb kürzester Zeit von einer Agrar- zu einer Industrienation machen, jedoch blieben entsprechende Erfolge weitgehend aus. Im Gegenteil: Der **»Große Sprung nach vorn«** von 1958 bis 1961 führte gar zu einer der größten Hungersnöte der Menschheitsgeschichte, die, je nach Schätzung, zwischen 15 bis 55 Millionen Menschen das Leben kostete. Später forderte auch die von Mao, um den sich längst ein religionsähnlicher Personenkult entfaltet hatte, initiierte **»Kulturrevolution«** (1966–1976) unzählige Opfer, bei der aufgehetzte Jugendliche als Rote Garden alles zerstörten, was sie für typisch für die »Vier Relikte« - alte Gedanken, alte Kultur, alte Gebräuche, alte Gewohnheiten - hielten. 1969 kam es dann nach Jahren der Spannungen zum endgültigen Zerwürfnis mit dem kommunistischen »Bruderstaat« Sowjetunion und wenig später zur zuvor undenkbar scheinenden Annäherung an den »Klassenfeind« USA, gipfelnd im Besuch von Präsident Nixon in Beijing im Jahr 1972.

Nach Maos Tod im Jahr 1976 kam es unter dem »Überragenden Führer« **Deng Xiaoping** zu einer schrittweisen wirtschaftlichen Öffnung und Liberalisierung des Landes. Das bevölkerungsreichste Land der Erde entwickelte sich relativ zügig zur Werkbank der Welt und dann zur führenden Exportnation. Die von vielen erhoffte politische Liberalisierung blieb jedoch aus, und im Juni 1989 wurde eine hauptsächlich von Studenten getragene Demokratisierungskampagne blutig niedergeschlagen (Massaker auf dem Tiananmen-Platz).

EINIGE BASICS ZU JAPAN, DIE SIE KENNEN SOLLTEN

Gemäß Überlieferung bestieg **Jimmu**, als Nachkomme der Sonnengöttin Amaterasu, als erster **Tenno** im Jahr 660 v. Chr. den japanischen Kaiserthron, um mit göttlichem Mandat über das Inselreich zu herrschen. So lässt sich die Ahnenreihe des einzigen in der Gegenwart verbleibenden Kaisers unserer Welt, des 126. und aktuellen Tennos **Naruhito**, fast lückenlos zu seinen legendären Vorgängern nachzeichnen, wobei deren Rolle oft zwischen rein zeremoniellen Funktionen (wie heute) und tatsächlicher Machtausübung wechselte.

Im 6. Jahrhundert gelangte der Buddhismus aus China und Korea nach Japan und bildete neben der »Urreligion« **Shinto** die zweite religiöse Grundlage der japanischen Gesellschaft. Zunächst in Nara und später in Heian, dem heutigen Kioto, erlebte die japanische Kultur ihre ersten Blütezeiten. Im 13. Jahrhundert konnten, unterstützt von »göttlichen Winden« (*Kamikaze*, gemeint sind natürlich Taifune), zwei mongolische Invasionen verhindert werden. Die eigentliche politische Macht wurde jedoch längst nicht mehr von dem auf zeremonielle Rollen reduzierten Tenno, sondern von **Shogunen** ausgeübt. Diese Militärführer wurden von den nach dem Ehrenkodex *Bushido* (»Weg des Kriegers«) lebenden **Samurai** unterstützt und stammten nicht selten selbst aus dem Militär. Shogune wurden regelmäßig von den Regionalfürsten, den **Daimyōs,** herausgefordert, und die Geschichte des vormodernen Japans ist von häufigen Bürgerkriegen und politischen Unruhen geprägt.

Anfang des 17. Jahrhunderts einte nach Vorarbeit Oda Nobunagas und Toyotomi Hideyoshis der Shogun **Tokugawa Ieyasu** das Reich, und sein Clan herrschte in der **Edo-Zeit** (benannt nach dem früheren Namen der Hauptstadt, die heute Tokio heißt). Die Befriedung des Landes ging mit einer fast vollständigen Abschottung (*Sakoku*) gegenüber der Außenwelt einher: Jeglicher Kontakt und Handel mit dem Ausland wurden strengstens untersagt, mit der einzigen Ausnahme der künstlichen Insel Dejima in der Bucht von Nagasaki, wo zunächst ausschließlich Portugiesen, später dann nur Niederländer tätig sein durften. Mitte des 19. Jahrhunderts wurde Japan von US-amerikanischen Seestreitkräften unter dem Kommando Matthew Perrys zur Öffnung seiner Häfen und zur Aufgabe seiner selbst gewählten Isolation gezwungen.

Nach der Beendigung des Tokugawa-Shogunats durch den im Jahr 1867 inthronisierten Kaiser **Mutsuhito** kam es unter seiner (jetzt tatsächlichen) Herrschaft im Rahmen der **Meiji-Restauration** zu einer rasanten und alle Lebensbereiche erfassenden Modernisierung und Industrialisierung Japans, die letztlich auch dazu führte, dass im **Russisch-Japanischen Krieg** 1905 erstmals in der Neuzeit einer asiatischen Nation ein militärischer Sieg über eine europäische Großmacht gelang. Das »Land der aufgehenden Sonne« (wie man den Eigennamen *Nihon* übersetzen kann) stieg selbst zu einer imperialistischen Großmacht auf, besetzte Taiwan, später Korea und schließlich im 20. Jahrhundert den Nordosten Chinas, die Mandschurei. Als Teil der **Achsenmächte** stand Japan im Zweiten Weltkrieg an der Seite des nationalsozialistischen Deutschlands und zwang mit dem Überraschungsangriff auf die US-amerikanische Pazifikflotte auf den Hawaii-Hafen **Pearl Harbour** die USA zum Kriegseintritt. Nach dem ersten und bisher letzten Kriegseinsatz von Atomwaffen - am 6. August 1945 über **Hiroshima** und drei Tage später über **Nagasaki** - kapitulierte Japan, die USA besetzten den Inselstaat, und der Tenno musste auf seine »göttliche Natur« verzichten. In der zweiten Hälfte des 20. Jahrhunderts entwickelte Japan sich zu einer demokratisch verfassten Wirtschaftsgroßmacht ganz ohne imperialistische Ambitionen.

EINIGE BASICS ZU INDIEN, DIE SIE KENNEN SOLLTEN

Chandragupta Maurya gründete 320 v. Chr. die **Maurya**-Dynastie, die Mitte des 3. Jahrhunderts v. Chr. unter seinem Enkel **Ashoka** fast den gesamten Subkontinent beherrschte. Der militärisch erfolgreiche Herrscher schwor später allerdings der Gewalt ab und widmete sich fortan **sozialen Reformen** und der Ausbreitung des **Buddhismus**. Von seinem ungewöhnlichen Sinneswandel zeugen noch heute zahlreiche im Land stehende Stelen. Die südindische tamilische **Chola**-Dynastie gilt als eines der größten hinduistischen Herrschaftsgebiete der Geschichte. Das langlebige Reich mit einer Blütezeit zwischen dem 9. und 13. Jahrhundert ist heute vor allem für seine hochgradig beeindruckenden Tempel bekannt. Das von 320 n. Chr. bis Mitte des 6. Jahrhunderts bestehende **Gupta**-Reich wird oft als das »Goldene Zeitalter« Indiens bezeichnet, da Kunst und Wissenschaft florierten, insbesondere unter **Chandragupta II.**

Babur, ein Nachkomme Timurs, eroberte im Jahr 1526 das Sultanat Delhi und gründete nach dem Sieg über die hinduistischen **Rajputen** das nach den Mongolen benannte **Mogulreich**. Sein Enkel **Akbar** gilt als größter Mogul-Herrscher und vergrößerte das Reich mit militärischen, diplomatischen und wirtschaftlichen Mitteln, bis der Norden des Subkontinents unter seiner Herrschaft vereint war. Der für seine religiöse Toleranz geschätzte Muslim heiratete eine Hindu und schuf mit dem synkretistischen **Din-i Ilahi** seine eigene Religion. Sein Enkel **Shah Jahan** hinterließ gewaltige Bauten wie Delhis Rotes Fort und das marmorne Mausoleum für seine Frau Mumtaz, das Taj Mahal in Agra. Abgesetzt wurde er von seinem Sohn **Aurangzeb**, der zwar das Reich gen Süden ausweitete, allerdings auch dessen Zerfall und Niedergang als letzter bedeutender Großmogul einläutete. Nachdem der Subkontinent erst von der **British East India Company** wirtschaftlich erschlossen worden war, wurde er Mitte des 19. Jahrhunderts als **Kronkolonie** wesentlicher Teil des **British Empire** und die britische Königin Victoria auch Kaiserin von Indien. Die von **Mahatma Gandhi**, der zivilen Ungehorsam und gewaltlosen Widerstand propagierte und vorlebte, und dem späteren ersten Präsidenten **Jawaharlal Nehru** geführte **Unabhängigkeitsbewegung** fand im Jahr 1947 in der Staatsgründung Erfüllung - allerdings wurde das muslimische Pakistan abgetrennt.

EINIGE BASICS ZUM MONGOLISCHEN REICH, DIE SIE KENNEN SOLLTEN

Dschingis Khan, eigentlich Temüdschin »der Schmied«, vereinte die mongolischen Stämme und eroberte als erster **Khagan** von 1206 bis zu seinem Tod 1227 Gebiete vom Kaspischen bis zum Chinesischen Meer. Sein Sohn **Ögedei** und seine Enkel **Batu, Hülegü** und **Kublai** setzten das Werk des Ahnherrn fort und errichteten so mit grausamen wie effektiven Eroberungsfeldzügen den größten zusammenhängenden Herrschaftsbereich der Weltgeschichte. Trotz der barbarischen Gewalt erwiesen sich die Mongolen gegenüber unterworfenen Völkern als durchaus tolerant, besonders in Fragen der Religionsausübung, und errichteten ein effizientes Verwaltungssystem. Dennoch hielt die Familienbande nicht zusammen, und das Reich zerfiel Anfang des 14. Jahrhunderts in verschiedene autonome, sich teilweise bekriegende Teile: Die **Goldene Horde** dominierte den Raum zwischen dem Kaspischen Meer und Osteuropa, das islamische **Ilchanat** beherrschte den Nahen Osten, das **Tschagatai-Khanat** kontrollierte das zentralasiatische Kernland, und Kublai begründete die chinesische **Yuan**-Dynastie. **Timur**, auch bekannt als Tamerlan, stammte zwar nicht von Dschingis Khan ab, sah sich aber dennoch in einer Linie mit diesem und erwies sich Ende des 14. Jahrhunderts mit seinen Eroberungen eines Nachfolgers würdig. Das Reich vermochte er dennoch nicht zu einigen.

EINIGE BASICS ZU RUSSLAND, DIE SIE KENNEN SOLLTEN

Der Ursprung Russlands wird auf den (wahrscheinlich nur legendären) warägischen (d.h. schwedischen) Fürsten **Rurik** im 9. Jahrhundert zurückgeführt. Sein Nachfolger **Oleg** verlagerte das Herrschaftszentrum von **Nowgorod** nach **Kiew**, das fortan als Großfürstensitz des noch auf einen Teil Osteuropas begrenzten ostslawischen Reichs dienen sollte. Der Rurikide **Wladimir der Große** nahm im Jahr 988 das orthodoxe Christentum an, doch der göttliche Schutz verhinderte nicht die Niederwerfung der **Kiewer Rus'** durch die Mongolen unter **Batu Khan** Mitte des 13. Jahrhunderts, mit der das in Russland noch heute so genannte Tatarenjoch begann - in Gestalt der Goldenen Horde, eines der Nachfolgereiche des großen Weltreiches Dschingis

Khans. Erst dem Moskauer Großfürsten **Iwan IV.** gelang es im 16. Jahrhundert, die Fremdherrschaft zu beenden, Nachfolgestaaten des Mongolenreichs wie die **Khanate von Kasan** und **Astrachan** zu besiegen und ein selbstständiges russisches Reich wiederherzustellen. Der im Westen meist mit dem ungenauen Zusatz »schrecklich« - »gestreng« wäre treffender übersetzt - titulierte Herrscher krönte sich zum ersten **Zaren** - diese Bezeichnung geht ebenso wie »Kaiser« auf das lateinische *caesar* zurück. Die nach seinem Tod von politischen Unruhen geprägte **Zeit der Wirren** (*Smuta*) endete erst mit der Zarenwahl **Michail Romanows** und der Etablierung einer neuen Dynastie im Jahr 1613.

Anfang des 18. Jahrhunderts führte Zar **Peter** (der »Große«) nach der ersten Reise eines russischen Herrschers nach Westeuropa umfangreiche Modernisierungsreformen durch und verlegte mitten im **Großen Nordischen Krieg** gegen Schweden die Hauptstadt des Reiches an die Ostsee. Die Namensgebung **St. Petersburg** stellt keine Vorahnung einer eventuellen Heiligsprechung des zaristischen Gründers der Stadt dar, sondern geht auf den Schutzheiligen der Stadt, Apostel Simon Petrus, zurück, der aber wohl doch nicht *ganz* zufällig als solcher ausgewählt wurde. Sophie von Anhalt-Zerbst, nach dem Putsch gegen ihren kurzzeitig als Peter III. regierenden Mann als **Katharina die Große** bekannt, erweiterte als aufgeklärte Kaiserin während ihrer 34-jährigen Regentschaft das russische Reich erheblich in fast alle Himmelsrichtungen. Frauen waren auf dem Zarenthron übrigens keine Seltenheit: Das Geschlecht wechselte bei jeder »Kaiserstuhlbesteigung« im 18. Jahrhundert und für zwei Drittel des Jahrhunderts lag das Zarenzepter in weiblicher Hand.

In den in Deutschland oft so genannten Befreiungskriegen besiegte man unter Zar **Alexander I.** - Namensgeber des Berliner Alexanderplatzes - u. a. zusammen mit Preußen und Österreich Napoleon I., dessen Invasion Russlands zuvor am Winter und an der geschickten Ausweichtaktik Feldmarschall Michail Kutusows gescheitert war. Unter Zar **Alexander II.** wurde Mitte des 19. Jahrhunderts die Leibeigenschaft abgeschafft, wodurch mehr als 20 Millionen Bauern befreit wurden, auch wenn sie weiterhin Frondienste leisten mussten. Im Jahr 1917 führte die **Februarrevolution** zum Sturz des Zaren **Nikolaus II.**, was das Ende der russischen Monarchie bedeutete. Schließlich gelangten nach der **Oktoberrevolution** die **Bolschewiki** unter Führung von **Wladimir Lenin** nach einem mehrjährigen Bürgerkrieg an die Macht, und es folgte die Gründung der von der **Kommunistischen Partei Russlands** regierten **Union der Sozialistischen Sowjetrepubliken**. Nach dem im übrigen Europa geltenden Gregorianischen Kalender, der dem Julianischen um 13 Tage voraus war, in Russland aber erst im Januar 1918 eingeführt wurde, fielen beide Revolutionen hierzulande in die jeweiligen Folgemonate. Nach dem Tod Lenins im Jahr 1924 - seine einbalsamierte Leiche ist heute noch in einem Mausoleum an der Mauer des Kremls zu besichtigen - setzte sich der in Tiflis als Iosseb Dschughaschwili geborene **Josef Stalin** (»Der Stählerne«) gegen seinen Widersacher **Leo Trotzki** im Machtkampf um die Führung des Landes durch. Er konsolidierte seine Macht durch politische Säuberungen, die im sogenannten **Großen Terror** in den 1930er-Jahren ihren Höhepunkt erreichten. Stalin ließ mit gefälschten Vorwürfen über eine Million Menschen in Schau- und Geheimprozessen durch das Volkskommissariat für innere Angelegenheiten unter der Führung von Nikolai Jeschow und später Lawrenti Beria mehrheitlich zum Tode, den Rest zu Lagerhaft oder Zwangsarbeit im Gulag verurteilen - darunter auch den Großteil der Funktionäre und Minister der KPdSU.

EINIGE BASICS ZU (FRÜHEN) ISLAMISCHEN REICHEN, DIE SIE KENNEN SOLLTEN

Als der **Prophet Mohammed** im Juni 632 in Medina starb, war zunächst unklar, wer seine Nachfolge antreten sollte. Man einigte sich auf seinen Schwiegervater **Abu Bakr**, der zum ersten **Kalifen** gewählt wurde. Es folgten **'Umar**, der die Ausbreitung von Allahs Worten mit Waffengewalt deutlich ausweitete, und **'Uthman**, der zur spirituellen Vereinheitlichung die erste standardisierte *Koran*-Version erstellen ließ. Der letzte der vier **Rechtgeleiteten Kalifen** (Raschidun) der Anfangszeit des Islams war **'Ali**, der Schwiegersohn Mohammeds, dessen Ermordung im Jahr 661 die islamische Gemeinschaft endgültig spaltete. Noch im selben Jahr gründeten seine Widersacher in Damaskus das **Kalifat der 'Umayyaden**, eines Familienclans, der, wie Mohammed selbst, ursprünglich aus dem arabischen Stamm der Quraisch aus Mekka stammte. Sie erweiterten ihren Herrschaftsbereich in knapp einem Jahrhundert durch zahlreiche Feldzüge erheblich, bis dieser von der iberischen Halbinsel bis zum Indus reichte.

Im Jahr 750 mussten die 'Umayyaden aus der heutigen syrischen Hauptstadt flüchten und retteten sich nach al-Andalus (Andalusien, das seinen Namen ursprünglich von den germanischen Vandalen hat), wo sie das **Emirat von Córdoba** begründeten und die muslimische Präsenz in Südwesteuropa festigten; auf sie folgten verschiedene weitere Dynastien wie die **Almoraviden** und **Almohaden** – bis die christliche **Reconquista** mit dem Fall Granadas im Jahr 1492 dem islamischen Spanien ein Ende machte.

Die im Osten der islamischen Welt auf die 'Umayyaden folgende **'Abbasiden-Dynastie** verlegte ihre Hauptstadt nach Bagdad und läutete dort das **Goldene Zeitalter des Islams** ein, das sich durch bedeutende kulturelle, wissenschaftliche und philosophische Leistungen auszeichnete, da die mäzenatischen Kalifen des weitestgehend stabilen und wirtschaftlich lange prosperierenden Reichs Kultur und Wissenschaft oft tatkräftig förderten. Man übersetzte dort wichtige Werke der griechischen Philosophie ins Arabische und schuf so auch eine Grundlage für die später in Europa einsetzende Renaissance durch die Wiederentdeckung der Schriften, die in den arabischen Übertragungen erhalten blieben. Im **Haus der Weisheit** forschten und lehrten Geistesgrößen wie der Mathematiker **Al-Khwarizmi**, von dem unser »Algorithmus« seinen Namen hat. Der vielleicht bekannteste und bedeutendste 'Abbasiden-Kalif war **Harun al-Raschid**, der auch Beziehungen zu Karl dem Großen unterhielt und diesem sogar den Elefanten Abul Abbas zum Geschenk machte. Im 10. Jahrhundert verloren die 'Abbasiden kontinuierlich an Macht, mussten sich mehrfach Fremdherrschaften unterordnen und wurden auf eher formelle und religiöse Führungsfunktionen reduziert. Nach kurzzeitigem Erstarken ihrer Macht beendeten die Mongolen im Jahr 1258 das Reich der Kalifen mit der brutalen Eroberung Bagdads durch Hülegü.

EINIGE BASICS ZUM OSMANISCHEN REICH, DIE SIE KENNEN SOLLTEN

Gegen Ende des 13. Jahrhunderts legte der in Westanatolien herrschende turkmenische Regionalfürst **Osman** den Grundstein für ein Reich, das über 600 Jahre lang seinen Namen tragen sollte. Sein Sohn und Nachfolger **Orhan** nahm als Erster den Titel an, der bis ins 20. Jahrhundert für die turbantragenden Herrscher Gültigkeit haben sollte: **Sultan**. Abgesehen von einer vernichtenden Niederlage im Jahr 1402 gegen die Mongolen konnten Osmans Nachfolger das Reich kontinuierlich erweitern, und unter Sultan **Mehmed II.** - dem »Eroberer« (Fatih) - stürmten die osmanischen Truppen anno 1453 Konstantinopel (das heutige Istanbul) und beendeten mit der Besetzung das tausendjährige byzantinische Reich. Im 16. Jahrhundert erreichte das Reich unter Sultan **Suleiman I.** – der »Prächtige« oder der »Gesetzgeber« – seine größte Ausdehnung und reichte von Ungarn bis zur arabischen Halbinsel, einschließlich der heiligen Städte Mekka und Medina, und von Nordafrika bis zum Persischen Golf. Anders als in der Stadt am Bosporus waren die Belagerungen Wiens in den Jahren 1529 und 1683 jedoch nicht erfolgreich, und die »Türkengefahr« konnte von den Habsburgern und ihren Verbündeten abgewehrt werden; eine weitere Niederlage erlitten die Osmanen im Jahr 1571 in der **Schlacht von Lepanto** im Ionischen Meer, der verlustreichsten Seeschlacht der Geschichte. Auf die rasante territoriale Expansion folgte ein schrittweiser Gebietsverlust.

Machtkämpfe wurden auch im **Harem** zwischen den Müttern der Söhne des Sultans um die Nachfolge ausgefochten, und **Brudermorde** als »präventive Maßnahme zur Konfliktvermeidung« waren die Norm. Wichtige Herrschaftsstütze des Reichs waren die im Kindesalter aus christlichen Jungen (zumeist auf dem Balkan) rekrutierten **Janitscharen**, die Eliteeinheit des osmanischen Militärs und Leibgarde des Sultans. Das **Millet-System**, das Nichtmuslimen eine gewisse Autonomie zusicherte, ermöglichte ein weitestgehend friedliches Zusammenleben.

Nach dem Zusammenschrumpfen des Reichs und zahlreichen innenpolitischen und wirtschaftlichen Problemen sprach man im 19. Jahrhundert in Europa oft vom »kranken Mann am Bosporus«, der trotz aller Modernisierungsbestrebungen und der westlichen Unterstützung im Krimkrieg in den 1850er-Jahren gegen Russland nicht mehr zu alter Stärke zurückfand und nach der Niederlage im Ersten Weltkrieg an der Seite der Mittelmächte gemäß Diktatfrieden (Vertrag von Sèvres) und dem »Türkischen Befreiungskrieg« unter der Führung **Mustafa Kemal Atatürks** in einen säkularen, modernen Staat nach westlich-europäischem Vorbild überging.

WEITERE WELTWEITE KULTUREN, REICHE UND DYNASTIEN, DIE SIE KENNEN SOLLTEN

Die mittelamerikanische **Maya**-Kultur erlebte ihre Blütezeit, die sogenannte Klassik, zwischen dem 3. und 9. Jahrhundert. Als wichtigste Maya-Stätten in Mexiko gelten das auf der Yucatán-Halbinsel liegende **Chichén Itzá** und das u. a. von **Pakal dem Großen** (K'inich Janaab Pakal) beherrschte **Palenque** sowie **Tikal** in Guatemala und **Copán** in Honduras. Die Maya nutzten einen hochentwickelten Kalender sowie eine komplexe Schriftsprache und errichteten Tempelpyramiden, Paläste und Observatorien. Auch heute noch leben etwa sechs Millionen Angehörige verschiedener Maya-Ethnien vor allem als Bauern in Mexiko und Guatemala.

Die **Azteken** herrschten vom 14. bis 16. Jahrhundert über weite Teile Mittelamerikas; zu ihren bedeutendsten Herrschern (Tlatoani) zählen **Huitzilihuitl, Montezuma II., Itzcóatl** und **Ahuitzotl**. Die Hauptstadt **Tenochtitlán** (»Ort des Kaktus«) mitten im Texcoco-See bildete zusammen mit zwei weiteren Stadtstaaten, **Texcoco** und **Tlacopán**, den »aztekischen Dreibund«. In der Landwirtschaft nutzten sie schwimmende Gärten (Chinampas) und errichteten Aquädukte und Staudämme zur Be- und Entwässerung. Vor allem zu Ehren des jaguarköpfigen Sonnen- und Kriegsgottes **Huitzilopochtli** brachten sie in sogenannten Blumenkriegen erbeutete Menschen als Opfer dar, um den drohenden Weltuntergang zu verhindern - auch **Tlaloc, Tezcatlipoca** und **Quetzalcoatl** wurden auf diese Weise verehrt. Letztere gehörten bereits zum Pantheon der zwischen dem 10. und 12. Jahrhundert dominierenden voraztekischen Kultur der **Tolteken**. Viele gebräuchliche Wörter des Deutschen gehen zurück auf das von den Azteken gesprochene **Nahuatl**, z. B. Chili, Schokolade, Kakao und Tomate.

Die **Inka** eroberten in den südamerikanischen Anden vom 13. bis 16. Jahrhundert unter »Sapa Inka« **Cápac Yupanqui** und vor allem **Pachacútec Yupanqui** und dessen Sohn **Túpac Yupanqui** ein Reich, das das heutige Ecuador, Peru und Chile sowie Teile Kolumbiens, Boliviens und Argentiniens umfasste, wobei Völker wie die Chimú oder die Nazca unterworfen wurden. Auf dem Höhepunkt ihrer Macht gegen Ende des 15. Jahrhunderts soll ihr Reich Schätzungen zufolge mehr als neun Millionen Einwohner gehabt haben, die mehr als 250 verschiedenen Ethnien angehörten. Der Legende zufolge gegründet von den »Kindern der Sonne« Manco Cápac und Mama Ocllo, wurde **Cusco** zur Hauptstadt des in vier Teile geteilten Zentralstaats, den die Inka »Tawantinsuyu« nannten. Die 6000 Kilometer lange »Königstraße der Anden« (Qhapaq Ñan) war ein wichtiger Bestandteil eines ca. 40 000 Kilometer umfassenden Straßennetzes, obwohl die Inka vor der Ankunft der europäischen Eroberer weder das Rad noch Reittiere kannten. Nachrichten wurden von Schnellboten (Chaski) übermittelt, Lasten von Lamas transportiert. Die Inka verwendeten die Quipu genannte Knotenschrift, ein System aus geknoteten Schnüren aus unterschiedlich gefärbten Tierhaaren; ihre Sprache **Quechua** wird auch heute noch von fast acht Millionen Menschen gesprochen und ist damit die sprecherstärkste indigene Sprache des amerikanischen Doppelkontinents überhaupt. Weltweit bekannt sind die hoch in den peruanischen Anden gelegenen Ruinen von **Machu Picchu** (»alter Gipfel«), die zum UNESCO-Welterbe zählen.

Im Jahr 1235 gründete der zum Islam konvertierte Mandinka-Herrscher **Sundiata Keïta** das Königreich **Mali**. Das westafrikanische Reich, das auch die Gebiete des alten Reichs von Ghana umfasste, erstreckte sich von der Atlantikküste bis zum Territorium des modernen Staates Mali. Im 14. Jahrhundert erreichte es unter **Mansa Musa**, dessen immenser Reichtum vor allem auf den Goldvorkommen des Landes beruhte, seine Blütezeit. Der Oasenort **Timbuktu** stieg zum bedeutenden Handels- und Bildungszentrum auf, und auch die berühmten Lehmmoscheen dieser Stadt wurden in dieser Zeit gebaut. Im 15. Jahrhundert eroberte dann das **Songhai-Reich** unter Sonni Ali die Region.

Das Herrschaftsgebiet der **Khmer** (ca. 9. bis 15. Jahrhundert) in Südostasien mit seinem Schwerpunkt im heutigen Kambodscha erstreckte sich zeitweise von Myanmar (Birma) im Westen bis nach Vietnam im Osten; als Gründer des Reiches gilt **Jayavarman II.** Im Dschungel Kambodschas ließ **Suryavarman II.** im 12. Jahrhundert **Angkor Wat**, das damals wie heute größte religiöse Bauwerk der Welt, als Monument seiner Macht und zu Ehren des Hindu-Gottes Vishnu erbauen - aus präzise zugeschnittenem Sandstein, ganz ohne Mörtel. **Jayavarman VII.**, der mächtigste Khmer-König, öffnete das Reich Ende des 12. Jahrhunderts dem Buddhismus. Im 15. Jahrhundert zerbrach das Reich aus bis heute nicht geklärten Gründen und wurde von seinen thailändischen und vietnamesischen Nachbarn abhängig - klimatische Veränderungen und der Zusammenbruch des wichtigen Bewässerungssystems gelten als plausible Ursachen. Nicht zu verwechseln mit dem einstigen Khmer-Reich sind die **Roten Khmer**, ein für seine Schreckensherrschaft in Kambodscha und seine Gräueltaten berühmt-berüchtigtes kommunistisches Regime der 1970er-Jahre.

In Persien regierte die auf den Gründer eines Sufi-Ordens in Ardabil (Persisch-Aserbaidschan) zurückgehende Dynastie der **Safawiden** zwischen 1501 und 1722 und schuf die ideelle und materielle Grundlage für den modernen iranischen Staat. Unter ihrer Herrschaft wurde die als Zwölfer-Schia bezeichnete Konfession des Islams (so genannt, weil sie zwölf historische Imame anerkennt und die Wiederkehr des letzten davon für die Zukunft erwartet) zur offiziellen Religion des Landes. Unter Schah **Abbas I.**, »dem Großen«, erreichte das Reich Anfang des 17. Jahrhunderts seine größte Ausdehnung und erlebte, hauptsächlich in seiner neuen Hauptstadt **Isfahan**, eine Blütezeit von Kunst, Kultur und Wissenschaft. Durch interne Konflikte und erstarkte Nachbarn verlor es zum 18. Jahrhundert hin immer mehr an Macht und Bedeutung, und im Jahr 1722 fielen Paschtunen aus Afghanistan ins Land ein und nahmen den letzten Safawiden-Schah gefangen.

EUROPÄISCHES MITTELALTER

Am ersten Weihnachtstag des Jahres 800 wurde der König des Fränkischen Reichs von Papst **Leo III.**, der ihm aufgrund der zuvor gewährten militärischen Unterstützung gegen seine Gegner verpflichtet war, in Rom zum Kaiser gekrönt: **Karl der Große** erneuerte somit das Kaisertum im Westen, da bis dahin die Herrscher in Konstantinopel (»Byzanz«) als einzig legitime Nachfolger des Römischen Reichs galten. Der in Aachen residierende Monarch, der mit einer Körpergröße von 1,84 Metern nicht nur für die damalige Zeit recht groß gewachsen war, unterwarf in den **Sachsenkriegen** diese heidnische westgermanische Völkerschaft, gliederte sie in sein Reich ein und christianisierte sie. Er förderte die Bildung im gar nicht so »dunklen« Mittelalter, man spricht sogar von der **Karolingischen Renaissance**, und festigte seine Macht durch umfangreiche Verwaltungsreformen. Seine Nachfolger konnten das Frankenreich jedoch nicht zusammenhalten, und so wurde es unter den Söhnen von Karls Sohn **Ludwig** in das West-, Mittel- und Ostfrankenreich geteilt. Aus Ersterem sollte später Frankreich hervorgehen, aus Letzterem schließlich das seit dem Ende des 15. Jahrhunderts so genannte **Heilige Römische Reich Deutscher Nation**. Der Name des Herrschergeschlechts der **Karolinger**, zu dem Karl der Große zählte, geht auf dessen Großvater zurück: **Karl Martell** erweiterte ebenso wie sein Enkel das Fränkische Reich und wurde später von der Nachwelt durch seinen Sieg gegen die vorrückenden Araber in der Schlacht bei Poitiers im Jahr 732 als »Retter des christlichen Abendlandes« glorifiziert. Karls Vater **Pippin**, eigentlich Hausmeier (eine Art Verwaltungschef) bei den **Merowingern**, entwand ihnen schließlich ihren Thron.

Der sächsische Herzog **Otto** wurde, nachdem er im Jahr 955 die heidnischen Ungarn am Lechfeld in der Nähe Augsburgs und wenig später auch die Slawen schlug, als Retter der christlichen Welt gefeiert und im Jahr 962 ebenso wie Karl eineinhalb Jahrhunderte zuvor in Rom zum Kaiser gekrönt. Die Nachwelt sollte auch ihn »den Großen« nennen. Er stärkte nicht nur die Zentralmacht im Reich, sondern als Schutzherr der Kirche dazu das Christentum sowie das ostfränkische Königtum mit der antiken römischen Kaiserwürde. Viele Historiker datieren daher den Anfang des **Heiligen Römischen Reichs** auf seine Thronbesteigung.

Das Mittelalter war fortan geprägt von Machtkämpfen zwischen Kurie und Krone, zwischen der geistlichen (*sacerdotium*) und der weltlichen (*imperium*) Macht. So kam es im 11. Jahrhundert zum **Investiturstreit**: Wer durfte die wichtigen klerikalen Ämter der Äbte und Bischöfe besetzen? Der salische König **Heinrich IV.** sah dieses Recht klar bei sich und setzte sogar Papst **Gregor VII.**, oder wie er schrieb, »den falschen Mönch Hildebrand«, ab. Der Pontifex konterte mit einem **Kirchenbann** – und dieser zeigte Wirkung, denn Heinrichs Gegner im Reich drohten daraufhin, ihm die Gefolgschaft zu kündigen. Angesichts des drohenden Verlusts seiner Herrschaft begab sich der König im Winter 1077 ins oberitalienische Canossa, um dort barfuß im Büßergewand darum zu bitten, seine Exkommunikation aufzuheben. Diese Demütigung überzeugte den Papst, und er gab nach. Es sollte allerdings noch bis zum **Wormser Kon-**

kordat von 1122 dauern, bis ein wirklicher Kompromiss gefunden wurde: Was die Investitur geistlicher Würdenträger betraf, so verlieh die Kirche einem neuen Bischof die geistlichen Insignien Stab und Ring, und die Könige die weltlichen Machtzeichen Zepter und Schwert.

Nach Hilferufen aus Byzanz, das sich von den in Anatolien expandierenden türkischen **Seldschuken** bedroht sah, sowie Berichten über Ausschreitungen gegen im **Heiligen Land** lebende Christen, rief Papst **Urban II.** im Jahr 1095 zum **Heiligen Krieg** auf – dem ersten von bis 1270 insgesamt sieben **Kreuzzügen**. Muslime sollten aus dem Heiligen Land vertrieben und die Heiligen Stätten der Christenheit wieder unter christliche Herrschaft gebracht werden. Dem Aufruf folgte zunächst eine nur schlecht organisierte Menge zur bewaffneten Pilgerfahrt, und erst als ein kampferfahrenes Kreuzritterheer nachzog, eroberte man nicht nur Jerusalem, das ein furchtbares Blutbad erlebte, sondern gründete in der Folge gleich vier christliche Kreuzfahrerstaaten in der Levante. Das Königreich Jerusalem bestand jedoch nur knapp ein Jahrhundert, im Jahr 1187 brachte **Saladin**, der kurdischstämmige Sultan Ägyptens und Syriens, die Stadt erneut unter islamische Kontrolle. Trotz prominenter Beteiligung gelang beim Dritten Kreuzzug die Rückeroberung nicht, Kaiser **Friedrich Barbarossa** ertrank auf dem Weg im anatolischen Fluss Saleph, und auch der französische König **Philipp II.** und der englische König **Richard Löwenherz** erreichten Jerusalem nicht. Der nur wenig später begonnene Vierte Kreuzzug führte gänzlich vom eigentlich geplanten Weg ab: Die Kreuzritter plünderten Konstantinopel, die damals größte christliche Stadt der Welt. Damit wurde das **Schisma** von 1054 endgültig befestigt und eine Kirchenunion zwischen der römischen und der orthodoxen (Ost-)Kirche undenkbar. Während Westeuropa bereits christianisiert war, folgten zwischen dem 9. und 12. Jahrhundert große Teile Nord- und Osteuropas, wie z. B. Dänemark unter Harald Blauzahn und Ungarn unter Stephan I., gründend auf machtpolitischen Interessen und der Arbeit von Missionaren.

Mitte des 14. Jahrhundert starb binnen sieben Jahren ein Drittel der auf dem Kontinent lebenden Menschen an einer bakteriellen Infektionskrankheit. Der **Schwarze Tod** kam von Zentralasien und breitete sich über Rattenflöhe vornehmlich entlang der Handelsrouten aus. Manche vermuteten damals eine Strafe Gottes und beteten z. B. den Pestheiligen Sebastian an, andere machten die Juden fälschlicherweise dafür verantwortlich, woraufhin es zu einer Pogromwelle kam. Bis ins 18. Jahrhundert brach die **Pest** in Europa immer wieder aus, und in anderen Regionen der Erde erkranken noch heute rund 3000 Menschen pro Jahr, doch mithilfe von Antibiotika kann die Krankheit mittlerweile erfolgreich behandelt werden. Der Begriff Quarantäne geht übrigens auf die von Venedig angeordnete 40-tägige Isolation (ital. *quaranta*) für pestverdächtige Schiffe zurück.

Kaiser **Karl IV.** erließ mit der **Goldenen Bulle** im Jahr 1356 eines der bedeutendsten Gesetze des Mittelalters, das fortan die Regeln und Modalitäten der Wahl der römisch-deutschen Könige und Kaiser festlegte. Wahlberechtigt waren die sieben **Kurfürsten**: als geistliche Vertreter die Erzbischöfe von Trier, Mainz und Köln sowie als weltliche Vertreter der König von Böhmen (Habsburg), der Herzog von Sachsen (Wettin), der Markgraf von Brandenburg (Hohenzollern) und der Pfalzgraf bei Rhein (Wittelsbach). Im 17. Jahrhundert erlangten zwei weitere Reichsfürsten die Kurwürde, und der elitäre Kreis dieser Königsmacher wurde um den Herzog von Bayern und den Herzog von Braunschweig-Lüneburg erweitert. Die Krönung fand bis Mitte des 16. Jahrhunderts fast ausschließlich durch den Kölner Erzbischof im Aachener Dom statt, danach vornehmlich auch dort, wo zumeist die Wahl erfolgte, in Frankfurt am Main. **Karl V.** wurde im Jahr 1530 in Bologna als letzter König von einem Papst zum Kaiser gekrönt, doch das Heilige Römische Reich verlor als Reichsverband zunehmend an Bedeutung. Im 17. und 18. Jahrhundert avancierte **Preußen** zur europäischen Großmacht, und die Rivalität zwischen den Hohenzollern und Habsburgern dominierte fortan Mitteleuropa.

EINIGE BASICS ZU ENGLAND, DIE SIE KENNEN SOLLTEN

Nach dem Rückzug der Römer Anfang des 5. Jahrhunderts besiedelten verschiedene germanische Stämme, darunter die **Sachsen** und die **Angeln**, von denen sich der Name des Landes ableiten sollte, die Insel. Es bildeten sich verschiedene Königreiche wie **Wessex** und **Mercia**, und Missionare verbreiteten den christlichen Glauben. Wikingerinvasionen stellten eine ständige Gefahr dar, die u. a. der Ende des 9. Jahrhunderts regierende Alfred der Große erfolgreich abwehrte. Zeitweise herrschten darauffolgend dänische Könige wie **Sven Gabelbart** und **Knut der Große** über England. Ein aus Nordfrankreich kommendes normannisches Heer setzte im Jahr 1066 nach England über. Unter der Führung von Herzog **Wilhelm**, später treffend »der Eroberer« genannt, besiegte es die Angelsachsen in der **Schlacht von Hastings** und brachte das Inselreich unter seine Kontrolle.

Im Jahr 1215 zwangen englische Adlige ihren König **Johann I.**, Bruder von **Richard Löwenherz** und Sohn von **Eleonore von Aquitanien**, die einzige Person, die sowohl auf dem englischen als auch auf dem französischen Thron saß, zur Unterzeichnung der **Magna Charta**, eines der wichtigsten Dokumente der Rechtsgeschichte, das die Macht des Königs, dessen Schwäche bereits an seinem Namenszusatz »Ohneland« ersichtlich ist, einschränkte und damit einen wichtigen Schritt auf dem Wege zum modernen Staat darstellt. Den Adligen des Reiches wurden damit grundlegende politische Freiheiten und die Mitbestimmung bei Entscheidungen zugesichert, und alle freien Bürger wurden explizit vor königlicher Willkür geschützt.

Im 14. und 15. Jahrhundert bekämpften sich die englische und französische Krone im sogenannten **Hundertjährigen Krieg**, einem Konflikt um Besitzungen und vor allem die Thronfolge in Frankreich. Allerdings ist diese Bezeichnung nicht ganz korrekt, tatsächlich dauerte dieser Krieg, der auf beiden Seiten des Ärmelkanals die Herausbildung eines eigenständigen Nationalbewusstseins beförderte, ganze 116 Jahre (1337-1453)! Kurz nach seinem Ende versank England drei Jahrzehnte lang in einem folgenreichen Bürgerkrieg, der die männlichen Linien der auf den Thron Anspruch erhebenden Adelshäuser **York** und **Lancaster** letztlich auslöschte. Da Rosen die Wappen beider Familien zierten, werden diese blutigen Konflikte auch **Rosenkriege** genannt.

Nachdem Papst Clemens VII. der Bitte des englischen Königs **Heinrich VIII.**, dessen kinderlose Ehe mit **Katharina von Aragon** für nichtig zu erklären, nicht nachkam, lösten sich im Jahr 1531 die englischen Bischöfe von Rom und ordneten sich als **Anglikanische Kirche** dem **Tudor**-Monarchen Heinrich VIII. unter. Dieser entwickelte sich zu einem wahren Tyrannen und ließ nicht nur seine prominenten Berater Thomas Morus und Thomas Cromwell hinrichten, sondern auch zwei seiner insgesamt sechs Frauen, darunter Catherine Howard und Anne Boleyn. Letztere gebar ihm seine Nachfolgerin **Elizabeth I.**, unter deren Regentschaft die als unbesiegbar geltende Spanische Armada im Jahr 1588 geschlagen wurde, was den Aufstieg Englands zur globalen Seemacht beförderte. Sie ließ ihre Widersacherin **Maria Stuart** ermorden, doch deren Sohn **Jakob** sollte der kinderlosen Monarchin schließlich auf dem Thron folgen. Dieser trug als Erster sowohl die englische als auch die schottische Krone - aber es sollte noch bis 1707 dauern, bis diese fragile Personalunion in ein stabiles Königreich Großbritannien überging. Zwischenzeitlich wurde nach der Hinrichtung König **Karls I.** im Jahr 1649 zeitweilig die Monarchie abgeschafft und eine Republik (»Commonwealth«) unter dem »Lord Protector« **Oliver Cromwell** errichtet. In der **Glorious Revolution** von 1688/89 wurden dann mit der **Bill of Rights** die Rechte des Parlaments gegenüber dem König maßgeblich formuliert und gesichert. Unter Königin **Victoria**, deren 63-jährige Regierungszeit nur noch von **Elisabeth II.** übertroffen wurde, entwickelte sich Großbritannien zu einer konstitutionellen Demokratie, in der das Parlament und die darin vertretenen Parteien zum eigentlichen Machtzentrum wurden - fortan bestimmten Premierminister wie **Robert Peel, Benjamin Disraeli** und **William Gladstone** sowie das britische **Oberhaus** und vor allem das **Unterhaus** die Politik auf der Insel.

REFORMATION UND DREISSIGJÄHRIGER KRIEG

Im Oktober 1517 soll der Augustinermönch **Martin Luther** einen Brief mit 95 Thesen gegen den geschäftsmäßigen **Ablasshandel** vieler geistlicher Würdenträger an die Tür der **Schlosskirche zu Wittenberg** geschlagen haben. Mit dem Kauf von Ablassbriefen konnten Menschen sich von ihren Sünden befreien – oder wie der Dominikaner Johann Tetzel schrieb: »Wenn das Geld im Kasten klingt, die Seele in den Himmel springt.« Dies war durchaus ein lukratives Geschäftsmodell, das u.a. zur Finanzierung des Baus des Petersdoms diente.

Auch wenn bis heute unklar ist, ob der Thesenanschlag tatsächlich so stattgefunden hat, gilt dieser doch als Startschuss für die **Reformation**, infolge derer es zur Spaltung der Kirche in die römisch-katholische und die zahlreichen protestantischen **Konfessionen** kam. Der rhetorisch begabte Luther wurde vom Papst der **Ketzerei** beschuldigt und fand als Junker Jörg auf der thüringischen Wartburg Unterschlupf, wo er in kurzer Zeit das *Neue Testament* ins Deutsche übersetzte und so einen bedeutenden Einfluss auf die Entwicklung des Deutschen zu einer einheitlichen Schriftsprache leistete – so gehen etwa viele heute gebräuchliche Begriffe wie »Nächstenliebe«, »Herzenslust«, »Schandfleck«, »Lückenbüßer«, »Lästermaul« oder »Gewissensbisse« auf Luthers Übersetzungstätigkeit zurück. Auch durch den von **Johannes Gensfleisch**, besser bekannt als **Gutenberg**, über ein halbes Jahrhundert zuvor entwickelten und sich rasch verbreitenden Buchdruck mit beweglichen Lettern erreichte Gottes Wort die Menschen jetzt wesentlich schneller und direkter – im Sinne des Glaubensgrundsatzes Luthers, dass die Schrift die einzige Quelle des Glaubens sein sollte – *sola scriptura*.

Luther weigerte sich, seine Kritik an der römischen Kirche zurückzunehmen – berühmt geworden ist sein Ausspruch »Hier stehe ich. Ich kann nicht anders« auf dem Reichstag in Worms 1521. Daraufhin wurde er vom Papst nicht nur exkommuniziert, sondern von Kaiser **Karl V.** sogar mit der **Reichsacht** für vogelfrei erklärt, das bedeutet, jeder hätte ihn straflos umbringen dürfen. Dennoch schlossen sich viele Menschen seiner neuen Lehre an, darunter neben zahlreichen Theologen wie **Philipp Melanchthon, Huldrych Zwingli** und **Johannes Calvin** auch mächtige Fürsten. Im **Augsburger Religionsfrieden** konnte im Jahr 1555 mit der Formel *cuius regio, eius religio* (»wessen das Land, dessen die Religion«), die den jeweiligen Landesherrn freistellte, die Konfession ihrer Untertanen zu bestimmen, die vorübergehende Koexistenz von Protestantismus und Katholizismus im Reich ermöglicht werden.

Im Mai 1618 wehrten sich protestantische Adlige gegen die Rekatholisierung Böhmens und warfen drei Beamte des neuen aus Österreich stammenden Königs aus einem Fenster der Prager Burg. Diese überlebten den Sturz aus 17 Metern – allerdings nicht weil sie auf einen Misthaufen fielen oder sie die Jungfrau Maria vor dem Tod rettete (beide Erklärungen waren lange Zeit populär), sondern höchstwahrscheinlich, weil sie auf der schrägen Wand, zusätzlich geschützt von ihren dicken Mänteln, eher hinunterrutschten als fielen. Dieser **Zweite Prager Fenstersturz** – zwei Jahrhunderte zuvor hatte bereits eine »Defenestration« mit Todesfolge in der Stadt die Hussitenkriege ausgelöst – gilt als Ursache für den bis dato im wahrsten Sinne des Wortes verheerendsten Krieg der europäischen Geschichte. Nachdem bei der **Schlacht am Weißen Berg** im Jahr 1620 der kurzzeitig gestürzte böhmische König als mittlerweile zum Kaiser gewählter **Ferdinand II.** mit bayerischer und habsburgisch-spanischer Unterstützung sein Reich zurückeroberte, wurde aus einem lokalen Religionskonflikt ein den gesamten Kontinent einbeziehender Territorialkrieg.

Auf der einen Seite stand der Habsburger Kaiser mit seinen (Verwandten und) Verbündeten aus Spanien und den Mitgliedern der Katholischen Liga, z.B. dem zum Kurfürstentum beförderten Bayern. Angeführt wurden die katholischen Truppen über viele Jahre von Generalissimus **Albrecht von Wallenstein**, der allerdings im Jahr 1634 aufgrund seiner heimlichen Friedensbemühungen des Hochverrats beschuldigt und von kaisertreuen Offizieren ermordet wurde. Auf der anderen Seite standen u.a. die Schweden, auf dem Feld bis zu seinem Tod anno 1632 in Lützen angeführt von ihrem ambitionierten

König **Gustav II. Adolf**, das katholische Frankreich und die Mitglieder der Protestantischen Union wie etwa das Kurfürstentum Brandenburg.

Nach mehreren erfolglosen Friedensbemühungen konnte der Krieg nach über fünfjährigen Verhandlungen im Jahr 1648 in Münster und Osnabrück mit dem **Westfälischen Frieden** beendet werden. Diese katastrophalen 30 Jahre mit ihren Schlachten, Hungersnöten und Seuchen überlebte in großen Teilen Deutschlands oft nur ein Drittel der Bevölkerung, und es dauerte mancherorts über 100 Jahre, bis die Lebensverhältnisse wieder wenigstens halbwegs denen vor dem Krieg entsprachen.

Ein bedeutender Konflikt, dessen Bezeichnung ebenfalls genau seiner Dauer entspricht, war der **Siebenjährige Krieg** von 1756 bis 1763, an dem alle fünf europäischen Großmächte der damaligen Zeit beteiligt waren: Hauptsächlich standen Preußen und Großbritannien einer Allianz aus Russland, Frankreich, Österreich und Sachsen gegenüber. Da der Krieg sich nicht auf Europa beschränkte, sondern auch die Kolonien in Indien, Afrika und insbesondere Nordamerika miteinbezog, sprechen einige Historiker hierbei sogar vom ersten »Weltkrieg« der Neuzeit. Auch wenn er in Europa – dem Friedensschluss in Paris folgend – kaum zu territorialen Verschiebungen führte, etablierte sich Preußen unter **Friedrich dem II.** (dem »Großen«) als vollwertiges Mitglied im Konzert der Großmächte, sehr zum Missfallen **Maria Theresias** von Österreich und eines geschwächten Frankreichs, das seine Vormachtstellung in Kontinentaleuropa einbüßte. International waren die Folgen noch gewaltiger: Frankreich verlor einen Großteil seiner kolonialen Gebiete in Nordamerika an Großbritannien, was wiederum dessen Weg zur Weltmacht ebnete.

ENTDECKUNGEN UND EROBERUNGEN

Der genuesische Seefahrer **Christoph Kolumbus** sollte Ende des 15. Jahrhunderts für die spanische Krone einen Seeweg nach Indien finden – und gelangte in die **Neue Welt**. Er war durchaus nicht der erste Europäer, der den amerikanischen Kontinent betrat – der isländische Entdecker **Leif Eriksson** hatte dies bereits Anfang des 11. Jahrhunderts getan, doch als die Karavellen *Pinta* und *Nina* sowie *Santa Maria*, das dreimastige Flaggschiff, im Oktober 1492 Guanahani, eine Insel der Bahamas, ansteuerten, läutete dies die erste Atlantikverbindung zwischen den beiden Hemisphären ein. Wie bei den meisten großen Seefahrern sollte es nicht bei einer einzigen Reise bleiben, und so erkundete Kolumbus vornehmlich die karibischen Inseln. Zeitlebens blieb er der Auffassung, tatsächlich Asien erreicht zu haben, weshalb die indigenen Völker Amerikas auch heute noch oft als »Indianer« bezeichnet werden. Den rasch einsetzenden transatlantischen Transfer von Obst, Gemüse und Tieren bezeichnet man auch als »kolumbianischen Austausch« – Deutschland wurde später zum Land der Kartoffelesser und in Italien reiften fortan Tomaten.

Auf einen weiteren »Italiener«, der unter spanischer Flagge segelte, geht der Name des Doppelkontinents zurück: Der florentinische Medici-Banker **Amerigo Vespucci**, der zuvor die Finanzierung für Kolumbus' Fahrten bereitgestellt hatte, stach im reifen Alter von 50 Jahren selbst in See. Er erforschte vor allem die Ostküste Südamerikas und soll bei seiner zweiten Transatlantikreise der Erste gewesen sein, der von einem »Neuen Kontinent« sprach. Der deutsche Kartograf Martin Waldseemüller würdigte diese Erkenntnis im Jahr 1507 damit, dass er diesen Erdteil nach Amerigo benannte. Den von Kolumbus vergeblich gesuchten Seeweg nach Indien fand schließlich der Portugiese **Vasco da Gama**, der im Jahr 1498 als erster Europäer unter der Flagge seines Heimatlands über das Kap der Guten Hoffnung hinauskam.

Im Auftrag des kastilischen Herrschaftshauses sollte der Portugiese **Ferdinand Magellan** die Westroute zu den Gewürzinseln finden und initiierte so tatsächlich die erste Weltumsegelung, die den letzten praktischen Beweis für die Kugelgestalt der Erde erbringen sollte – anders als gelegentlich angenommen, glaubte damals durchaus nicht die Mehrheit der Gebildeten an eine flache Erde. Ganz um den Erdball schaffte es Magellan jedoch nicht: Seine Tour endete im Jahr 1521 auf Mactan, einer Insel des philippinischen Archipels der Visayas, wo er von Einheimischen unter Führung des Lokalherrschers Lapu-Lapu getötet wurde. Der Baske **Juan Sebastián Elcano** übernahm daraufhin das Kommando und schloss auf der *Victoria*, dem letzten verbliebenen von ursprünglich fünf Schiffen, die erste Weltumrundung ab. Ein ähnliches Schicksal wie Magellan ereilte den englischen Kapitän **James Cook**, der auf drei großen Reisen den Pazifik erkundete und im Jahr 1779 auf der Hauptinsel des Hawaii-Archipels, das er nach einem britischen Lord Sandwich-Inseln nannte, getötet wurde.

Die Namen der genannten Entdecker leben auch heute noch auf unseren Landkarten – als Meerenge in Südamerika, die Magellanstraße, als Inselgruppe (Cook-Inseln) und als höchster Berg Neuseelands (Mount Cook). In vielen geografischen Bezeichnungen lassen sich die Namen von Seefahrern und Entdeckern finden: Die größte Insel Australiens wurde nach dem Niederländer **Abel Tasman** benannt, ein Randmeer des Arktischen Ozeans nach seinem Landsmann **Willem Barents**, die Meerenge zwischen den Kontinenten Asien und Amerika nach dem Dänen **Vitus Bering**, den man auch den »Kolumbus des Zaren« genannt hat, die drittgrößte Stadt Kanadas nach dem Kapitän der Royal Navy **George Vancouver**, und die Meeresstraße zwischen der Südspitze Südamerikas und der Nordspitze der Antarktischen Halbinsel nach dem geadelten Freibeuter und ersten englischen Weltumsegler **Sir Francis Drake**.

Die auf Kolumbus' Entdeckung folgende Eroberung des mittel- und südamerikanischen Festlands für die spanische Krone trieben vornehmlich zwei aus der kargen spanischen Extremadura stammende Konquistadoren voran. Mit vergleichsweise kleinen Armeen nahm **Hernán Cortés** im Jahr 1521 Tenochtitlán, die Hauptstadt des Aztekenreichs, ein und löschte diese Hochkultur so gut wie aus. Elf Jahre später tat es ihm **Francisco Pizarro** gleich, der das Inka-Reich im heutigen Peru zerstörte. Ihre Widersacher **Montezuma II.** und **Atahualpa** hatten ihnen trotz quantitativer Überlegenheit wenig entgegenzusetzen. Der militärische Erfolg der Spanier lässt sich nicht nur auf überlegene Waffen und Ausstattung, u. a. Kavallerie – die Indigenen sahen zum ersten Mal in ihrem Leben Pferde – und durch die von der Reconquista im Mutterland kampferprobten Truppen zurückführen, sondern auch auf die Anfälligkeit der einheimischen Bevölkerung für eingeschleppte Krankheiten wie Pocken, Masern, Grippe sowie Infektionen durch Salmonellen, auf die ihr Immunsystem keine Antwort hatte. Seuchen rafften in manchen Regionen über 90 Prozent der Menschen hin.

KOLONIALISIERUNG UND DEKOLONIALISIERUNG

Das oberste Ziel der relativ eigenständig handelnden Konquistadoren war nicht die Erschließung neuer Gebiete für ihre Krone und deren Besiedlung durch Kolonisten, sondern die Suche nach Gold, Silber und anderen Schätzen – die Aneignung des Territoriums übernahmen wieder die Königreiche. Im **Vertrag von Tordesillas** wurden im Jahr 1494 die Herrschaftsbereiche der iberischen Königreiche Kastilien und Portugal mit päpstlicher Billigung im Atlantik westlich der Kapverdischen Inseln vom Nord- bis zum Südpol entlang einer imaginären Linie voneinander abgegrenzt – noch bevor man überhaupt ahnen konnte, was sich westlich dieser Linie alles verbarg! Ähnlich verfuhr man später in Asien mit dem **Vertrag von Saragossa** 1529, wobei die Grenze östlich der Molukken verlief. Während Portugal zunächst vor allem die Westküste Afrikas für sich beanspruchte, fasste es nach 1500 auch auf dem südamerikanischen Kontinent Fuß. Brasilien wurde nach der Entdeckung durch den Portugiesen **Pedro Álvares Cabral** portugiesische Kolonie. Fast der gesamte Rest Süd- und Mittelamerikas gelangte mit der Zeit unter die Kontrolle der kastilischen (ab 1516 der spanischen) Krone, die dort die Vizekönigreiche »Neuspanien« und »Peru« gründete.

Kaiser **Karl V.** nutzte die Einnahmen aus seinen Kolonien zur Finanzierung seiner europäischen Feldzüge und herrschte über ein Reich, in dem laut seinen Worten »die Sonne nie unterging« – zu diesem zählten ab 1565 auch die nach seinem Sohn benannten Philippinen. Das kleinere Portugal, das durch seinen Indienhandel zur führenden Handels- und Seemacht des 15. und 16. Jahrhunderts aufgestiegen war, sollte bereits im 17. Jahrhundert diesen Status wieder verlieren und sich, nachdem ihm seine europäischen Konkurrenten einen Großteil seiner asiatischen Kolonien entrissen hatten, auf den atlantischen Raum zurückziehen.

Das niederländische Kolonialreich, über das zu seinen Hochzeiten in der Mitte des 17. Jahrhunderts etwa die Hälfte des Welthandels umgeschlagen wurde, stützte sich auf autonome Handelskompanien wie die **Niederländische Ostindien-Kompanie** und die **Niederländische Westindien-Kompanie**, denen nicht nur Handelsmonopole, sondern auch Hoheitsrechte bei Landerwerb und Kriegsführung übertragen wurden. Durch Handels- und Landpachtverträge mit lokalen Herrschern erwarben sich die Niederländer ein Monopol auf den Handel mit Gewürzen, und die Ostindien-Kompanie gilt zudem als erste Aktiengesellschaft der Geschichte – jeder Bürger konnte Anteile an diesem Unternehmen erwerben. Auch die englische Krone setzte seit dem 17. Jahrhundert auf eine Kaufmannsgesellschaft: Die mächtige **British East India Company** wurde mit umfangreichen Privilegien und Rechten ausgestattet. Sie sollte schließlich den Niederländern den Rang ablaufen und die britische Kolonialherrschaft über Indien begründen. Nach dem Verlust der nordamerikanischen Kolonien übernahm der britische Staat Anfang des 18. Jahrhunderts wieder selbst die Kontrolle, und das Kolonialreich entwickelte sich mit der Zeit zum mit Abstand größten der Welt, sodass es zum Zeitpunkt seiner größten Ausdehnung (1922) über 450 Millionen Einwohner hatte und sich über ein Territorium von über 33 Millionen Quadratkilometern erstreckte, was einem Viertel der damaligen Weltbevölkerung sowie einem Viertel der Landfläche der Erde entsprach.

Das Deutsche Reich wurde als »zu spät gekommene Nation« erst in den 1880er-Jahren zur Kolonialmacht, um sich, wie sich Reichskanzler Bernhard von Bülow ausdrückte, auch einen »Platz an der Sonne« zu sichern. Auf der **Berliner Konferenz** 1885 teilten die europäischen Mächte mit der **Kongoakte** den afrikanischen Kontinent unter sich auf. Deutschland sicherte sich dabei Teile Ost- und (Süd-)Westafrikas, die neben ozeanischen Gebieten (Teile Neuguineas, Samoa) das Deutsche Kolonialreich bildeten, das vor dem Ersten Weltkrieg das der Fläche nach drittgrößte der Welt sein sollte. Die europäische

Kolonialherrschaft, nicht nur in Afrika, war immer wieder auch von erheblichen Gewalttaten gegenüber der einheimischen Bevölkerung geprägt. In den deutschen Kolonien muss man hier ausdrücklich den »Vernichtungskrieg« gegen die aufständischen **Herero** und **Nama** im heutigen Namibia und das Vorgehen der »Schutztruppe« gegen den **Maji-Maji**-Bund in Deutsch-Ostafrika (heute Tansania) erwähnen, dem nach manchen Schätzungen bis zu 300 000 Menschen zum Opfer fielen.

Auch der kleine belgische Staat kam spät zu seinem »Kolonialreich«: König **Leopold II.** erwarb nach 1876 mit dem Kongo-Freistaat zunächst eine Art Privatkolonie, die er nach den **Kongogräueln** 1908 jedoch dem belgischen Staat übergeben musste. Frankreich eroberte im 19. Jahrhundert große Teile des muslimischen Afrikas, beginnend mit dem Maghreb über die Sahara bis hin zu West- und Zentralafrika. Das sich hauptsächlich in West-Ost-Richtung ausbreitende Frankreich geriet im Wettlauf um Afrika mit dem grob von Norden nach Süden expandieren Großbritannien in der Nähe der sudanesischen Ortschaft Faschoda im Jahr 1898 aneinander, was beide Nationen an den Rand eines größeren Krieges brachte.

Der sich seit Kolumbus' Entdeckung entwickelnde transatlantische Warenaustausch wird oft mit dem Begriff des **Dreieckshandels** beschrieben: Mit europäischen Fertigwaren beladene Schiffe fuhren an die Küste Westafrikas und tauschten diese gegen versklavte Menschen, die dann nach Amerika gebracht und dort verkauft wurden. Erneut beladen, diesmal mit Zucker, Tabak oder Baumwolle, ging es dann zurück nach Europa. Die Anzahl der Afrikaner, die auf diese Weise als menschliche Ware verkauft wurden, wird heute auf etwa zwölf Millionen geschätzt. Vier bis fünf Millionen Menschen wurden gewaltsam auf die Inseln der Karibik und ins spanische Südamerika verfrachtet, vier bis fünf Millionen gelangten nach Brasilien, und eine halbe Million wurde als **Sklaven** nach Nordamerika und später in die USA verkauft. Die Dunkelziffer liegt dabei sicher weit höher – viele weitere Millionen Menschen starben bei ihrer Gefangennahme und Verschleppung oder auf der Überfahrt, bei der fast jeder Fünfte aufgrund der katastrophalen Verhältnisse auf den Schiffen ums Leben kam. Die europäischen **Sklavenhändler** nahmen dabei die Sklaven gewöhnlich nicht selbst gefangen, sondern ließen sie sich von afrikanischen Zwischenhändlern und Fürsten aus Königreichen wie dem der **Aschanti** im heutigen Ghana oder dem der **Dahomey** im heutigen Benin zuführen. Diese kontrollierten das afrikanische Hinterland und profitierten erheblich vom Menschenhandel mit den Europäern. Die Sklaven wurden vor allem an Plantagenbesitzer verkauft, die mit diesen billigen Arbeitskräften in Südamerika und der Karibik vornehmlich Zuckerprodukte, später auch Kaffee, und in Nordamerika zunächst vor allem Tabak, dann auch Baumwolle mit großem Profit produzieren konnten. Wer nicht auf einer Plantage landete, diente im Haushalt oder beim Transport; viele schufteten auch in Bergwerken, wo Edelmetalle wie Gold und Silber abgebaut wurden.

Bis zum Ende des 18. Jahrhunderts nahm die Anzahl der Versklavten stetig zu, bevor sie unter dem Druck über diese Praxis empörter Menschen in Europa und den Kolonien selbst (**Abolitionisten**) schrittweise abgeschafft wurde. Das britische Parlament verabschiedete im Jahr 1806 ein **Verbot des Sklavenhandels**, in den Kolonien endete die Sklaverei selbst dann im Jahr 1833. In den USA wurde sie erst während des Amerikanischen Bürgerkriegs 1863 abgeschafft, und in Brasilien, das im 19. Jahrhundert mit großem Abstand zur Hauptdestination wurde, sogar erst im Jahr 1888 untersagt.

In der ersten Hälfte des 19. Jahrhunderts löste sich das spanische Kolonialreich innerhalb kürzester Zeit fast vollständig auf. Unter der Führung des aus einer wohlhabenden kreolischen Familie stammenden Libertadors **Simón Bolivár** sowie seiner bis heute als Freiheitskämpfer verehrten Verbündeten wie **José de San Martín** und **Antonio José de Sucre** konnten weite Teile Südamerikas – nicht ohne Gewalt – ihre Unabhängigkeit erlangen, und souveräne Staaten wie Venezuela, Kolumbien, Chile, Argentinien und Bolivien (benannt nach Bolivár mit der nominellen Hauptstadt Sucre) entstanden. Im Jahr 1821 erlangte Mexiko die Unabhängigkeit, und ein Jahr später wurde die portugiesische Kolonie Brasilien als neu entstandenes Kaiserreich souverän, allerdings blieb die Verbindung zum europäischen »Mutterland« durch das auf beiden Seiten des Atlantiks regierende Haus der **Braganza** vorerst noch sehr stark.

In Asien und Afrika setzte eine Entkolonisierungswelle erst nach dem Zweiten Weltkrieg ein: **Indien, Burma** und **Ceylon** erlangten Ende der 1940er-Jahre ihre Unabhängigkeit von Großbritannien, ebenso wie Indonesien von den Niederlanden; einige Jahre später lösten sich **Vietnam, Laos** und **Kambodscha** von Frankreich. 1960 schließlich gilt als das **Afrikanische Jahr** – 18 Kolonien wurden in diesem Jahr unabhängig, u.a. **Niger, Senegal** und **Mali** von Frankreich, **Nigeria** von Großbritannien und die heutige **Demokratische Republik Kongo** (zwischenzeitlich Zaire) von Belgien. Ein »wind of change« wehte über den Kontinent, wie der britische Premierminister Harold Macmillan dies vor dem südafrikanischen Parlament metaphorisch treffend bezeichnete. Dass die Dekolonisation oft friedlich verlief, ist nicht nur auf neue Wertvorstellungen zurückzuführen, sondern hatte auch wirtschaftliche Gründe: Der Unterhalt der Kolonien war für die europäischen Nationen meist schlicht zu teuer geworden. Portugal hielt länger als die anderen europäischen Kolonisatoren an seinem »Besitz« fest, und **Mosambik** und **Angola** wurden erst nach blutigen Bürgerkriegen (und einer Revolution im Mutterland) im Jahr 1975 unabhängig.

Obwohl viele der Gründungsregierungschefs der jungen afrikanischen Länder durchaus als Intellektuelle bezeichnet werden können, wie etwa **Kwame Nkrumah** in Ghana, **Léopold Sédar Senghor** im Senegal, **Julius Nyerere** in Tansania und **Jomo Kenyatta** in Kenia, erwiesen sich das Fehlen einer funktionierenden Zivilgesellschaft, korrupte Eliten, eine hauptsächlich auf Rohstoffexport ausgerichtete Wirtschaft und insbesondere die willkürliche Grenzziehung aus der Kolonialzeit ohne Rücksicht auf Ethnien als große Herausforderung für Stabilität, Wachstum und Rechtsstaatlichkeit. Südafrika entwickelte sich sogar zum international geächteten **Apartheidstaat** mit strikter Rassentrennung, bis **Nelson Mandela** im Jahr 1994 zum ersten schwarzen Präsidenten gewählt wurde und dieser ein Ende setzte.

EINIGE BASICS ZU DEN USA, DIE SIE KENNEN SOLLTEN

Im heutigen Virginia gründeten englische Siedler im Jahr 1607 mit dem nach ihrem damaligen König benannten **Jamestown** die erste englische **Kolonie** auf dem nordamerikanischen Kontinent, und in **Neuengland** landeten 1620 die später zum Mythos gewordenen **Pilgerväter** auf der Galeone *Mayflower*. Nach anfänglich harten Jahren wurden die wachsenden Kolonien wirtschaftlich sehr erfolgreich und entwickelten zunehmend ein Bewusstsein eigener Identität, was immer mehr zu Spannungen mit dem englischen Mutterland führte.

Im Hafen von Boston stürmten als Mohawk (Irokesen) verkleidete Kolonisten im Jahr 1773 mit Tee beladene britische Schiffe und warfen die Fracht über Bord. Dieser als **Boston Tea Party** bekannte Protestakt richtete sich insbesondere gegen die Besteuerung der Kolonien, ohne dass diese im britischen Parlament vertreten waren (*no taxation without representation*). Dies sollte der Startschuss für die Gründung der **Vereinigten Staaten von Amerika** sein. Am 4. Juli 1776 vollzogen 13 britische Kolonien in Nordamerika ihre Loslösung von Großbritannien mit der Unterzeichnung der hauptsächlich vom späteren Präsidenten **Thomas Jefferson** verfassten **Unabhängigkeitserklärung**. Nach dem **Amerikanischen Unabhängigkeitskrieg** folgten die Verabschiedung der Verfassung des neuen demokratischen Staates im Jahr 1787 in Philadelphia und die quasi einstimmige Wahl **George Washingtons** zum ersten Präsidenten der USA. Die Hauptstadt wurde im Jahr 1800 in die nach ihm benannte Planstadt verlegt, und der junge Staat expandierte fortan kontinuierlich. Zahlreiche **Bundesstaaten** schlossen sich ihm freiwillig an, doch auch Landkäufe wie der Louisiana Purchase (1803), der das Gebiet des jungen Staates verdoppelte, ein Krieg gegen Mexiko, die Annexion von Texas sowie Siedler, die die Westgrenze (»Frontier«) schrittweise bis zur Pazifikküste verschoben, erweiterten das Territorium der Union immer mehr. Dazu trug sicher auch der verbreitete Glaube bei, dass es göttliche Bestimmung sei, die die USA verpflichte, ihr Gebiet und ihren Einfluss auf dem Kontinent immer weiter auszubreiten **(Manifest Destiny)**. Nun war das Land keinesfalls menschenleer, und so ging mit dieser Eroberung oft die Entrechtung, Vertreibung und Ermordung zahlloser Angehöriger indigene Völkerschaften einher.

Im Jahr 1860 erlebten die USA ihre wohl größte existenzielle Krise: Nach der Wahl **Abraham Lincolns** zum Präsidenten erklärten immer mehr südliche Bundesstaaten ihren Austritt aus der Union. Ihre Wirtschaft basierte maßgeblich auf der Sklaverei, und die Südstaatler sahen in dem neuen Staatsoberhaupt aus dem Norden eine Gefahr für ihre Lebensweise und ihren Wohlstand. Es folgte ein vierjähriger

Bürgerkrieg zwischen den in der **Konföderation** vereinigten Südstaaten und den in der **Union** verbliebenen Nordstaaten, die letztlich die Oberhand behielten, die Sezession rückgängig machten und die im Krieg von Lincoln öffentlich bekannt gegebene **Emanzipationsproklamation** zur Befreiung der Sklaven umsetzten, die den politischen Rahmen für die Abschaffung der Sklaverei schuf. Der im Mount Rushmore verewigte US-Präsident fiel wie drei seiner Amtsnachfolger einem Attentat zum Opfer.

Ende des 19. Jahrhunderts erlebten die von Immigration geprägten USA die größte **Einwanderungswelle** ihrer Geschichte: Nachdem bereits Mitte des Jahrhunderts Millionen von Iren, ausgelöst durch die Große Hungersnot, Deutsche und Engländer ihr Glück in der Neuen Welt gesucht hatten, landeten nun insbesondere Menschen aus Süd- und Osteuropa auf Ellis Island, einer durch künstliche Landgewinnung entstandenen Insel im Hudson River in New York City, die als Sitz der Einwanderungsbehörde fungierte. Der Wappenspruch *E pluribus unum* (»Aus vielen eines«), der sich ursprünglich auf die einzelnen Bundesstaaten bezog, die zusammen die Vereinigten Staaten bildeten, wies nun auch auf den Schmelztiegel einer multiethnischen Gesellschaft hin.

VOM SONNENKÖNIG BIS BISMARCK

Ludwig XIV. regierte als »Sonnenkönig« 72 Jahre über Frankreich. Auch wenn er das berühmte Bonmot »L'état, c'est moi« (»Der Staat bin ich«) wohl nie gesagt hat, drückt es einen Kerngedanken des **Absolutismus** sehr treffend aus: Die absolute Macht liegt in den Händen des Monarchen. In der kollektiven Vorstellung wurde die bis 1715 reichende Regierungszeit des kunstsinnigen Königs oft auf die prunkvolle Hofkultur im gigantischen **Schloss von Versailles** verkürzt. Diese diente

Ludwig XIV. jedoch mitnichten nur der Unterhaltung und Selbstinszenierung, sondern folgte auch einem machtpolitischen Kalkül. So band er potenziell gefährliche Adelige an sich und den Hofstaat und erwies sich, mit Unterstützung seines Erziehers und Paten **Jules Mazarin** und später des Finanzministers **Jean-Baptiste Colbert**, als cleverer Regent: Er baute die Verwaltung aus und sicherte sich regelmäßige Steuereinnahmen, modernisierte die Armee und förderte das merkantilistische, auf Handelsüberschüsse abzielende Wirtschaftssystem. Durch zahlreiche Kriege (**Holländischer Krieg**, **Pfälzischer** und **Spanischer Erbfolgekrieg**) und eine expansive Außenpolitik löste er Frankreich aus der territorialen Umklammerung des Hauses Habsburg. Nachahmer fand der absolutistische Herrschaftsstil viele, in Deutschland imitierte z.B. der Kurfürst Sachsens, **August der Starke**, den bourbonischen Dauerherrscher. Im Gegensatz zu dem späteren in Dresden residierenden König von Polen achteten viele ambitionierte Landesfürsten hingegen nicht auf die Einnahmenseite – sie etablierten die kostspielige französische Hofkultur auf Kosten der sich schnell leerenden Staatskasse.

Eigentlich wollte der absolutistisch regierende französische König **Ludwig XVI.** die **Generalstände** im Jahr 1789 nur zusammenrufen, um sich angesichts einer drohenden Staatspleite neue Steuern absegnen zu lassen – wenig später verlor er dann nicht nur seine Krone, sondern auch sein Leben. Zum ersten Mal nach 175 Jahren kamen Vertreter der Geistlichkeit (erster Stand), des Adels (zweiter Stand) und der Kaufleute, Handwerker und vor allem Bauern, die dem dritten Stand angehörten, zusammen. Nur Letztere waren abgabenpflichtig und entrichteten bereits einen nicht unerheblichen Betrag an Kirche und König. Obwohl zum dritten Stand knapp 98 Prozent der französischen Bevölkerung zählten, entsendeten sie genauso viele Vertreter wie jeweils Klerus und Nobilität in das Gremium. Genährt vom aufklärerischen Gedankengut und demokratischen Erfolgsgeschichten auf der anderen Seite des Atlantiks, wurden kurzerhand die Generalstände vom dritten Stand zur **Nationalversammlung** erklärt.

Rechts und links

Im Parlament nahmen die Aristokraten und Königstreuen rechts vom Präsidenten der Nationalversammlung Platz, links die republikanisch gesinnten Revolutionäre. Diese eher zufällige physische Anordnung etablierte sich im allgemeinen Sprachgebrauch zur Einordnung der politischen Orientierung: »Rechts« gilt als konservativ, »links« als progressiv. Diese nach wie vor gerne verwendete eindimensionale Skala zur Einordnung im politischen Spektrum ist jedoch zu simpel und damit nur bedingt aussagekräftig.

Mit dem oft als Startschuss für die bereits längst im Gange befindliche **Französische Revolution** missverstandenen blutigen **Sturm auf die Bastille**, dem fast insassenlosen Pariser Gefängnis, bewaffnete sich das Volk zum Schutz gegen die Truppen des Königs, denn die Bastille diente zu jener Zeit vor allem als Munitions- und Waffenlager (*Aux armes, citoyens!*). An die zum nationalen Mythos verklärte Erstürmung am 14. Juli erinnert Frankreich jedes Jahr mit Paraden und pompösen Feierlichkeiten, wenn es seinen Nationalfeiertag begeht.

Die Rufe nach **Brüderlichkeit** (*fraternité*), **Gleichheit** (*égalité*) und **Freiheit** (*liberté*) mündeten in die wegweisende **Erklärung**

der Menschen- und Bürgerrechte wenig später. Neben den republikanischen Aspirationen war es aber vor allem der erdrückend hohe Brotpreis, der die hungrigen Menschen auf die Straße und zu den Waffen führte – eine nicht seltene Triebfeder von Revolutionen.

Die Revolution sollte jedoch so schnell kein Ende finden: Paris wurde zum Laboratorium sich stetig radikalisierender Debatten. Nachdem man bereits die Macht Ludwig XVI. durch die Etablierung einer konstitutionellen Monarchie massiv beschnitten hatte, war der Schritt zur Ausrufung der **Republik** und der damit verbundenen Absetzung des Königs die logische Folge. Dies konnte auch keine internationale Koalition von Monarchen verhindern, vielmehr mag der Krieg Österreichs und Preußens gegen Frankreich zur Erhaltung der Monarchie und Erstickung revolutionär-republikanischen Gedankenguts die Radikalisierung nur weiter befeuert haben. So erstürmten die **Sansculottes** (»ohne Kniebundhosen«, die meist von Aristokraten getragen wurden) im Sommer 1792 den **Königspalast**. Mehrere Monate später wurde Ludwig XVI. zum Tode verurteilt und am 21. Januar 1793 mit der **Guillotine** hingerichtet. Es sollte nicht der letzte Kopf bleiben, der mit dem scharfen Fallbeil vom Rumpf getrennt wurde – in der Folge färbte das Blut Tausender Franzosen die Pariser Straßen rot, denn die ausgerechnet als **Wohlfahrtsausschuss** bezeichnete provisorische Regierung ging mit äußerster Brutalität gegen alle vermeintlichen Gegner der Revolution vor. Niemand konnte mehr sicher sein, und so wurde mit **Maximilien Robespierre** selbst das Gesicht der Schreckensherrschaft im Jahr 1794 festgenommen und hingerichtet – die Revolution frisst bekanntlich ihre eigenen Kinder.

Fernab der Pariser Wirren machte sich auf den Schlachtfeldern Europas ein junger Korse einen Namen: **Napoleon Bo-**

naparte. Die zahlreichen Meldungen seiner Siege ließen seine Popularität bei Heer und Volk schnell wachsen, und dem äußerst ambitionierten Offizier gelang es danach in der französischen Hauptstadt sukzessive, die Macht an sich zu reißen, um schließlich im Jahr 1799 die Revolutionsregierung zu stürzen und als Erster Konsul das Land zu reformieren. So veröffentlichte er mit dem **Code civil** eines der bedeutendsten Gesetzeswerke der Neuzeit. Der General krönte sich im Jahr 1804 schließlich in Nôtre-Dame de Paris unter den Augen des Papstes selbst zum »Kaiser der Franzosen«.

Als Heerführer eroberte er zahlreiche Gebiete, setzte seine Brüder als Könige neuer **Vasallenstaaten** ein und ordnete teils drastische Gebiets- und Rechtsreformen an. Im Jahr 1805 feierte Napoleon bei der **»Dreikaiserschlacht« von Austerlitz** mit dem Sieg über Österreich und Russland seinen wohl größten militärischen Triumph und beendete de facto das Heilige Römische Reich Deutscher Nation, das sich ein Jahr später auflöste. Der kreative Kriegsherr etablierte mit der aus dem besetzten Berlin verfügten **Kontinentalsperre** sogar eine neue Kriegsform: den **Wirtschaftskrieg**. Mit dem radikalen Importstopp für sämtliche Güter sollte die britische Insel zu günstigen Verhandlungen gebracht werden. Sein erstes »Waterloo« erlebte Napoleon, als er im Jahr 1812 mit seinem ehemaligen Verbündeten, dem russischen Zaren, brach und seine Truppen nach Moskau marschieren ließ. So weit kamen diese allerdings gar nicht, der **Russland-Feldzug** wurde zum Desaster: Zehntausende Soldaten erfroren in der russischen Kälte, und das erfolgsverwöhnte Taktikgenie musste wieder umkehren.

In der Folge befreite sich der Kontinent vom französischen Joch, und nachdem Napoleon die sogenannte **»Völkerschlacht« bei Leipzig** im Jahr 1813 gegen das Trio Russland, Preußen und

Österreich verloren hatte, wurde der französische Kaiser auf die italienische Mittelmeerinsel Elba verbannt. Dem Stehaufmännchen mit den für die damalige Zeit nicht kleinen Maßen von 1,66 Metern gelang es, noch einmal zurückzukehren, nur um nach etwa 100 Tagen bei der Schlacht in der Nähe des belgischen südlich von Brüssel gelegenen **Waterloo** vernichtend geschlagen und auf die wesentlich weiter entfernte Atlantikinsel St. Helena verbannt zu werden, wo er schließlich im Jahr 1821 starb.

Auf dem **Wiener Kongress** (1814/15) wurde Europa territorial wieder neu geordnet, und unter der Leitung des geschickten österreichischen Chefdiplomaten **Klemens Fürst von Metternich** schufen die über 200 teilnehmenden großen und kleinen bis hin zu Kleinststaaten eine Ordnung, die zumindest für einige Jahrzehnte (für europäische Verhältnisse eine halbe Ewigkeit!) den zwischenstaatlichen Frieden sicherstellte, allerdings auf Kosten der Freiheits- und Bürgerrechte: In Frankreich wurden die Bourbonen wieder auf dem Königsthron installiert, und ihre royalen Kollegen auf dem Kontinent waren gewarnt. Um das Schicksal Ludwigs XVI. zu vermeiden, fokussierten sich viele Herrscher fortan auf die Unterdrückung jeglicher demokratischen und republikanischen Bestrebungen. Doch die lodernde Flamme der Freiheit ließ sich nicht mehr ersticken. Eine potenziell explosive Mischung entstand, als sich zu dem Wunsch der politischen Mitsprache eine zweite mächtige identitäre Handlungstriebfeder gesellte: der **Nationalismus**. Denn was heute oft als natürlich und selbstverständlich gesehen wird, bildete sich vielerorts erst im 19. Jahrhundert heraus. Anders als in Frankreich gab es so etwas wie einen deutschen Nationalstaat noch gar nicht, und die Idee einer »deutschen Nation« musste sich erst herausbilden. Zahlreiche »deutsche« eigenständige Fürstentümer (z.B. Schaumburg-Lippe, Anhalt-Köthen),

Herzogtümer (z.B. Sachsen-Coburg, Nassau) und Städte (z.B. Lübeck, Frankfurt) bildeten zwar seit 1815 das Staatenbündnis **Deutscher Bund**, gaben aber so gut wie keine Souveränitätsrechte ab. Doch bereits während der sogenannten **Befreiungskriege**, der Aufstandsbewegung gegen Napoleon, zuvor war in der Bevölkerung, vor allem bei den Eliten, über die Grenzen der Gliedstaaten hinweg ein Gefühl der nationalen Verbindung entstanden, das im Wunsch nach einer nationalen Vereinigung seinen Ausdruck fand. Auch infrastrukturell (Eisenbahn) und wirtschaftlich wuchs Deutschland zusammen, z.B. durch den Handelshemmnisse abbauenden Deutschen Zollverein, dessen Gründung der Unternehmer und Ökonom Friedrich List maßgeblich förderte. Auch ein einheitlicher italienischer Nationalstaat entstand im 19. Jahrhundert (»Risorgimento«) durch die Ausrufung des Königreichs und die spätere Einnahme Roms.

Im Jahr 1848 überzog ein revolutionärer Flächenbrand große Teile Europas. Menschen gingen in Paris, Wien und Berlin für Freiheits- und Mitspracherechte und gegen die Machtfülle der Monarchen auf die Barrikaden. Durch die Straßenkämpfe im Zuge der **Revolutionen** wurden die Könige und Herzöge zwar nicht auf die Straße gesetzt, aber gewisse Grundrechte und Mitgestaltungsmöglichkeiten konnte man ihnen abringen. Als Nebeneffekt entwickelte sich zunehmend ein Wir-Gefühl, gefestigt durch nationale Narrative und Mythen sowie aufkommende oder wiederentdeckte Nationaldichter.

Der erste Versuch einer staatlichen Einigung Deutschlands scheiterte im Jahr 1849 jedoch: Nach langen Debatten in der Nationalversammlung in der **Frankfurter Paulskirche** konnten sich die Abgesandten auf eine konstitutionelle Monarchie im Rahmen der seinerzeit so genannten kleindeutschen Lösung (also ohne Österreich) mit einem demokratisch gewählten Parlament und unveräußerlichen Menschen- und Bürgerrechten einigen. Das Problem: Der als Kaiser vorgesehene preußische König **Friedrich Wilhelm IV.** lehnte die Krone ab – als Herrscher von »Gottes Gnaden« könne sie nicht vom Volk kommen.

Ausgerechnet im **Spiegelsaal** von Versailles bei Paris wurde am 18. Januar 1871 **Wilhelm I.**, der jüngere Bruder und Nachfolger Friedrich Wilhelm IV., dann als preußischer König zum Kaiser proklamiert. Damit wurde die Einigung Deutschlands zum modernen Nationalstaat vollzogen. Mit der Gründung des Deutschen Reichs krönte auch der preußische Ministerpräsident **Otto von Bismarck** seine raffinierte Machtpolitik, die den Weg zum Kaiserreich ebnete. Militärische Auseinandersetzungen waren für ihn kein Ende der Politik, sondern ihre bloße Weiterführung im Sinne des Offiziers und Militärtheoretikers Carl von Clausewitz. Mit »Blut und Eisen« und durch die drei **Einigungskriege** gegen Dänemark (1864), Österreich (1866) und schließlich Frankreich (1870/71) formte der erste Reichskanzler das preußisch dominierte **Deutsche Kaiserreich**.

Der »Eiserne Kanzler« sollte bis zu seiner Entlassung im Jahr 1890 durch den jungen Kaiser **Wilhelm II.**, der im **Dreikaiserjahr** 1888 auf den Thron gekommen war, das Reich prägen wie kein Zweiter. Innenpolitisch begründete Otto von Bismarck mit der Einführung der staatlichen Sozialversicherungen den modernen Sozialstaat, während er mit den **Sozialistengesetzen** gleichzeitig eine massive Repressionspolitik gegenüber linken Vereinen und Parteien betrieb. Im sogenannten **Kulturkampf** bekämpfte er im protestantisch dominierten Nationalstaat den Einfluss der katholischen Kirche und stärkte den Staat, z. B. durch die Einführung der Zivilehe, die Streichung finanzieller Zuschüsse an kirchliche Einrichtungen (Brotkorbgesetz) und das Verbot für Geistliche, sich politisch zu äußern (Kanzelparagraf). Dennoch kam die katholische **Zentrumspartei** bei den Reichstagswahlen weiterhin auf über 20 Prozent, und die Sozialisten konnten ihre Anteile stetig vergrößern. Außenpolitisch knüpfte er ein friedensstiftendes Bündnissystem mit Partnern wie Russland und Österreich-Ungarn, das Deutschland als europäische Zentralmacht festigte und ein dem Reich gefährlich werdendes Wiedererstarken Frankreichs verhinderte. Nachdem der »Lotse von Bord gegangen war«, erhöhten Kaiser Wilhelms II. imperialistische Ambitionen das Konfliktpotenzial in Europa wieder erheblich und machten die Erfolge von Bismarcks sorgsam durchdachter Bündnispolitik teilweise zunichte.

INDUSTRIALISIERUNG

Ab dem 18. Jahrhundert setzte in Europa (zuerst im Norden Englands) ein kontinuierlicher Anstieg der wirtschaftlichen Produktivität ein. Viele Waren konnten durch technische Erfindungen und deren ständige Verbesserung sowie den Einsatz von Maschinen, die vermehrt mit fossilen Energieträgern wie Kohle betrieben wurden, von spezialisierten Arbeitern in immer kleinteiliger werdenden Einzelprozessen immer günstiger hergestellt werden – die industrielle Produktionsweise setzte sich durch. Erstes Symbol dieser **Industriellen Revolution** war die **Dampfmaschine**, bei der durch Erhitzung von Wasser Dampf erzeugt und mit dem entstehenden Druck dann mechanische Arbeit geleistet werden kann. Als Erfinder dieser seit 1712 ersten industriell genutzten »Wärmekraftmaschine« gilt der Engländer **Thomas Newcomen**. Der Schotte **James Watt** sollte etwa 50 Jahre später ihren Wirkungsgrad verbessern und sie so weiterentwickeln, dass sie als Antriebsmaschine in verschiedensten

Bereichen wie etwa der Landwirtschaft oder der Textilindustrie eingesetzt werden konnte. In Textilfabriken konnten mit der von **Thomas Hargreaves** entworfenen **»Spinning Jenny«** mehrere Garnspindeln gleichzeitig gesponnen werden, und später steigerte der dampfkraftbetriebene **mechanische Webstuhl** von **Edmund Cartwright** die Produktivität noch weiter.

P.S. 735 Watt

Heute ist die physikalische Einheit der Leistung (Energieumsatz pro Zeitspanne) nach **James Watt** benannt - aus Marketinggründen schuf er selbst eine andere Einheit, die sich bis heute zumindest beim Reden über Automobile gehalten hat: die **Pferdestärke**, kurz PS.

Die zunehmende Mechanisierung der Arbeit schuf die Grundlage für das entstehende **Fabriksystem**, eine auf innerbetrieblicher Arbeitsteilung und Maschinennutzung beruhende neue Produktionsform, die auf Handarbeit gestützte **Manufakturen** und Einzelgewerbebetriebe immer weiter zurückdrängen sollte.

Die Konstruktion der ersten funktionsfähigen **Dampflokomotive** im Jahr 1804 durch **Richard Trevithick** sowie deren Weiterentwicklung und erster Einsatz durch **George Stephenson** 20 Jahre später im Nordosten Englands beschleunigten und verbilligten den Transport von Waren und Personen deutlich. Im Jahr 1835 rollte dann auch erstmals in Deutschland zwischen Nürnberg und Fürth eine Eisenbahn über die Gleise. Dieses neue Verkehrsmittel erhöhte die Nachfrage nach Eisen und Stahl enorm, und so wurden u. a. das Ruhrgebiet und die englischen Midlands mit Tausenden von Hochöfen, in denen mit dem Bessemer- oder dem Puddelverfahren die Eisen- und Stahlgewinnung erheblich verbessert und gesteigert werden konnte, zu Zentren der Schwerindustrie. Die für die damit verbundenen Prozesse erforderliche Energie lieferte die von Millionen von Bergarbeitern unter und über Tage geförderte Kohle.

Im Jahr 1866 schuf der Deutsche **Werner von Siemens** mit der Entwicklung des ersten **elektrischen Generators**, der auf dem dynamoelektronischen Prinzip basierte, die Grundlage für den Masseneinsatz von Elektrizität in Industrie und Alltag. Sein Landsmann **Nikolaus Otto** erfand im Jahr 1862 den ersten **Verbrennungsmotor**, bei dem chemische Energie durch Treibstoffverbrennung in mechanische Arbeit umgesetzt wird. Praxistauglich machten diesen dann **Gottlieb Daimler** und **Carl Friedrich Benz** – und aufgrund des Treibstoffbedarfs der neuen Kraftfahrzeuge gewann die **Erdölindustrie** gegen Ende des 19. Jahrhunderts an Bedeutung. Der US-Automobilfabrikant **Henry Ford** etablierte im Jahr 1913 das **Fließband**, wodurch Arbeitsprozesse in der Massenproduktion noch mechanisierter, kürzer und spezialisierter wurden.

Mit der Industrialisierung ging eine regelrechte Bevölkerungsexplosion einher, und es kam zu einer massenhaften Abwanderung arbeitssuchender Menschen vom Land in die rasant wachsenden Städte. Dort lebten die oft schlecht bezahlten und über wenige Rechte verfügenden Lohnarbeiter mit ihren Familien auf kleinstem Raum und oft in großer Armut. Obwohl Zwölfstundentage die Norm waren, reichte dies für die Arbeiter häufig nicht aus, um ihre Familien zu ernähren, und so waren auch Kinder in den Fabriken keine Seltenheit. Das Massenelend, das der Übergang von der Agrar- zur sich urbanisierenden

Industriegesellschaft mit sich brachte, warf die sogenannte **soziale Frage** auf und ließ viele darüber nachdenken, wie diese sozialen Missstände behoben werden könnten. Antworten darauf versuchten in Deutschland u.a. neu entstehende politische Parteien zu geben, wie etwa der im Jahr 1863 gegründete **Allgemeine Deutsche Arbeiterverein**, aus dem einige Jahrzehnte später die Sozialdemokratische Partei Deutschlands werden sollte, aber auch staatliche Sicherungssysteme, die sukzessive die Rechte von Arbeitern stärkten, um die schlimmsten Folgen dieser Zustände zumindest abzumildern.

Der aus Trier stammende und lange in Paris und London lebende Journalist und Ökonom **Karl Marx** entwickelte zusammen mit seinem Freund und Unterstützer, dem wohlhabenden Unternehmer **Friedrich Engels**, eine der einflussreichsten Gesellschafts- und Geschichtstheorien der Neuzeit, die die ideologische Grundlage für viele sozialistische und kommunistische Bewegungen, Parteien und später auch Regime wurde. Der **Marxismus** erhebt den Anspruch, sowohl wissenschaftliche Theorie als auch praktisch-politische Handlungsanleitung zu sein. Dabei geht er von der Annahme aus, dass jede Gesellschaftsordnung primär durch ihre ökonomischen Strukturen und Verhältnisse bestimmt wird (»Das Sein bestimmt das Bewusstsein«), und dass die Menschheitsgeschichte nach klar erkennbaren Gesetzmäßigkeiten verläuft – ähnlich wie dies für die Natur gilt. Für Marx befand man sich zu seiner Zeit nach den Stadien der »Urgesellschaft« (die angeblich noch kein Privateigentum kannte), der (antiken) Sklavenhaltergesellschaft und dem (mittelalterlichen) Feudalismus im Stadium des »Kapitalismus«, der zwangsläufig in einem Klassenkampf durch eine Revolution des **Proletariats** gegen die sie ausbeutende und über die Produktionsmittel verfügende **Bourgeoisie** überwunden werden musste, bevor die Menschheit über den **Sozialismus** zum **Kommunismus** gelangen würde, in dem es wieder, wie schon zu Beginn der Geschichte, kein Privateigentum mehr geben würde.

ERSTER WELTKRIEG

Der österreichische Thronfolger **Franz Ferdinand** wurde am 28. Juni 1914 in Sarajewo, das damals zur Donaumonarchie gehörte, Opfer eines Attentats durch den jungen bosnischen Serben Gavrilo Princip. Österreich vermutete (richtigerweise) Serbien, einen Bündnispartner des Russischen Reichs, hinter dem Mord und sicherte sich beim Deutschen Kaiser Wilhelm II. volle Unterstützung, der Wien praktisch einen Blankoscheck ausstellte. Nach dem Ablauf eines inakzeptablen Ultimatums erklärte Österreich-Ungarn den Serben den Krieg. Da Russland ohnehin über die **Triple Entente** mit Frankreich und Großbritannien verbündet war, Kaiser Wilhelm II. in den Jahren zuvor – in Erwartung eines Konflikts – seine Armee hatte aufrüsten lassen und in der Schublade noch der **Zweifronten-Schlieffenplan** lag, erklärte Deutschland erst Russland am 1. August 1914 und zwei Tage später Frankreich den Krieg. Man glaubte, innerhalb nur weniger Wochen Frankreich militärisch in die Knie zwingen zu können – die Erinnerungen an den Deutsch-Französischen Krieg 1870/71 stimmten optimistisch –, um dann mit den erfolgreichen Einheiten die Osttruppen gegen Russland zu unterstützen. Da man auf dem Weg das neutrale Luxemburg und Belgien »mitnahm«, folgte deren Schutzmacht Großbritannien als nächster Kriegsgegner. Aus wenigen Wochen wurden vier durch zermürbende Grabenkämpfe geprägte Jahre und durch den Einsatz chemischer Kampfstoffe wie **Senfgas** erreichte der zum **Ersten Weltkrieg** ausgeweitete Konflikt ein neues Niveau der Grausamkeit.

Erstmals kamen Panzer, Flugzeuge und U-Boote großflächig im Krieg zum Einsatz – Erstere von den Alliierten, Letztere vom Deutschen Reich. Jagdflieger wie der »Rote Baron« Manfred von Richthofen wurden zu Legenden – der Großteil der Piloten war jedoch zur Aufklärung in der Luft. Nach der **Schlacht an der Marne** im September 1914 kam die deutsche Offensive früh ins Stocken, und es entwickelte sich ein von Materialschlachten und Grabenkämpfen dominierter **Stellungskrieg**. Allein in der **Schlacht an der Somme** im Jahr 1916 wurden über eine Million Kombattanten verwundet oder getötet, und die im selben Jahr ausgetragene **Schlacht von Verdun** wurde durch die monatelang währenden Kämpfe zum Symbol für die tragische Ergebnislosigkeit der kriegerischen Auseinandersetzungen.

Gemeinsames Gedenken

Bildgewaltig, aber schweigend gedachten Bundeskanzler **Helmut Kohl** und Frankreichs Präsident **François Mitterand** am 22. September 1984 in Verdun der zahlreichen Opfer sinnloser Schlachten. Das Foto der beiden Staatsmänner Hand in Hand vor den Gräbern ging um die Welt - auch als Zeichen der deutsch-französischen Aussöhnung.

Nach Unterzeichnung des **Friedensvertrags von Brest-Litowsk** im März 1918 zwischen den Mittelmächten und Sowjetrussland schied Letzteres, das sich nach der Oktoberrevolution mitten im Bürgerkrieg befand, als Kriegsteilnehmer aus. Der Zweifrontenkrieg war somit beendet, und Deutschland konnte alle verfügbaren Kräfte für die Westfront mobilisieren – am Kriegsausgang sollte dies jedoch nichts mehr ändern, denn die Mittelmächte waren durch den Kriegseintritt der USA im April 1917 wesentlich gestärkt. Im Oktober 1918 drängte die Oberste Heeresleitung unter **Paul von Hindenburg** und Stabschef **Erich Ludendorff** die neue deutsche Regierung unter **Max von Baden**, unverzüglich einen Waffenstillstand zu unterschreiben. Als jedoch die Seekriegsleitung mit dem Flottenbefehl die Seemänner in eine letzte aussichtslose Schlacht gegen die britische Royal Navy entsandte, meuterten die Matrosen in Kiel. Die Auflehnung überzog innerhalb kürzester Zeit ganz Deutschland und läutete mit der **Novemberrevolution** das Ende des Kaiserreichs ein.

Mindestens 17 Millionen Menschen verloren in dem globalen Krieg zwischen Entente und Alliierten auf der einen und Mittelmächten auf der anderen Seite ihr Leben. Mit dem in einem Eisenbahn-Salonwagen unterzeichneten **Waffenstillstand von Compiègne** am 11. November 1918 endete der Erste Weltkrieg. Entscheidend für die Zukunft sollten die zwischen 1919 und 1923 in den **Pariser Vorortverträgen** festgehaltenen Friedensbedingungen werden. Die Verlierermächte Österreich-Ungarn und das Osmanische Reich zerfielen, und die junge Weimarer Republik erbte mit dem **Versailler Vertrag** eine schwere Hypothek.

WEIMARER REPUBLIK

Wenige Stunden nachdem Reichskanzler Max von Baden am 9. November 1918 eigenmächtig den Rücktritt Kaiser Wilhelms II. verkündet und die Regierungsgeschäfte unter Druck dem SPD-Vorsitzenden **Friedrich Ebert** übertragen hatte, rief sein Parteigenosse **Philipp Scheidemann** von einem Balkon des Berliner Reichstags die Republik aus. Der Sozialdemokrat wollte damit **Karl Liebknecht**, einem der Anführer des äußerst linken **Spartakusbunds**, zuvorkommen, der nur wenig später am selben Tag die »freie sozialistische Republik« vom Balkon des Berliner Stadtschlosses aus proklamierte. Schließlich kam es zur Wahl einer verfassungsgebenden Nationalversammlung, die jedoch nicht im unruhigen Berlin stattfand, sondern im vergleichsweise sicheren Weimarer Nationaltheater, weshalb der neue deutsche Staat bis heute als **Weimarer Republik** bezeichnet wird, auch wenn Berlin weiterhin politisches Zentrum und Hauptstadt sein sollte.

Am 11. August 1919 wurde die neue Verfassung verabschiedet: Erstmals sollte die Macht vom Volk ausgehen, das den Reichstag alle vier Jahre durch allgemeine, gleiche und geheime Wahlen wählte, wozu jetzt auch endgültig Frauen berechtigt waren. Der **Reichspräsident** wurde mit umfangreichen Rechten versehen, die die ersten beiden Amtsinhaber, Friedrich Ebert (SPD, 1919–1925) und Generalfeldmarschall Paul von Hindenburg (1925–1933), bisweilen zu »Ersatzkaisern« machten. So ermächtigte z. B. Artikel 48 den Reichspräsidenten dazu, einen **Reichskanzler** nach Verhängung des Ausnahmezustands zu benennen, dessen Regierung dann im Rahmen von Notstandsgesetzen ohne parlamentarische Unterstützung regieren konnte. Darüber hinaus hatte der Reichspräsident das Recht, die **Reichsregierung** zu entlassen und den **Reichstag** aufzulösen.

Der im Juni 1919 unterzeichnete **Friedensvertrag von Versailles** sprach Deutschland und seinen Verbündeten die alleinige Verantwortung für den Ersten Weltkrieg zu, verpflichtete es zu hohen **Reparationszahlungen** und beinhaltete umfangreiche **Gebietsverluste** in Ost und West (etwa Elsass-Lothringen an

Frankreich, Westpreußen an Polen usw.). Oft sprach dabei vor allem die politische Rechte von einem »Schmachfrieden« oder dem »Diktat von Versailles«. Obwohl es die Oberste Heeresleitung selbst war, die von der politischen Führung des Kaiserreichs gefordert hatte, den nicht mehr zu gewinnenden Krieg mit einem Waffenstillstandsgesuch zu beenden, lancierte sie nach Kriegsende die sogenannte **Dolchstoßlegende**, der zufolge die zivile (sozialdemokratische) Regierung die Schuld an der Niederlage trüge, weil sie »der kämpfenden Truppe in den Rücken gefallen sei«, ein Narrativ, das von nationalkonservativen und rechtsextremen Kräften im Laufe der kurzen Geschichte der Republik immer wieder verwendet wurde.

Um die Reparationsforderungen der Siegermächte bedienen und Kriegsanleihen an die eigene Bevölkerung zurückzahlen zu können, ließ man die Gelddruckanlagen auf Hochtouren laufen – nicht ohne Folgen, da eine solche Erhöhung der Geldmenge zwangsläufig zur allgemeinen Geldentwertung führen musste. Auf dem Höhepunkt der **Hyperinflation** im Jahr 1923 kostete in Berlin ein Kilogramm Roggenbrot 233 Milliarden Mark, und Banknoten wurden gar als Heizmaterial verwendet. Erst mit der Einführung der **Rentenmark** Ende 1923 konnte das Finanzsystem wieder stabilisiert werden, die junge demokratische Republik verlor jedoch weiter das Vertrauen vieler ihrer Bürger, nicht nur in den Kreisen, die der Monarchie nachtrauerten. Die Weimarer Republik erlebte mehrere Umsturzversuche, etwa den sogenannten **Kapp-Lüttwitz-Putsch** von 1920, der u. a. durch einen Generalstreik schnell scheiterte, oder den **Hitler-Ludendorff-Putsch** von 1923, der den späteren so genannten »Führer« ins Gefängnis brachte, wo er dann sein ideologisches Manifest »Mein Kampf« diktierte.

Ein erster diplomatischer Erfolg der Republik war der **Ver-**

trag von Rapallo, den der deutsche Außenminister **Walther Rathenau** im Jahr 1922 an den Westmächten vorbei auf der internationalen Wirtschaftskonferenz in Genua mit Russland schloss. Darin verzichteten beide Staaten auf gegenseitige Kriegsentschädigungen und vereinbarten die Wiederaufnahme diplomatischer Beziehungen. Rathenau wurde später eines der vielen Opfer rechtsradikaler politischer Attentate in den Anfangsjahren der Weimarer Republik – zuvor waren bereits der Ministerpräsident der bayerischen Räterepublik Kurt Eisner, die Sozialisten Rosa Luxemburg und Karl Liebknecht sowie Reichsfinanzminister Matthias Erzberger (Zentrumspartei) ermordet worden.

Das Verhältnis Deutschlands zu Frankreich verschlechterte sich zunächst, als französische Truppen nach den linksrheinischen Gebieten aufgrund ausbleibender Reparationszahlungen und -lieferungen (Kohle und Holz) noch das Ruhrgebiet besetzten. Für eine Aussöhnung und Normalisierung der Beziehungen mit dem vermeintlichen Erbfeind setzte sich dann vor allem der kurzzeitige Reichskanzler und langjährige Außenminister **Gustav Stresemann** ein, der zusammen mit seinem französischen Amtskollegen **Aristide Briand** im Jahr 1926 dafür mit dem Friedensnobelpreis ausgezeichnet wurde. Zu Stresemanns Erfolgen zählen die Annahme des **Dawes-Plans**, der die zu leistenden Reparationszahlungen neu regelte, die **Verträge von Locarno**, in denen Deutschland seine neuen Westgrenzen anerkannte, sowie die Aufnahme Deutschlands in den **Völkerbund**, eine vom US-Präsidenten **Woodrow Wilson** initiierte Vorläuferorganisation der Vereinten Nationen. Die später oft zu den »Goldenen Zwanzigern« verklärte Dekade fand mit der **Weltwirtschaftskrise**, die am 25. Oktober 1929, dem sogenannten Schwarzen Freitag, durch einen Börsencrash in New York ausgelöst wurde, ihr Ende. In den USA spricht man übrigens vom »Black Thursday«, denn es brauchte noch einen Tag, bis die schlechten Nachrichten von der Wall Street in Europa ankamen.

Die folgende weltweite **Rezession** traf die deutsche Wirtschaft besonders hart, da sie sehr stark von Krediten aus den USA abhängig war. Die Folge auf beiden Seiten des Atlantiks waren Massenarbeitslosigkeit und eine tiefe wirtschaftliche Depression. Während die USA unter Präsident **Franklin Delano Roosevelt** mit dem **New Deal** ein massives staatliches Investitionsprogramm starteten, ging Reichskanzler **Heinrich Brüning** in Deutschland den fiskalpolitisch entgegengesetzten Weg und verordnete eine strikte Deflationspolitik: Die deutsche Wirtschaft sollte »gesund schrumpfen« (Innere Abwertung), die Staatsausgaben sollten massiv gekürzt und zur Not sogar Unternehmen verpflichtet werden, Löhne und Preise zu senken. Auf diese Weise sollten deutsche Produkte auf dem Weltmarkt attraktiver gemacht und der Export angekurbelt werden – letztlich verschärften diese Maßnahmen die Krise aber deutlich.

Brünings Regierung war das erste der sogenannten fünf **Präsidialkabinette** der Weimarer Republik, die mit Rückhalt des Reichspräsidenten, aber ohne und teils auch gegen die parlamentarische Mehrheit im Reichstag, überwiegend mit Notverordnungen regierten. Regierungen währten zu jener Zeit nicht lang: Unter zwölf Reichskanzlern, von Bauer über Müller zu Marx und Luther, gab es 22 verschiedene Kabinette. In dieser politisch und wirtschaftlich instabilen Lage kam es zum Aufstieg der **Nationalsozialistischen Deutschen Arbeiterpartei (NSDAP)** unter der Führung von **Adolf Hitler**. Bei den Reichstagswahlen im Mai 1928 mit 2,6 Prozent der Stimmen noch eine Randpartei, erreichte sie im September 1930 bereits 18,3 Prozent und wurde im Juli 1932 stärkste Kraft mit einem Stimmenanteil von 37,4 Prozent. Nachdem die fast ausschließlich aus parteilosen Ministern bestehenden Präsidialkabinette **Franz von Papens** und **Kurt von Schleichers** nach jeweils nur wenigen Monaten scheiterten, kam es am 30. Januar 1933 zur sogenannten **Machtergreifung** Hitlers. Die Weimarer Republik endete also nicht mit einem gewaltsamen Putsch, sondern dadurch, dass der Vorsitzende der gerade stärksten Partei von Reichspräsident Paul von Hindenburg zum Reichskanzler ernannt und der Reichstag erneut aufgelöst wurde.

NATIONALSOZIALISMUS UND ZWEITER WELTKRIEG

Innerhalb weniger Monate gelang es der NSDAP, eine **Diktatur** in Deutschland zu errichten. Im Februar 1933 nutzten die Nationalsozialisten die Brandstiftung im Berliner Reichstagsgebäude, um die Grundrechte außer Kraft zu setzen und politische Gegner jetzt legal durch die Polizei (später auch die Gestapo) und die Sturmabteilung (SA), die paramilitärische Kampforganisation der NSDAP, zu verfolgen. Das wenig später verabschiedete **Ermächtigungsgesetz** ermöglichte es Adolf Hitlers Regierung, ohne Zustimmung von Reichstag und Reichsrat sowie ohne Gegenzeichnung des Reichspräsidenten Gesetze zu erlassen, was die Gewaltenteilung faktisch aufhob. Zwischen 1933 und 1934 kam es zur sukzessiven **Gleichschaltung**: Andere politische Parteien, Gewerkschaften und regimekritische Organisationen wurden verboten und die föderale Staatsstruktur aufgehoben. Die auf der Grundlage der antisemitischen NS-Rassenideologie im Jahr 1935 erlassenen **Nürnberger Gesetze** legitimierten die Diskriminierung und Verfolgung der jüdischen Bevölkerung, und in der Nacht vom 9. auf den 10. November

1938 wurden in der sogenannten **Reichspogromnacht** landesweit Tausende jüdische Geschäfte und Gotteshäuser auf Betreiben des NS-Regimes zerstört und geplündert.

Die territoriale Erweiterung des Deutschen Reichs wurde zunächst noch auf nichtmilitärischem Wege vorangetrieben. So erfolgte im März 1938 der **»Anschluss«** Österreichs an das Deutsche Reich. Begünstigt durch die **Appeasement-Politik** der westeuropäischen Nationen, besonders des britischen Premierministers Richard Chamberlain, der hoffte, eine kriegerische Auseinandersetzung mit Deutschland durch weitgehende Zugeständnisse vermeiden zu können, wurde die Tschechoslowakei gezwungen, das Sudetenland an das Deutsche Reich abzutreten.

Im August 1939 unterzeichneten der NS-Staat und die Sowjetunion einen **Nichtangriffspakt**, nach den damaligen Außenministern auch oft **Molotow-Ribbentrop-Pakt** genannt, der geheime Zusatzartikel zur Aufteilung Osteuropas in Einflusszonen zwischen den beiden Staaten beinhaltete. Mit den italienischen **Faschisten** unter **Benito Mussolini** hatte Hitler wenige Monate zuvor den auch als Stahlpakt bezeichneten Freundschafts- und Bündnispakt abgeschlossen. Am 1. September befahl Hitler der Wehrmacht, in Polen einzumarschieren. Gerechtfertigt wurde die Invasion mit einem angeblichen Überfall polnischer Partisanen (der tatsächlich von SS-Angehörigen durchgeführt wurde) auf einen grenznahen deutschen Rundfunksender. Frankreich und Großbritannien erklärten zwei Tage darauf aufgrund ihrer Garantieverpflichtungen für Polen dem Deutschen Reich den Krieg. Der hochgerüsteten deutschen Armee hatten sie jedoch zunächst in den sogenannten **Blitzkriegen** nicht viel entgegenzusetzen, und so besetzten Hitlers Soldaten den Norden Frankreichs (im Süden residierte die von Hitler abhängige Regierung des unbesetzt gebliebenen Teils des Landes in Vichy) und den

Westen Polens (den Osten besetzte schnell die Sowjetunion) sowie weitere Länder wie die Niederlande, Belgien, Dänemark und Norwegen.

Im Juni 1941 brach Hitler mit dem zwei Jahre zuvor geschlossenen Pakt und befahl den lange im Voraus geplanten Überraschungsangriff auf Stalins Sowjetunion (**»Unternehmen Barbarossa«**). Wie schon Napoleons Truppen mehr als hundert Jahre zuvor sollte der Wehrmacht die Einnahme Moskaus nicht gelingen, und ihr Vormarsch an der **Ostfront** kam zum Stehen. Nur wenige Wochen nach der vernichtenden Niederlage der Wehrmacht gegen die **Rote Armee** in der **Schlacht von Stalingrad** stachelte der deutsche Propagandaminister **Joseph Goebbels** das an den neuen »Volksempfängern« (Radios) hängende Volk mit seiner »Sportpalastrede« zum »Totalen Krieg« auf.

Am **D-Day**, dem 6. Juni 1944, gelang es den Alliierten, durch die erfolgreiche Landung Tausender Soldaten in der Normandie eine zweite Front gegen die Hitler-Truppen im Westen zu eröffnen. Gezielten Bombenangriffen auf deutsche Städte wie Dresden und Hamburg fielen Tausende Zivilisten zum Opfer.

Als die sowjetischen Truppen vor den Toren Berlins standen, beging Hitler in seinem Bunker am 30. April 1945 Selbstmord. Zwei Tage später wurde die Fahne der UdSSR über dem Berliner Reichstagsgebäude gehisst, und mit der Unterzeichnung der **bedingungslosen Kapitulation** am 8. Mai endete der Zweite Weltkrieg in Europa. Mit dem »Tag der Befreiung« – diesen Begriff prägte der spätere Bundespräsident Richard von Weizsäcker maßgeblich – endete das von den Nazis propagierte »Tausendjährige Reich« bereits nach zwölf Jahren. Der tödlichste Konflikt der Menschheitsgeschichte forderte Schätzungen zufolge mindestens 65 Millionen Menschenleben, davon 27 Millionen Zivilisten. Die höchsten Verluste hatte die Sowjetunion (27 Mio.) zu beklagen, danach folgte China (13 Mio.), Deutschland und Polen (jeweils über 6 Mio.) sowie Japan (3 Mio.). Die Alliierten Frankreich und Großbritannien zählten jeweils über 300 000 Tote. Hitlers Rassenwahn kostete zwei Drittel der damals in Europa lebenden Juden das Leben: Das NS-Regime ermordete in dem heute als **Shoah** (hebräisch »Katastrophe«) oder **Holocaust** (griechisch »vollständig verbrannt«) bezeichneten Genozid mindestens sechs Millionen Juden.

Bereits vor dem Zweiten Weltkrieg waren Verfolgung, Ausgrenzung und Entrechtung der jüdischen Bürger unter dem NS-Regime an der Tagesordnung gewesen; spätestens seit der **Wannseekonferenz** war dann ihre tatsächliche vollständige physische Vernichtung geplant (die sogenannte »Endlösung der Judenfrage«). Ab dem Frühjahr 1942 wurden Millionen von Juden mit speziellen Eisenbahnen in Vernichtungslager in den von der Wehrmacht besetzten Gebieten deportiert. Dort angekommen, erlitt ein Großteil von ihnen, unter dem Vorwand einer angeblich notwendigen Entlausung nackt, in als Duschen präparierten Gaskammern den qualvollen Erstickungstod durch den Einsatz des blausäurehaltigen Entwesungsmittels Zyklon B oder Benzinmotorabgasen. Allein im **Konzentrationslager** Auschwitz-Birkenau wurden innerhalb von zwei Jahren über eine Million Menschen Opfer dieses industriellen Massenmords. Viele weitere Juden wurden bei systematischen Massenerschießungen, auf den sogenannten Todesmärschen oder in Gettos wie in Warschau ermordet. Weitere Menschengruppen, die in den Todesfabriken der Nationalsozialisten zu Tausenden ermordet wurden, waren Regimegegner jeder Art, Geistliche, Roma, Homosexuelle sowie geistig und körperlich behinderte Menschen.

Auf der **Potsdamer Konferenz** im Juli 1945 einigten sich US-Präsident **Harry S. Truman**, Großbritanniens Premierminister **Clement Attlee** – der durch seinen Wahlsieg mitten in den Verhandlungen **Winston Churchill** ablöste – und der sowjetische Diktator Josef Stalin auf die bereits einige Monate vor Kriegsende in Jalta beschlossene Aufteilung Deutschlands in vier den jeweiligen Siegermächten zugeordnete und von ihnen autonom verwaltete **Besatzungszonen**. Mehr als zwölf Millionen Deutsche wurden in den folgenden Monaten aus ihrer Heimat in Osteuropa vertrieben und flüchteten in das besetzte Deutschland, wobei mehr als eine halbe Million von ihnen durch Gewalt, Hunger oder Krankheiten ums Leben kam.

In den **Nürnberger Hauptkriegsverbrecherprozessen**, einem von den Alliierten eingerichteten Strafgerichtshof, wurden zwölf der insgesamt 24 Angeklagten wegen der Vorbereitung und Durchführung eines Angriffskriegs, Kriegsverbrechen und Verbrechen gegen die Menschlichkeit im Jahr 1946 zum Tode durch den Strang verurteilt, darunter **Julius Streicher**, der Herausgeber des antisemitischen Hetzblatts *Der Stürmer*, und Reichsluftfahrtminister **Hermann Göring**, der der Vollstreckung allerdings durch Selbstmord zuvorkam. Andere, wie Hitlers langjähriger Stellvertreter **Rudolf Heß**, der seit seinem Flug nach Großbritannien 1941 dort Kriegsgefangener gewesen war, und sein bevorzugter Architekt und Rüstungsminister **Albert Speer** wurden zu Haftstrafen verurteilt.

In einem Dutzend Nachfolgeprozessen wurden viele weitere Stützen des NS-Regimes, Juristen, Ärzte, Beamte, Militärs und Unternehmer, verurteilt und dadurch das Völkerrecht maßgeblich weiterentwickelt. Die deutsche Gesellschaft wurde einem sogenannten **Entnazifizierungsprogramm** unterzogen: Kultur, Medien, Wirtschaft und Staat sollten, so das Ziel der vier

Siegermächte, vom Einfluss der nationalsozialistischen Ideologie befreit werden. Viele Personen, die das NS-Regime gestützt hatten, wurden als »belastet« eingestuft, aus ihren Ämtern entfernt und erhielten Berufsverbot. Und viele kamen auch ungeschoren davon …

NACHKRIEGSGESCHICHTE UND KALTER KRIEG

Am 5. März 1946 verkündete **Winston Churchill** in einer berühmt gewordenen Rede: »Von Stettin an der Ostsee bis Triest an der Adria ist ein **eiserner Vorhang** über dem Kontinent heruntergegangen.« US-Journalist Walter Lippmann veröffentlichte ein Jahr später ein Buch mit dem Titel *The Cold War* – und gab so einer Epoche ihren Namen.

Deutschland war nach seiner bedingungslosen Kapitulation in vier Besatzungszonen und Berlin in vier Sektoren zwischen den **Siegermächten** USA, Großbritannien, Frankreich und der Sowjetunion aufgeteilt worden und sollte so lange verwaltet werden, bis sich – ihre Zustimmung vorausgesetzt – ein neuer souveräner deutscher Staat etabliert hätte. Sehr rasch stellte sich jedoch heraus, dass sich die Zusammenarbeit ohne den einenden Kriegsgegner aufgrund von ideologischen und machtpolitischen Differenzen schwierig gestaltete, was in einen Systemkonflikt mündete, bei dem sich die Alliierten und ihre Verbündeten in zwei Lager teilten: die von den USA angeführte Gruppe der demokratisch-kapitalistischen Staaten und die sozialistischen Staaten mit der Sowjetunion als führender Macht. Dieser Riss ging mitten durch Deutschland. Die britischen, französischen und US-amerikanischen Zonen wuchsen in den Nachkriegsjahren zusammen, während die sowjetische Zone sich mehr und mehr abriegelte. So wurde z. B. durch die **Währungsreform** im Juni 1948 nur in den drei westlichen Besatzungszonen die **D-Mark** als Zahlungsmittel eingeführt.

Weltweit setzte US-Präsident **Harry Truman** auf Eindämmung (*containment*) des kommunistischen Einflussbereichs und versprach allen Staaten zu helfen, die vom Kommunismus bedroht wurden, was als **Truman-Doktrin** außenpolitisch handlungsleitend sein sollte. Um die vom Zweiten Weltkrieg schwer getroffene Wirtschaft Europas wieder auf die Beine zu bringen, entwickelte der US-Außenminister im Jahr 1948 das **European Recovery Program (ERP)**: Kredite und wirtschaftliche Unterstützung, im Rahmen des nach ihm benannten **Marshallplans** – ein wichtiger Grundstein für die Reintegration in den Welthandel und wirtschaftliches Wachstum in Westdeutschland. Auch osteuropäische Staaten hätten auf das Geld des Marshallplans zugreifen können, doch dies unterband die Sowjetunion, die als Reaktion den **Rat für gegenseitige Wirtschaftshilfe** ins Leben rief. Die Blockbildung wurde auch militärisch konsolidiert: Im April 1949 wurde die **NATO** gegründet, das Ostblock-Gegenstück **Warschauer Pakt** folgte im Mai 1955.

Im Juni 1948 kappte die Sowjetunion alle Zufahrtswege nach West-Berlin und unterband die Energie- und Lebensmittelversorgung. Die einzige Möglichkeit, das komplett von der sowjetischen Zone umgebene West-Berlin zu erreichen, war der Luftweg, und die Westalliierten organisierten eine fast ein Jahr dauernde **Luftbrücke**. Tausende sogenannte **Rosinenbomber** versorgten die eingeschlossene Bevölkerung der Stadt mit allen Notwendigkeiten, bis die Sowjetunion die Erpressung im Mai 1949 wieder aufgab. Der Aufruf von Berlins Bürgermeister **Ernst Reuter** »Schaut auf diese Stadt!« blieb auch nach der Blockade eine Maxime, und das geteilte Berlin war nicht nur ein mächtiges Symbol für die Teilung Deutschlands oder großer Teile der Welt in zwei Lager, sondern blieb insbesondere auch als »kapitalistische Insel«, umgeben von Sozialismus und Kommunismus, im Blickfeld der Weltöffentlichkeit. Die Lagerbildung zementierte die Spaltung Deutschlands mit der Verabschiedung des (provisorischen) Grundgesetzes am 8. Mai, der Staatsgründung der **Bundesrepublik Deutschland** am 23. Mai 1949 und der Gründung der **Deutschen Demokratischen Republik** nur wenig später, am 11. Oktober desselben Jahres.

Nach dem Tod Stalins 1953 kam es unter seinem Nachfolger **Nikita Chruschtschow** zu einer Entstalinisierung und Tauwetter-Periode im Ost-West-Konflikt, in der »friedliche Koexistenz« angestrebt wurde. Bundeskanzler **Konrad Adenauer** (CDU) vollzog mit den 1955 unterzeichneten Pariser Verträgen die **Westintegration**, die die junge Bundesrepublik eng an die westlichen Partner band und mit dem Beitritt zur NATO sogar eine Wiederbewaffnung ermöglichte. Unter Wirtschaftsminister **Ludwig Erhard** (CDU) setzte das sogenannte **Wirtschaftswunder** ein – die deutsche Wirtschaft wuchs unerwartet schnell und stark. Nach und nach kamen über Anwerbeabkommen Gastarbeiter ins Land, zunächst aus Italien, später aus weiteren Staaten wie Spanien, der Türkei, Griechenland und Jugoslawien.

Zwei Monate nachdem DDR-Staats- und Parteichef **Walter Ulbricht** öffentlich den Satz »Niemand hat die Absicht, eine Mauer zu errichten!« geäußert hatte, schloss die DDR ihre Grenzen und fing im August 1961 an, die **Berliner Mauer** zu errichten. Während man bis dato die **Sektorengrenze** zwischen Ost und West noch leicht hatte passieren können und zahlreiche Ostdeutsche diese für die Flucht über West-Berlin in den prosperierenden Westen genutzt hatten, bezahlten viele Flüchtlinge fortan das illegale Übertreten des »antifaschistischen

Schutzwalls« – so der DDR-Propaganda-Begriff mit ihrem Leben. Nicht nur die schwer bewachte 155 Kilometer lange Betonmauer durch die Spreemetropole, auch die innerdeutsche Grenze wurde zum Hochsicherheitsstreifen, um den Braindrain gen Westen zu unterbinden.

Ein Jahr später rückte dann eine Karibikinsel in den Fokus der Weltöffentlichkeit: Auf Kuba – nur knapp 200 Kilometer vor der Küste Floridas – entdeckten US-Aufklärungsflugzeuge Abschussrampen für sowjetische Raketen. Weder zuvor noch danach rückte die Welt so nahe an einen Atomkrieg wie während dieser 13 Tage im Oktober 1962 im Zuge der **Kuba-Krise**. US-Präsident **John F. Kennedy** und dem sowjetischen Staatschef **Nikita Chruschtschow** gelang es mit Umsicht, diplomatischem Kalkül und in Anbetracht der Gefahr eines Dritten Weltkriegs, die Konfrontation friedlich beizulegen. Die Sowjetunion verzichtete auf die Stationierung von nuklear bestückten Mittelstreckenraketen auf Kuba, im Gegenzug verpflichteten sich die USA ihrerseits, Raketen aus dem NATO-Partnerland Türkei wieder abzuziehen.

Die Krise legte zudem im beiderseitigen Verständnis des destruktiven Potenzials des Großmachtkonflikts den Grundstein für eine Phase der Entspannung. Beide Staaten unterzeichneten in den 1970er-Jahren zahlreiche internationale Verträge wie die Rüstungskontroll- und Abrüstungsvereinbarung **SALT (Strategic Arms Limitation Talks)**, das für die deutsche Politik wichtige **Viermächteabkommen** über Berlin und die **KSZE-Schlussakte** von Helsinki. US-Präsident Kennedy entzog durch die Einführung eines präsidialen Freischaltcodes zudem dem Militär die eigenständige Verfügung über **Nuklearwaffen**, und eine direkte Verbindung zwischen dem Weißen Haus und dem Kreml wurde eingerichtet: der Heiße Draht. Wenige Monate nach Kennedys

»Ich bin ein Berliner«-Rede vor dem Schöneberger Rathaus fiel der charismatische US-Präsident am 22. November 1963 in seiner offenen Limousine den tödlichen Schüssen eines Attentäters zum Opfer.

Auch das Ende der 1960er-Jahre war turbulent: Das Gesicht und die Stimme der **Bürgerrechtsbewegung** der Afroamerikaner, Baptistenpastor **Martin Luther King** (»I have a dream«) wurde im April 1968 erschossen. Einige Monate später kam es zur gewaltsamen Niederschlagung des sogenannten **Prager Frühlings**, eines Versuchs liberaler Reformen in der sozialistischen Tschechoslowakei, durch die Truppen des Warschauer Pakts. Die mit über 90 Prozent der Bundestagsstimmen ausgestattete erste **Große Koalition** (CDU/CSU und SPD) verabschiedete im Jahr 1968 die **Notstandsgesetze**, die die Befugnisse der Bundesregierung in Notfällen stark erweiterten, was auf starken außerparlamentarischen Widerstand stieß, insbesondere von der von linken Studenten getragenen **68er-Bewegung**. Teile davon radikalisierten sich im Anschluss an die Attentate auf Benno Ohnesorg und Rudi Dutschke.

Außenpolitisch ging man im geteilten Deutschland jedoch ab Ende der 1960er-Jahre auf Entspannungskurs. Während unter CDU-geführten Regierungen unter **Konrad Adenauer, Ludwig Erhard** und **Kurt Georg Kiesinger** der **Alleinvertretungsanspruch (Hallstein-Doktrin)** der BRD für ganz Deutschland handlungsleitend war, wurde dieser unter dem ersten SPD-Kanzler **Willy Brandt** stark abgeschwächt und gemäß dem Leitsatz »Wandel durch Annäherung« eine neue Ostpolitik betrieben. Dies führte Anfang der 1970er-Jahre zum Abschluss wichtiger Abkommen, wie den **Moskauer**, **Prager** und **Warschauer Verträgen**. Vor der Unterzeichnung der Letzteren kam es zum Kniefall am Warschauer-Getto-Ehrenmal. Darüber hinaus gab es das

Berlin-Abkommen und den Grundlagenvertrag, und sowohl die Bundesrepublik als auch die DDR sollten im Jahr 1973 Mitglied der UNO werden. Ab 1971 leitete **Erich Honecker** in der Einparteiendiktatur als Generalsekretär der **Sozialistischen Einheitspartei (SED)** die Geschicke der realsozialistischen Republik bis kurz vor ihrem Ende.

Auch wenn der **Kalte Krieg** in Bezug auf die direkte Konfrontation zwischen den USA und der Sowjetunion seinem Namen gerecht wurde, ist diese Bezeichnung für die globale Nachkriegspolitik durchaus irreführend, denn Kriege und militärische Auseinandersetzungen gab es viele, häufig als **Stellvertreterkriege**. Die USA und die Sowjetunion unterstützten jeweils sich gegenüberstehende Konfliktparteien finanziell und militärisch, standen sich jedoch nicht auf dem Schlachtfeld direkt gegenüber. Im **Koreakrieg** (1950–1953), der die bis heute bestehende Teilung des Landes entlang des 38. Breitengrads zementierte, unterstützte die Sowjetunion zusammen mit China den Norden, die USA mit UN-Mandat den Süden. Im langwierigen, brutal geführten und enorm verlustreichen **Vietnamkrieg** kämpften US-Truppen an der Seite südvietnamesischer Verbände gegen die von der Sowjetunion unterstützten Vietcong-Freischärler Nordvietnams.

Neben klassischen territorialen und geostrategischen Überlegungen der Großmächte war der Konflikt im Kalten Krieg zudem in höchstem Maße ideologisch aufgeladen – so konkurrierten stets zwei Gesellschafts- und Wirtschaftsmodelle mit den kapitalistischen Marktwirtschaften der demokratischen Staaten des Westens und den kommunistischen Parteien sozialistischer Länder mitsamt ihren Fünfjahresplänen. Eine weit verbreitete Befürchtung im Westen, insbesondere im **Pentagon**, war die **Dominotheorie**: Wenn ein Land, z. B. Korea oder Vietnam, an den kommunistischen Block fiele, würden andere Länder – wie Dominosteine – zwangsläufig mitgerissen werden. So griffen die USA in Geheimoperationen, meist über den Auslandsgeheimdienst CIA, in andere Ländern ein und sorgten für Regimewechsel wie im Iran (1953) und in Chile (1973).

Mitte der 1970er-Jahre demokratisierte sich die iberische Halbinsel: Portugal mit der Nelkenrevolution (1974) und Spanien ab dem Tod des Diktators Francisco Franco (1975). 1974 war das Jahr der Affären: Bundeskanzler **Willy Brandt** gab im Mai sein Amt auf, nachdem einer seiner engsten Vertrauten, **Günter Guillaume**, als Agent des Ministeriums für Staatssicherheit der DDR (Stasi) enttarnt worden war. **Richard Nixon** trat, um einem Amtsenthebungsverfahren (Impeachment) zuvorzukommen, im August als bisher einziger US-Präsident von seinem Amt zurück. Nach Enthüllungen der *Washington Post* wurde bekannt, dass einige seiner Mitarbeiter im Präsidentschaftswahlkampf 1972 in das Wahlkampfbüro seines demokratischen Konkurrenten eingebrochen waren und Nixon dies im Nachhinein vertuschen wollte. Dieses Büro lag im Watergate-Gebäudekomplex der US-Hauptstadt, weshalb »-gate« bis heute – auch im Deutschen – als Suffix für Bezeichnungen von (politischen) Skandalen verwendet wird.

Im Jahr 1977 erreichte die Terrorwelle der linksextremistischen **Roten Armee Fraktion** im sogenannten Deutschen Herbst mit der Entführung des Arbeitgeberpräsidenten Hanns Martin Schleyer ihren Höhepunkt – nachdem Bundeskanzler **Helmut Schmidt** entschieden hatte, dass der Staat sich nicht erpressen lassen dürfe, wurde Schleyer wie u.a. wenige Monate zuvor Generalbundesanwalt Siegfried Buback und zwölf Jahre später Alfred Herrhausen, Vorstandssprecher der Deutschen Bank, von der RAF ermordet.

Die 1980er-Jahre waren u.a. geprägt von der neoliberalen Wirtschaftspolitik von US-Präsident **Ronald Reagan** (»Reaganomics«) und der britischen Premierministerin **Margaret Thatcher** (»Thatcherism«), der Nuklearkatastrophe im ukrainischen Tschernobyl im Jahr 1986 und dem fast die gesamte Dekade andauernden Krieg zwischen den Golfanrainern Irak und Iran. In Deutschland zog nach einem konstruktiven Misstrauensvotum gegen Helmut Schmidt der CDU-Vorsitzende **Helmut Kohl** ins Bundeskanzleramt ein, das er erst nach 16 Jahren – bislang die längste Amtszeit eines deutschen Bundeskanzlers – wieder verlassen sollte. Der letzte Generalsekretär der KPdSU, **Michail Gorbatschow**, der 1985 in dieses Amt kam, leitete in der Sowjetunion eine schrittweise Liberalisierung der Politik, Wirtschaft und Gesellschaft der UdSSR (»Glasnost« und »Perestroika«) ein. Der wirtschaftliche Niedergang und die Desintegration der politischen Institutionen der Sowjetunion ließen sich dadurch jedoch nicht mehr aufhalten. Gorbatschow, mittlerweile de facto entmachteter Staatspräsident, übergab Ende 1991 die Amtsgeschäfte an **Boris Jelzin,** das erste demokratisch gewählte Staatsoberhaupt Russlands, die Teilrepubliken der UdSSR erklärten ihre Unabhängigkeit, und die Sowjetunion war aufgelöst.

Im Jahr 1989 erlebte die DDR die seither so genannte »Friedliche Revolution«, bei der Tausende ihrer Bürger bei (oft montags stattfindenden) Massendemonstrationen auf die Straße gingen, um für ihre Bürgerfreiheiten und gegen das SED-Regime zu protestieren. Als am Abend des 9. November der Sprecher des Politbüros der Partei **Günter Schabowski** bei einer Pressekonferenz durch eine Nachfrage etwas überrumpelt verkündete, dass »ab sofort, unverzüglich« für alle DDR-Bürger uneingeschränkte Reisefreiheit gelten würde, strömten Menschen aus

Ost und West zur Grenze und brachten damit die Berliner Mauer nach 28 Jahren zu Fall. Nachdem durch die Unterzeichnung des **Zwei-plus-Vier-Vertrags** zwischen den beiden deutschen Staaten und den vier Siegermächten des Zweiten Weltkriegs die innere und äußere Souveränität Deutschlands wiederhergestellt worden war, trat die DDR am 3. Oktober 1990 der Bundesrepublik Deutschland bei – dieses Datum ist seitdem deutscher Nationalfeiertag, der **Tag der Deutschen Einheit**. Es wuchs zusammen, was zusammengehörte.

Auch wenn dieses Kapitel hier endet, kam es danach weder zum »Ende der Geschichte«, nach dem sich laut dem Politikwissenschaftler Francis Fukuyama die Demokratie und Marktwirtschaft weltweit durchsetzen würden, noch zu einem »Kampf der Kulturen«, wie ihn sein Kollege Samuel Huntington prognostizierte. Für beide Sichtweisen lassen sich gewiss in der Geschichte seither zahlreiche Beispiele finden: internationaler Terrorismus auf der einen Seite, internationale Zusammenarbeit und Freihandel auf der anderen.

Um die Zukunft gestalten zu können, sollte man die Gegenwart verstanden haben - und dafür ist es notwendig, sich mit Geschichte auseinanderzusetzen, und zwar aus so vielen verschiedenen Perspektiven wie möglich. Ich habe Sie mit meiner stark kondensierten Darstellung wichtiger historischer Ereignisse und Persönlichkeiten mit einer breiten Palette an Informationen und Stichworten versorgt, die Ihnen als Ausgangspunkt für weitere Nachforschungen dienen können. Über welche Epochen oder andere Länder und deren

Vergangenheit würden Sie gerne mehr erfahren? Aus welchen Perspektiven lassen sich Vorkommnisse und Entwicklungen betrachten und erklären?

Geschichtsschreibung entsteht niemals ohne gewisse zeitbedingte Voreingenommenheiten. Bleiben Sie daher bei Ihrer Wissensreise in diesem Gebiet immer kritisch - vor allem bei sehr einfach klingenden Erklärungen -, nutzen Sie vielfältige Quellen und berücksichtigen Sie unterschiedliche Standpunkte, um ein ausgewogenes Bild zu erhalten. Lassen Sie sich von den spannenden Ereignissen mitreißen!

5 Politik und Wirtschaft

Die politische Landschaft auf nationaler und globaler Ebene sowie die vielfältigen Aspekte der internationalen Wirtschaftssysteme ähneln einem Puzzle. Erst nach dem Zusammensetzen ergibt sich ein vollständiges Bild. Mit einigen größeren Puzzleteilen kann ich Sie in diesem Kapitel versorgen, sodass Sie einen fundierten Ausschnitt vom Gesamtbild erhalten. Den Anfang macht das politische System Deutschlands, die Staatsformen der Welt tragen mit ihren einzigartigen Facetten zur Vielfalt des »Big Picture« bei. Gemeinsam ergeben sie eine bunte Collage aus politischen Landschaften weltweit. Internationale Politik reicht von friedvoller Kooperation bis hin zu zerstörerischem Krieg, während Währungen und Geldpolitik den finanziellen Aspekt der politischen und wirtschaftlichen Welt repräsentieren. So setzen sich nach und nach die größeren globalen Verflechtungen zusammen. Das Weltwirtschaftssystem ist dabei ein komplexes Gefüge aus Handelsströmen, Ressourcen und Märkten – von der Produktion von Gütern bis zur Förderung von Rohstoffen.

POLITISCHES SYSTEM DEUTSCHLANDS

Das politische System Deutschlands basiert auf dem **Grundgesetz**, das im Jahr 1949 verabschiedet wurde. Der Staat ist demokratisch und föderal aufgebaut. In einer **repräsentativen Demokratie**, wie sie in der Bundesrepublik Deutschland besteht, können Bürger durch regelmäßige **Wahlen** ihre Vertreter wählen, die dann als **Abgeordnete** im **Bundestag** und in den **Länderparlamenten** Entscheidungen treffen, allerdings ohne dass sie dazu einen direkten inhaltlichen Auftrag bekommen. Sie sind nur ihrem Gewissen verpflichtet.

In den ersten 19 Artikeln des Grundgesetzes sind die unveräußerlichen und einklagbaren **Grundrechte**, die jeder Mensch und insbesondere jeder Bürger gegenüber dem Staat hat, festgeschrieben. Alle staatliche Gewalt hat sich am obersten Verfassungsgrundsatz zu orientieren, dem prominenten ersten Artikel unserer Verfassung: »Die Würde des Menschen ist unantastbar. Sie zu achten und zu schützen, ist Verpflichtung aller staatlichen Gewalt.« Es folgen weitere grundlegende Rechts- und Freiheitssicherungen wie die freie Entfaltung der Persönlichkeit und das Recht auf Leben und körperliche Unversehrtheit in Artikel 2, die **Gleichheit vor dem Gesetz** in Artikel 3, inklusive der expliziten Gleichberechtigung von Männern und Frauen und das Diskriminierungsverbot: »Niemand darf wegen seines Geschlechtes, seiner Abstammung, seiner Rasse, seiner Sprache, seiner Heimat und Herkunft, seines Glaubens, seiner religiösen oder politischen Anschauungen benachteiligt oder bevorzugt werden.« Weitere Grundrechte betreffen die **Meinungs-, Versammlungs-, Vereinigungs-** und **Pressefreiheit**. Der zweite und mit weit mehr als 100 Artikeln größere Teil des Grundgesetzes ist das **Staatsorganisationsrecht**, das den Aufbau und die Funktionsweise der Staatsorgane wie **Bundestag**, **Bundesrat** und **Bundesverfassungsgericht** regelt.

Das Grundgesetz ist nicht in Stein gemeißelt, die Hürden für Änderungen sind allerdings relativ hoch: Dazu bedarf es einer Zweidrittelmehrheit in Bundestag und Bundesrat. Die wichtigsten Abschnitte des Grundgesetzes sind allerdings durch die **Ewigkeitsklausel** des Artikels 79 Absatz 3 geschützt: »Eine Änderung dieses Grundgesetzes, durch welche die Gliederung des Bundes in Länder, die grundsätzliche Mitwirkung der Länder bei der Gesetzgebung oder die in den Artikeln 1 und 20 niedergelegten Grundsätze berührt werden, ist unzulässig.« Die föderale Ordnung, die demokratisch-republikanische Staatsform und die Grundrechte sind somit ebenfalls unantastbar. Die Bundesrepublik ist zudem eine »streitbare, wehrhafte Demokratie«, die gegen verfassungsfeindliche Personen und Organisationen (präventiv) vorgehen kann. Zwei Parteien wurden in Deutschland bisher verboten: die SRP und die KPD, beide in den 1950er-Jahren.

Neben dem **Öffentlichen Recht**, das die staatliche Verwaltung und das Verhältnis der Bürger zum Staat regelt – von Verfassungsfragen über das Steuerrecht bis hin zur Straßenverkehrsordnung –, ist das allgemeine **Privatrecht** der zweite Eckpfeiler unseres Rechtssystems. Kodifiziert ist es primär im 2385 Paragrafen umfassenden **Bürgerlichen Gesetzbuch (BGB)**, das die Rechtsbeziehungen zwischen Privatpersonen regelt, etwa im Familien-, Erb- oder Sachenrecht. Da **Selbstjustiz** verboten ist, obliegen die Feststellung von Straftaten und die Bemessung von Strafen alleinig dem Staat, das Strafrecht ist somit auch Teil des Öffentlichen Rechts. Das **Strafgesetzbuch (StGB)** beginnt mit einem der elementaren Rechtsgrundsätze moderner Staaten: *nulla poena sine lege*. Für alle Nicht-Lateiner: »Keine Strafe ohne Gesetz.«

Das mag selbstverständlich klingen, ist jedoch eine rechtliche und zivilisatorische Errungenschaft, die die Staatsgewalt bindet und auf diese Weise Berechenbarkeit und Transparenz schafft. Ein zweiter zentraler Grundsatz ist *in dubio pro reo* (lat.: »im Zweifel für den Angeklagten«), d.h. eine Strafe setzt einen klaren Nachweis voraus, dass der Täter die ihm zur Last gelegte Straftat auch wirklich begangen hat. Das ist zwar nicht explizit so kodifiziert, kann jedoch aus anderen Rechtsnormen abgeleitet werden.

Die drei **Staatsgewalten** – **Legislative** (Gesetzgebung), **Exekutive** (Regierung) und **Judikative** (Rechtsprechung) – sind in Deutschland voneinander getrennt und gleichzeitig miteinander verzahnt. Der im Reichstagsgebäude in Berlin tagende **Bundestag** ist das wichtigste legislative Organ auf Bundesebene und besteht aufgrund von Überhang- und Ausgleichsmandaten mittlerweile aus über 700 **Abgeordneten**, die alle vier Jahre durch das deutsche Volk gewählt werden. Er verabschiedet Gesetze und kontrolliert die Arbeit der **Bundesregierung**, auf die fast drei Viertel der eingebrachten Gesetzesentwürfe zurückgehen. Diese besteht aus dem **Bundeskanzler**, der vom Bundestag gewählt wird, und den von ihm ernannten **Bundesministern**. Der Kanzler verfügt über die **Richtlinienkompetenz**, bestimmt also die allgemeine politische Ausrichtung. Der Bundestag kann den Bundeskanzler abberufen, wenn mehr als die Hälfte der Abgeordneten ihm das Misstrauen aussprechen. Allerdings ist dies nur dann möglich, wenn gleichzeitig ein Nachfolger gewählt wird – man spricht vom **konstruktiven Misstrauensvotum**. Zum bisher einzigen Mal fand dies im Jahr 1982 mit Erfolg Anwendung, als die FDP sich von ihrem Koalitionspartner SPD und Kanzler **Helmut Schmidt** abwandte, in eine schwarz-gelbe Koalition mit der CDU/CSU wechselte und **Helmut Kohl** zum Nachfolger wählte.

Im Grundgesetz sind nur das Bundesministerium der Finanzen, der Verteidigung und der Justiz explizit erwähnt. Der Anteil der Volljuristen im Bundeskabinett betrug – mit Ausnahme der ersten **Schröder-**Regierung – immer mindestens 25 Prozent, wohingegen dieser Anteil im Bundestag gegenwärtig bei etwa 15 Prozent liegt. Der am längsten amtierende Bundesminister war der Innen- und Außenminister **Hans-Dietrich Genscher** (FDP) mit insgesamt über 22 Jahren, während **Hans-Christoph Seebohm** (DP, später CDU) mit über 17 Jahren als Verkehrsminister am längsten ununterbrochen im Amt war. Das am längsten amtierende Mitglied der Bundesregierung war **Angela Merkel** (CDU) mit über 23 Jahren, davon 16 als Bundeskanzlerin. Zwar hatten wir mit ihr schon eine Bundeskanzlerin, und mit dem derzeitigen Kabinett stehen die Außen- und Innenressorts erstmals unter weiblicher Führung, bislang gab es jedoch noch keine Finanz- oder Verkehrsministerin, ebenso wenig eine Chefin des Bundeskanzleramts. Das erste weibliche Kabinettsmitglied überhaupt war **Elisabeth Schwarzhaupt** von 1961 bis 1966, als Bundesministerin für das Gesundheitswesen.

In den einzelnen Bundesländern gibt es die **Landtage** und die **Landesregierungen**, denen die **Ministerpräsidenten** oder bei den **Stadtstaaten** Hamburg, Bremen und Berlin die **Ober-** oder **Regierenden Bürgermeister** vorstehen. Legendäre Landesväter waren u. a. Franz Josef Strauß in Bayern, Johannes Rau in Nordrhein-Westfalen und Georg August Zinn in Hessen. Die Länder wirken bei einem Teil der Bundesgesetze über den **Bundesrat** an der Gesetzgebung mit – seit der Föderalismusreform im Jahr 2006 liegt der Anteil der zustimmungsbedürftigen Gesetze bei knapp 40 Prozent. Die Anzahl der 69 Bundesratssitze verteilt sich entsprechend der Bevölkerung – jede Landesregierung verfügt jedoch über mindestens drei und maximal sechs Stimmen.

Die Rechtsprechung wird von den Gerichten ausgeübt. Es gibt sie sowohl auf Bundes- als auch auf Landesebene, z. B. Amtsgerichte und Oberlandesgerichte. Das **Bundesverfassungsgericht** wacht in Karlsruhe als höchstes deutsches Gericht über die Einhaltung der Verfassung, und seine 16 Richter treffen in seidenen scharlachroten Roben Entscheidungen über die Auslegung und Anwendung des Grundgesetzes. Von 2020 bis 2023 waren insgesamt neun Frauen am Bundesverfassungsgericht vertreten, d.h. es war erstmalig mehrheitlich weiblich besetzt. Weitere Bundesgerichte sind u.a. der **Bundesgerichtshof** in Karlsruhe und Leipzig, das **Bundesverwaltungsgericht** in Leipzig, das **Bundesarbeitsgericht** in Erfurt und der **Bundesfinanzhof** in München.

Ein elementares Strukturprinzip des deutschen politischen Systems ist der **Föderalismus**, d.h. die Bundesländer können in einem festgelegten Rahmen unabhängig von der Bundesregierung Gesetze erlassen sowie Steuern erheben und haben in bestimmten Bereichen, z.B. Bildung und öffentliche Sicherheit, die Hoheitsgewalt. Salopp gesagt: Das ist dann Ländersache. Der Bund verfügt auch nur dann in Gesetzgebung, Verwaltung und Rechtsprechung über Kompetenzen, wenn ihm diese in der Verfassung explizit zugewiesen sind – gemäß dem **Subsidiaritätsprinzip**.

Unter den etwa 24 Staaten der Welt, die föderal aufgebaut sind, finden sich neben Deutschland u.a. die USA, Brasilien, Australien, Indien, Kanada, Mexiko, Österreich und die Schweiz. Einige Staaten wie Italien, Spanien und das Vereinigte Königreich weisen quasi föderale Elemente auf, so gestehen sie ihren Regionen wie Trentino-Südtirol, Katalonien und Schottland durchaus Autonomierechte zu – diese bleiben aber dennoch dem Zentralstaat untergeordnet.

Ein Geben und Nehmen

Um gleichwertige Lebensverhältnisse in der Bundesrepublik herzustellen, wird durch den **Länderfinanzausgleich** jährlich ein Milliardenbetrag von den wirtschaftlich stärkeren Geberländern - heutzutage Baden-Württemberg, Hessen, Hamburg und Bayern (bis in die 1980er-Jahre übrigens selbst Profiteur!) - in die wirtschaftlich schwächeren Nehmerländer, allen voran Berlin, transferiert.

Um ihre staatlichen Aufgaben zu finanzieren, erhalten öffentliche Haushalte Gelder u.a. aus Steuern, Gebühren und anderen Beiträgen. Wenn die Einnahmen nicht ausreichen, müssen Kredite aufgenommen werden, um die Ausgaben zu decken. Die wichtigste Einnahmequelle waren hierzulande im Jahr 2021 die erhobenen Steuern, insgesamt rund 830 Milliarden Euro, wobei vor allem die progressive Lohn- bzw. Einkommensteuer (291 Mrd. Euro) und Umsatzsteuer (251 Mrd. Euro) die Staatskasse füllen. Wer was bekommt, regelt das Grundgesetz und weist manche Steuern Bund, Ländern und Gemeinden gemeinschaftlich zu. Einige Steuern sind daher **Gemeinschaftssteuern**, wie z.B. Körperschaftsteuer, Umsatzsteuer und Lohn-/Einkommensteuer. Letztere gehen jeweils zu 42,5 Prozent an Bund und Länder, den Gemeinden verbleiben davon 15 Prozent. Zu den **Bundessteuern** zählen z.B. Tabaksteuer, Kfz-Steuer, Stromsteuer und Luftverkehrsteuer, **Landessteuern** sind u.a. Erbschafts-/Schenkungssteuer und Biersteuer, und die bekannteste **Gemeindesteuer** ist die Hundesteuer.

Theorie und Praxis

Gemäß der nach einem US-Ökonomen benannten **Laffer-Kurve** können Steuereinnahmen durch Steuersenkungen steigen. Der Zusammenhang zwischen beiden Größen hat die Form eines umgekehrten »U«, d. h. der Staat nimmt am wenigsten ein, wenn der Steuersatz bei 0 Prozent und bei 100 Prozent (keiner will mehr arbeiten) liegt. Das Problem ist jedoch: Niemand weiß, wo der Scheitelpunkt liegt, und so mancher Praxistest schlug fehl.

Zum Schutz gegen allgemeine Lebensrisiken gibt es in Deutschland fünf schrittweise eingeführte Versicherungen: Bereits seit Ende des 19. Jahrhunderts existieren die **Kranken-, Unfall-** und **Rentenversicherung**, die **Arbeitslosenversicherung** folgte im Jahr 1927, und die **Pflegeversicherung** gibt es erst seit Mitte der 1990er-Jahre. Diese sind für Arbeitnehmer in der Regel verpflichtend, wobei manche Beiträge vom Arbeitgeber zu gewissen Teilen mitgetragen werden. Ausnahmen gelten für geringfügig Beschäftigte, Beamte und Soldaten. Nicht pflichtversicherte Personen können sich freiwillig versichern – eine Kranken- und Pflegeversicherung, ob gesetzlich oder privat, ist jedoch auch für Selbstständige und Freiberufler ein Muss.

Leitend ist das **Prinzip der Solidarität:** Alle Versicherten zahlen – abhängig von ihrem Einkommen – einen bestimmten Betrag ein, unabhängig davon, ob sie Leistungen in Anspruch nehmen oder nicht. So fließen z.B. Beiträge in den Gesundheitsfonds der gesetzlichen Krankenversicherung, aus dem die Behandlung aller Bundesbürger, wie diverse Vorsorgeuntersuchungen oder größere Operationen, bezahlt wird. Daneben gibt es private Krankenkassen, deren Prämien individuell festgelegt werden – je nach Risikoprofil und gewünschtem Leistungsumfang. Die Arbeitslosenversicherung springt ein, um den Verdienstausfall bei Jobverlust zumindest zeit- und teilweise zu kompensieren. Die Agentur für Arbeit unterstützt bei der Suche nach einem neuen Arbeits- oder Ausbildungsplatz, bietet Umschulungen an und hilft bei der Wiedereingliederung in den Arbeitsmarkt. Die Leistungen der Rentenversicherung stehen in einem bestimmten Verhältnis zu den eingezahlten Beiträgen (**Rentenformel**). Allerdings zahlt man nicht auf ein persönliches Konto ein, sondern die Rentenbezüge werden durch die Beiträge der derzeitigen arbeitenden Bevölkerung finanziert. Daher stellt der demografische Wandel eine große Herausforderung für die Zukunft der Renten dar. Private Versicherungen basieren auf einem Kapitaldeckungsverfahren, wobei die eingezahlten Beiträge verzinst oder in andere Anlageformen investiert werden, um im Leistungsfall ausgezahlt zu werden.

Weitere Bestandteile der sozialen Absicherung in Deutschland sind u. a. das **Bürgergeld** für Erwerbsfähige (vormals: ALG II und Sozialgeld), die **Grundsicherung** im Alter und weitere Leistungen der **Sozialhilfe**, die ein menschenwürdiges Existenzminimum gewährleisten sollen. In Deutschland wird Armut oftmals als relatives Maß definiert, wem beispielsweise weniger als 50 Prozent des Medians des Nettoäquivalenzeinkommens zur Verfügung steht, gilt als arm.

Die **Gesamtausgaben des Bundes** summierten sich im letzten Vor-Corona-Jahr 2019 auf rund 357 Milliarden Euro. Das Ressort mit den höchsten Ausgaben war mit Abstand das Bundesministerium für Arbeit und Soziales mit 144 Milliarden Euro, was rund 40 Prozent entspricht. Darauf folgten die Ressorts Verteidigung (ca. 43 Mrd. Euro), Verkehr und digitale Infrastruktur (ca. 29 Mrd. Euro) sowie Bildung und Forschung (ca. 17 Mrd. Euro). Für die Bundesschuld (Kreditaufnahme und Schuldendienst) musste der Staat 13 Milliarden Euro hinblättern. In den vergangenen Jahren sind – wenig überraschend – die Ausgaben im Gesundheitssektor sowie der allgemeinen Finanzverwaltung (Stichwort: Coronahilfen) signifikant gestiegen. Grundsätzlich wird der Bundeshaushalt jedes Jahr dem Finanzbedarf entsprechend aufgestellt.

Zauberhafte Ziele

Vier wirtschaftspolitische Staatsziele, die gleichzeitig und im selben Umfang erfüllt werden sollen, werden unter dem Begriff »Magisches Viereck« gefasst: Preisniveaustabilität, hoher Beschäftigungsstand, außenwirtschaftliches Gleichgewicht sowie stetiges und angemessenes Wirtschaftswachstum. Mit den Zielen »Umweltschutz« und »gerechte Einkommensverteilung« kann es zu einem Sechseck erweitert werden.

WAHLEN UND WAHLSYSTEME

In Demokratien entscheiden die Wähler über Sieg und Niederlage der Kandidaten und Parteien. Der Ausgang einer Wahl ist allerdings stets abhängig davon, wie die Stimmen ausgewertet werden. Grob unterscheidet man bei Wahlsystemen zwischen **Mehrheits-** und **Verhältniswahlrecht**. Ersteres beinhaltet in der Regel eine **Persönlichkeitswahl**, d.h. die Wähler entscheiden an der Urne zwischen verschiedenen Kandidaten, und die Person mit den absolut oder relativ meisten Stimmen zieht ins

Parlament ein. In der **Unterhauswahl** des Vereinigten Königreichs, bei der **Nationalversammlungswahl** in Frankreich und bei den Wahlen zum **Repräsentantenhaus** und dem **Senat** in den USA sowie dem **Wahlkollegium**, das den US-Präsidenten wählt, wird dieses Wahlverfahren angewendet. Wenn sich immer nur der Kandidat mit den meisten Stimmen durchsetzt, hat dies zur Folge, dass die stärksten Parteien begünstigt werden und sich üblicherweise **Zweiparteiensysteme** herausbilden, in den USA z.B. mit den **Demokraten** und **Republikanern** und in UK mit der **Conservative Party (Tories)** und der **Labour Party**. Im Gegensatz dazu werden bei einer **Verhältniswahl** die Parlamentssitze möglichst genau in dem Verhältnis zugeteilt, in dem auch abgestimmt wurde. Somit hat jede Stimme Einfluss auf das Ergebnis.

Die Wahlen zum Deutschen Bundestag folgen einem **personalisierten Verhältniswahlrecht** und damit einer Kombination aus beiden Systemen. Wie viele Vertreter welcher Partei auf den blauen Stühlen im Bundestag Platz nehmen dürfen, ist zwar maßgeblich von der relativen Anzahl der Kreuze bei der **Zweitstimme** abhängig, da mit der **Erststimme** allerdings der Wahlkreiskandidat direkt gewählt wird, der dann bei relativer Stimmenmehrheit direkt in den Bundestag einzieht, weist unser Wahlsystem auch ein Element der Mehrheitswahl auf. Während viele Parlamente stets die gleiche Anzahl an Abgeordneten haben, ist der Bundestag durch komplexe Konstruktionen wie Überhang- und Ausgleichsmandate stetig gewachsen.

Je mehr Parteien am Gesetzgebungs- und Regierungsbildungsprozess beteiligt sind, desto geringer wird die politische Gestaltungs- und Handlungsfähigkeit und desto fragiler sind **Koalitionen**. In der Weimarer Republik waren bis zu 17 Parteien im Reichstag vertreten, und auch im ersten, 1949 gewählten

Bundestag war die Anzahl von Parteien im Parlament zweistellig. **Sperrklauseln** sollten eine zu starke Zersplitterung verhindern. So gilt seit 1953 bei der Bundestagswahl eine bundesweite **Fünfprozenthürde**. Seither schwankte die Anzahl der vertretenen Parteien zwischen drei und sechs. Zwischen 1961 und 1983 waren mit SPD, CDU/CSU und FDP lediglich drei Fraktionen im **Bundesparlament** vertreten. Mittlerweile sind es mit Bündnis 90/Die Grünen (seit 1983 vertreten) und der AfD (seit 2017) fünf Fraktionen. Die Partei »Die Linke« verlor nach dem Austritt vieler Abgeordneter in der gegenwärtigen Legislaturperiode ihren Fraktionsstatus. Die **politischen Parteien** wirken laut Artikel 21 des Grundgesetzes an der politischen Willensbildung mit, nehmen also explizit eine wichtige Rolle ein.

GRUNDLEGENDE FAKTEN ZU DEN GRÖSSTEN DEUTSCHEN PARTEIEN, DIE SIE KENNEN SOLLTEN

(Stand: Dezember 2023)

CDU (Christlich Demokratische Union Deutschlands): 384 204 Mitglieder; Gründung: 1945; Ausrichtung: Mitte-rechts, Konservatismus, soziale Marktwirtschaft, proeuropäisch, Volkspartei; Jugendorganisation: Junge Union; parteinahe Stiftung: Konrad-Adenauer-Stiftung. Fraktionsgemeinschaft mit der bayerischen CSU im Bundestag. Vertreten in 15 Landesparlamenten (lediglich im bayerischen Landtag nicht vertreten, da die CDU dort zugunsten der CSU nicht antritt) und 8 Landesregierungen.

SPD (Sozialdemokratische Partei Deutschlands): 379 861 Mitglieder; Gründung: 1863 (als Allgemeiner Deutscher Arbeiterverein); Ausrichtung: Mitte-links, Sozialdemokratie, Progressivismus, Volkspartei; Jungsozialisten in der SPD (Jusos); Friedrich-Ebert-Stiftung. Vertreten in 16 Landesparlamenten und 11 Landesregierungen.

Bündnis 90/Die Grünen: 126451 Mitglieder, Gründung: 1980, Vereinigung: 1993, Ausrichtung: Umweltpolitik, Klimaschutz; Grüne Jugend; Heinrich-Böll-Stiftung. Vertreten in 15 Landesparlamenten und 11 Landesregierungen.

FDP (Freie Demokratische Partei): 77276 Mitglieder, Gründung: 1948, Ausrichtung: (Wirtschafts-)Liberalismus; Junge Liberale; Friedrich-Naumann-Stiftung. Vertreten in 11 Landesparlamenten und 2 Landesregierungen.

Die Linke: 54214 Mitglieder, Gründung: 2007, Ausrichtung: demokratischer Sozialismus, Anti-Militarismus; Linksjugend solid; Rosa-Luxemburg-Stiftung. Vertreten in 9 Landesparlamenten und 3 Landesregierungen.

AfD (Alternative für Deutschland): 28636 Mitglieder, Gründung: 2013, Ausrichtung: Rechtspopulismus, Rechtsextremismus, Nationalkonservatismus; Junge Alternative für Deutschland (JA). Vertreten in 14 Landesparlamenten und keiner Landesregierung.

Seit 1949 ununterbrochen im Deutschen Bundestag vertreten sind die CDU und CSU, die gemeinsam eine Fraktion bilden. Mit **Konrad Adenauer, Ludwig Erhard, Kurt Georg Kiesinger, Helmut Kohl** und **Angela Merkel** stellte die Partei fünf der neun bisherigen Bundeskanzler. Der SPD, die ebenso seit 1949 im Bundestag vertreten ist, gehörten die restlichen vier Kanzler an: **Willy Brandt, Helmut Schmidt, Gerhard Schröder** und **Olaf Scholz**.

Artikel 38 des Grundgesetzes garantiert das Recht auf allgemeine, unmittelbare, freie, gleiche und geheime Wahlen. Jeder Staatsbürger, der das 18. Lebensjahr vollendet hat, hat das aktive **Wahlrecht**. Gewählt werden kann man ebenfalls ab dem Erreichen der Volljährigkeit. Prominente Ausnahme ist das formell höchste Amt der Republik: Um **Bundespräsident** zu werden, muss man mindestens 40 Jahre alt sein.

Das Staatsoberhaupt, das vor allem, aber nicht nur repräsentative Aufgaben wahrnimmt, wird für eine Amtszeit von fünf Jahren von der Bundesversammlung gewählt, und eine anschließende Wiederwahl ist nur einmal zulässig. Die Wahl des Bundespräsidenten ist die einzige Aufgabe der Bundesversammlung, die sich aus allen Mitgliedern des Deutschen Bundestages und ebenso vielen von den Parlamenten der Länder gewählten Wahlleuten zusammensetzt. In der Villa Hammerschmidt in Bonn und nach der Wiedervereinigung auch im Schloss Bellevue in Berlin residierten bisher zwölf Männer, darunter der erste Amtsinhaber **Theodor Heuss** (FDP), **Gustav Heinemann** (SPD), **Richard von Weizsäcker** (CDU), der 40 Jahre nach Kriegsende am 8. Mai 1985 eine legendäre Rede hielt und so geschätzt wurde, dass er als Einziger bisher ohne Gegenkandidaten (wieder-)gewählt wurde, der ehemalige Präsident des Bundesverfassungsgerichts und »Ruck-Rede«-Halter **Roman Herzog** (CDU) und der parteilose Pastor **Joachim Gauck**.

Bella Italia

Die Italienische Republik hatte seit ihrer Gründung im Jahr 1946 satte 67 Regierungen unter 30 Ministerpräsidenten. In der Bundesrepublik Deutschland gab es seit 1949 im Vergleich nur 24 Regierungskabinette unter neun Bundeskanzlern. Anders als in Deutschland muss in Italien bei einem Misstrauensvotum nicht automatisch ein neuer Regierungschef gewählt werden. Romano Prodi wurde ab 2006 von sage und schreibe 14 Parteien getragen. Die Koalition hielt nicht einmal zwei Jahre.

Welche politischen Amtsträger sollte man kennen? Eine pauschale Antwort zu geben, ist schwierig – aber mindestens die Hälfte der 14 Bundesminister inklusive Ressort und die Hälfte der 16 Ministerpräsidenten mit ihrem jeweiligen Bundesland sollte man namentlich benennen und bestenfalls auch politisch einordnen können. Gleiches gilt zumindest für die Namen der Staats- und Regierungschefs der G20. Die amtierende EU-Kommissionspräsidentin, den aktuellen UN-Generalsekretär und die derzeitige Präsidentin der EZB zu erkennen, sollte ebenfalls drin sein. Das zählt meines Erachtens zum Allgemeinwissen und sollte ja auch so schwer nicht sein, denn in der Regel dominieren die wichtigsten Amts- und Entscheidungsträger die politische Berichterstattung.

INTERNATIONALE POLITIK

Mehr als ein Fünftel der anerkannten unabhängigen Staaten sind **Monarchien**. Die Rolle der royalen Oberhäupter reicht von vornehmlich repräsentativen Aufgaben, wie beim Tenno im Kaiserreich Japan, bei den europäischen Monarchen in Skandinavien, Spanien, den Beneluxstaaten und Großbritannien sowie den 14 Staaten, zumeist ehemalige britische Kolonien, die König Charles III. noch als Staatsoberhaupt anerkennen, bis zur absolutistisch-autokratischen Machtfülle, die der Sultan Bruneis, die Königsfamilie Saudi-Arabiens, der Emir in Katar und der König Eswatinis im südlichen Afrika ausüben.

Aus der Reihe der parlamentarischen, konstitutionellen und absoluten Monarchien sticht das südostasiatische Malaysia hervor, das als **Wahlmonarchie** alle fünf Jahre nach dem Rotationsprinzip einen neuen König aus der Reihe der subnationalen Sultanate als Staatsoberhaupt wählt.

Einige **Demokratien** zeichne(te)n sich durch eine enorme Regierungsdominanz einer einzelnen Partei aus. So gewann die sozialdemokratische **Partido Revolucionario Institucional** von 1929 bis 2000 mit jedem Kandidaten die Präsidentschaftswahl in **Mexiko**, häufig mit über 80 Prozent der Stimmen, und die **Liberaldemokratische Partei Japans** stellte seit 1955 – mit Ausnahme der Jahre 1993, 1994 und 2009 bis 2012 – stets die Regierung. Japan weist ein für Demokratien zudem eher unübliches Merkmal der Regierungsoberhäupter auf, denn beim Blick in die Liste der Premierminister gewinnt man den Eindruck, dass Politik ein erbliches Privileg ist: Die Großväter von vier Premierministern der letzten 30 Jahre bekleideten bereits das Amt, in das ihre Enkel ihnen folgten – und dies ist beileibe nicht die einzige Familienkonstellation.

Auch wenn Politik in Japan trotz einer lupenreinen demokratischen Grundordnung einer Familiensache gleicht, sind politische Dynastien in Demokratien kein exklusiv japanisches Phänomen. So stellte die Familie **Bush** zwei US-Präsidenten, **Hillary Clinton** scheiterte knapp daran, ihrem Mann zu folgen und ihn zum First Gentleman of the United States zu machen, **Justin Trudeau** trat als kanadischer Premierminister in die Fußstapfen seines Vaters Pierre, in Griechenland stellte Familie **Papandreou** mit Georgios, Andreas und Giorgios in gleich drei Generationen das Regierungsoberhaupt. Weitere Beispiele zumindest teilweise durch freie Wahlen legimitierter politischer Amtsnachfolger: In Indien folgten sowohl die Tochter Indira Gandhi als auch der Enkel Rajiv Gandhi (beide nicht mit Mahatma Gandhi verwandt!) dem ersten Premierminister **Jawaharlal Nehru**, in Sri Lanka (Familien **Rajapaksa** und **Bandaranaike**), Südkorea (Vater und Tochter **Park**), in Singapur (Vater und Sohn **Lee**), auf den Philippinen (Familien **Marcos, Aquino** und **Macapagal**), in Malaysia (Vater und Sohn **Razak**), in Kenia (Vater und Sohn **Kenyatta**), im Libanon (Vater und Sohn **Hariri**) und in Indonesien, wo **Megawati**, die Tochter des ersten Staatspräsidenten **Sukarno**, Anfang der 2000er-Jahre regierte.

Einige Staaten zeichnen sich nicht nur durch die *de jure* festgelegte Regierung einer einzelnen Partei aus, diese ist – abgesehen von oft ebenfalls existierenden Schein- oder Blockparteien – oft die einzige, die legal regieren darf. Die Anzahl dieser in der Regel autoritär geführten Staaten mit **Einparteiensystem** ging nach dem Fall der Sowjetunion und einigen Wellen der Demokratisierung auf dem afrikanischen Kontinent stark zurück, doch in mindestens sechs Staaten ist der Staat von der Partei nicht zu trennen: Vietnam, Eritrea, Laos, Nordkorea, Kuba und Volksrepublik China.

Die **Kommunistische Partei Chinas** hat etwa 98 Millionen Mitglieder, und jegliche politische Karriere setzt ein Parteibuch voraus. Anders als in Deutschland ist die Beantragung einer Mitgliedschaft nicht nur eine formale Angelegenheit, ihr geht sogar ein Ausleseverfahren mit zu absolvierender Prüfung voraus. Die Ämterlaufbahn der mächtigsten Politiker verläuft parallel in Staat und Partei. So führte der Weg des Staatspräsidenten **Xi Jinping** z.B. über die Posten des Gouverneurs der Provinz Fujian und des Parteichefs in Shanghai an die Spitze von Staat und Partei. In der hiesigen Berichterstattung, die sich auf uns geläufigere Ämter konzentriert, geht meist unter, dass der chinesische Präsident traditionell zwei weitere Ämter bekleidet, die Landeskenner und Politikwissenschaftler als machtvoller bewerten: Xi ist **Generalsekretär** der Kommunistischen Partei Chinas, also deren ranghöchstes Mitglied, und **Vorsitzender der Zentralen Militärkommission**, also quasi Oberbefehlshaber der Volksbefreiungsarmee, der personell stärksten Armee der Welt. Der Generalsekretär führt das wichtigste Gremium des Parteistaats: den **Ständigen Ausschuss des Politbüros**. Diesem gehören die mächtigsten sieben bis neun Mitglieder des 20-köpfigen Politbüros an (die Anzahl variiert zwischen den Fünfjahresperioden), u.a. der Premierminister und Vorsitzende des Nationalen Volkskongresses. Dies ist das chinesische Quasiparlament, die formal größte Legislative der Welt, die allerdings ein reines Absegnungsorgan ist. Aufgrund der fehlenden Transparenz kann über die politischen Prozesse und inneren Mechanismen in den Gremien hinter den verschlossenen Türen in Zhongnanhai, dem Machtzentrum der Volksrepublik mit Partei- und Regierungssitz, gewissermaßen dem Weißen Haus und dem Kapitol Chinas in einem, oft nur gemutmaßt werden.

In Demokratien werden die Machtkämpfe zwischen verschiedenen Lagern öffentlich ausgetragen, und das Volk als **Souverän** mit der Wahlurnenkompetenz wird direkt umworben und angesprochen, was die jeweiligen Wettbewerber und Protagonisten sichtbarer macht. Während wir in Deutschland oft selbst über einzelne US-Senatoren, Minister und Gouverneure aus den Nachrichten erfahren, insbesondere die mit Präsidentschaftsambitionen, beschränkt sich unser Wissen über das chinesische Politikpersonal auf Präsident, Premierminister und Außenminister. Um in diese Posten zu gelangen, bedarf es neben einem ausgezeichneten Netzwerk vor allem – und dies ist gewiss ein Unterschied zu medialen Massendemokratien – hervorragender Führungsnachweise auf lokaler und regionaler Ebene. Chinesische Kommunen, Städte und Provinzen haben jeweils festgelegte Zielmarken, die in bestimmten Zeiträumen erreicht werden sollen. Dies umfasst neben dem Wirtschaftswachstum mittlerweile auch Umwelt- und Sozialziele. Für die Umsetzung ist das jeweilige Spitzenpersonal in Partei und Staat verantwortlich. Wer die Vorgaben erfüllt, hat wesentlich bessere Chancen auf Beförderung und Aufstieg in der Polithierarchie. Dieses **meritokratische**, also auf Leistung beruhende Element ist ein wesentliches Anreizinstrument und Strukturelement, das gewisse, vor allem wirtschaftliche Erfolge teilweise erklären kann.

In westlichen Demokratien können Spitzenpositionen ohne große politische Leitungserfahrung besetzt werden, ein Beispiel wäre etwa Ex-US-Präsident Donald Trump, der kein einziges politisches Amt vor seiner Präsidentschaft innehatte. Auch sein Vorgänger, Barack Obama, wirkte vor seiner Wahl lediglich einige Jahre als US-Senator politisch in Washington, D.C. Solche Karrieresprünge sind im chinesischen Politiksystem undenkbar und unmöglich, wie auch immer man diese effektive Schranke bewertet. Der Druck, die Vorgaben für den weiteren Karriereweg erreichen zu müssen, zieht nach sich, dass dies nicht immer ganz legal geschieht, sondern Korruption und Datenfälschung ein ständiger Begleiter sind. Zudem wurden viele Kollektivziele auf Kosten der Individualrechte erreicht, sei es beim Bau des Drei-Schluchten-Staudamms oder das enorme wirtschaftliche Wachstum der Werkbank der Welt durch Millionen von geduldeten Wanderarbeitern ohne legale Aufenthaltserlaubnis (hukou). Das Erreichen des Ziels ist wichtiger als der Weg.

Viermaliger Präsident der USA

Franklin D. Roosevelt hatte als Einziger vier Amtszeiten (von 1933 bis zu seinem Tod im April 1945). Ab 1951 wurden diese per Verfassungszusatz auf zwei beschränkt.

EINIGE WIRTSCHAFTLICHE INDIZES UND KENNZAHLEN, DIE SIE KENNEN SOLLTEN

Staatsschuldenquote: zeigt das Verhältnis zwischen den Staatsschulden und dem nominalen Bruttoinlandsprodukt (BIP) eines Staates an. Man kann zwischen Inlands- und Auslandsverschuldung unterscheiden, abhängig davon, wo die Gläubiger sind. So gut wie alle Staaten der Welt sind mehr oder weniger verschuldet. Eine zu hohe Schuldenquote kann die Kreditwürdigkeit negativ beeinflussen. Ratingagenturen wie Standard & Poor's, Moody's und Fitch bewerten, wie kreditwürdig ein Land ist. Deutschland ist eines von zehn Ländern mit der Bestbewertung Triple A oder AAA, die USA kommen derzeit auf AA+. Die Mitglieder der EU haben sich dazu verpflichtet, dass die Staatsschulden nicht mehr als 60 Prozent des BIP betragen dürfen und das jährliche Haushaltsdefizit (= Neuverschuldung) nicht höher als 3 Prozent des BIP sein darf - was freilich viele nicht einhalten. Am höchsten verschuldet ist Japan mit einer Quote von 260 Prozent, gefolgt von Griechenland (177 %). Ebenfalls sehr hoch liegen Italien (145 %), die USA (122 %) und Frankreich (111 %) - im Vergleich dazu rangiert Deutschland mit 67 Prozent im globalen Mittelfeld. Dass ein Staat seine Schulden nicht (rechtzeitig) begleicht, ist gar nicht so selten. Seit 1980 gab es mindestens 80 Fälle von insolventen Staaten, so z.B. Argentinien im Jahr 2001.

Staatsquote: gibt das Verhältnis der Staatsausgaben zum BIP wieder. Je höher sie ist, umso stärker ist der Einfluss der Staatsfinanzen auf die Volkswirtschaft. Diese Kennzahl hat hierzulande in den letzten Jahren zugenommen. Sie lag zuletzt bei über 52 Prozent, d.h. mehr als jeder zweite Euro ging durch die Hände des Staates. In den 1950er-Jahren bis 1970 waren es noch zwischen 30 und 40 Prozent gewesen. Seit Mitte der 1970er-Jahre pendelte sie im Bereich von 40 bis 50 Prozent. In Frankreich liegt die Staatsquote bei über 60 Prozent und in Schweden bei knapp über 50 Prozent. Die USA und das Vereinigte Königreich weisen niedrigere Werte auf, wenn auch mit etwas über 40 Prozent nicht so deutlich, wie viele dies wohl vermuten würden. Die Schweiz liegt lediglich bei 35 Prozent.

Press Freedom Index: Die Nichtregierungsorganisation Reporter ohne Grenzen erstellt auf der Grundlage von Fragebögen ein Ranking von Ländern nach dem Grad der in ihnen geltenden Pressefreiheit. Auf den ersten Plätzen finden sich traditionell skandinavische Länder, auf den letzten rangieren Nordkorea, China, Vietnam und der Iran.

Demokratieindex: Die renommierte britische Zeitschrift *The Economist* berechnet anhand von fünf Faktoren einen Demokratisierungsgrad der über 160 untersuchten Länder und ordnet die Staaten dann als »vollständige Demokratien«, »unvollständige Demokratien«, »Hybridregime« und »autoritäre Regime« ein. Letztere machen demnach 35 Prozent der begutachteten Länder aus - vor allem in Afrika und Asien -, in denen über 37 Prozent der Weltbevölkerung leben. Als vollständige Demokratien gelten nur 21 Prozent der Staaten, in denen nur etwas mehr als 6 Prozent der Menschen leben. Eine Demokratisierungswelle ist weltweit momentan genauso wenig erkennbar wie ein deutlicher Rückzug dieser Staatsform. Ihr Anteil hat seit den 1990er-Jahren zugenommen. Eine Demokratie gilt in der politischen Forschung als konsolidiert, wenn sie zwei friedliche Machtwechsel erlebt hat. Vor allem Schwellen- und Entwicklungsländer betrachtet der Bertelsmann Transformation Index.

Index für wirtschaftliche Freiheit: Dieser wird seit 1995 jährlich durch die Heritage Foundation und das *Wall Street Journal* berechnet, wobei der Grad der wirtschaftlichen Freiheit auf der Basis von Bewertungen zur Rechtsstaatlichkeit, der Rolle des Staates in der Wirtschaft, der Effizienz der Regulierung und der Offenheit der Märkte ermittelt wird. Das Ranking führten der südostasiatische Stadtstaat Singapur vor der Schweiz, Irland, Neuseeland und Luxemburg an. Deutschland landete zuletzt auf dem 16. Platz der 177 untersuchten Länder. Die Schlusslichter bilden - wenig überraschend - Nordkorea, Venezuela und Kuba.

Gini-Koeffizient: ein nach einem italienischen Statistiker benanntes Maß für Ungleichverteilungen, das insbesondere bei Untersuchungen zu Einkommen und Vermögen benutzt wird. Je höher der Wert, desto ungleicher ist die Verteilung.

Außenhandelsquote: zeigt tendenziell die Relation zwischen der Summe aus den Exporten und Importen von Waren und Dienstleistungen und dem BIP an und ist ein Maßstab für die Integration eines Landes in den Welthandel. Der ehemalige Exportweltmeister Deutschland ist mit einer Quote von knapp 90 Prozent hier überdurchschnittlich stark, und das trotz eines großen Binnenmarktes. Der derzeitige Exportweltmeister China kommt auf etwa 37 Prozent, die USA lediglich auf 25 Prozent.

Das grundlegende Prinzip des **Völkerrechts** ist das **Souveränitätsrecht** der Staaten, das deren Unabhängigkeit, Selbstbestimmung und territoriale Integrität betont. Die Staaten sind rechtlich einander gleichgestellt, unabhängig von ihrer Größe, Bevölkerung oder wirtschaftlicher Macht. Allerdings weicht die De-facto-Realität nicht selten von diesem Ideal ab.

Staaten sind *de jure* unabhängige und autonome Einheiten, die innerhalb ihrer Grenzen und im Einklang mit internationalen Verpflichtungen ihre eigenen Angelegenheiten regeln können, ohne Einmischung von außen dulden zu müssen. Territoriale Grenzen müssen respektiert und dürfen ohne Zustimmung eines betroffenen Staates nicht verändert werden. Staaten sind zudem verpflichtet, ihre Streitigkeiten auf friedliche Weise zu lösen. Das **Völkerrecht** verbietet die Anwendung von Gewalt als Mittel zur Durchsetzung von Ansprüchen oder zur Lösung von Streitigkeiten, es sei denn, es liegt eine Ausnahme vor, wie bei Selbstverteidigung oder einer autorisierten Maßnahme des UN-Sicherheitsrats. *Pacta sunt servanda* – »Verträge müssen eingehalten werden« – stellt das grundlegende Prinzip dar, dass Staaten, die Verträge und Vereinbarungen eingegangen sind, diese auch einhalten müssen, wie z. B. die Genfer Konvention.

Die bedeutendste internationale Organisation sind die **Vereinten Nationen** (United Nations, kurz UN), denen fast alle Staaten, nämlich 193, angehören. Eines ihrer wichtigsten Organe ist der **UN-Sicherheitsrat**, der aus fünf ständigen Mitgliedern (USA, Russland, China, Frankreich und Großbritannien) sowie zehn nicht ständigen Mitgliedern, die alle zwei Jahre gewählt werden, besteht. Er ist verantwortlich für die Wahrung des Weltfriedens und der internationalen Sicherheit. Er kann Sanktionen verhängen, militärische Maßnahmen autorisieren, um Konflikte zu lösen, und **UN-Friedenstruppen**, die sogenannten Blauhelmsoldaten, entsenden. Die fünf ständigen Mitglieder verfügen über ein **Vetorecht**, was die Verabschiedung von **UN-Resolutionen** häufig sehr schwierig gestaltet und den Sicherheitsrat mitunter zu einem bloßen Schautheater degradiert, insbesondere wenn ausgerechnet eine Konfliktpartei dieses Recht besitzt.

Der **Generalsekretär der Vereinten Nationen** bekleidet das höchste Amt der UN. Er wird vom UN-Sicherheitsrat ernannt und von der **UN-Generalversammlung** bestätigt, deren Mitglieder jeweils eine Stimme haben. Als höchster Diplomat der UN hat er die Aufgabe, die Beziehungen zwischen den Mitgliedstaaten zu fördern und Konflikte zu lösen. Das Amt wird meist von Karrierediplomaten und Außenpolitikern ausgeübt, die abwechselnd von verschiedenen Kontinenten stammen – so gingen dem aktuellen, aus Portugal stammenden UN-Generalsekretär **António Guterres** der Südkoreaner **Ban Ki-moon** und der Ghanaer **Kofi Annan** voraus. In der Regel werden die Diplomaten nach ihrer ersten fünfjährigen Amtszeit wiedergewählt, was bisher nur **Boutros Boutros-Ghali** misslang. Dem Ägypter verweigerten die USA die Zustimmung, schließlich trat er dem Land sehr kritisch entgegen und vertrat seine Rolle den hohen globalen Erwartungen entsprechend – wobei die Amtsträger diesen bei realistischer Betrachtung angesichts ihrer begrenzten Macht und ihres Status als Konsenskandidat ohnehin nicht gerecht werden können.

WICHTIGE UNTERORGANISATIONEN DER VEREINTEN NATIONEN, DIE SIE KENNEN SOLLTEN

Food and Agriculture Organization (FAO): Die in Rom ansässige Welternährungsorganisation soll die weltweite Verteilung und Produktion von landwirtschaftlichen Gütern, insbesondere Nahrungsmitteln, verbessern, um die Ernährung der Weltbevölkerung sicherzustellen.

International Labour Organization (ILO): Das Ziel der ILO in Genf ist die Weiterentwicklung internationaler Arbeitsstandards in Absprache mit Gewerkschaften, Arbeitgebern und Regierungen, um soziale Gerechtigkeit sowie Menschen- und Arbeitsrechte zu fördern.

United Nations Children's Fund (UNICEF): Der Schwerpunkt der Arbeit des Kinderhilfswerks der Vereinten Nationen in New York liegt in Entwicklungsländern und in den Krisengebieten der Erde, wo es Kinder und Eltern in den Bereichen Gesundheit, Familienplanung, Hygiene, Ernährung sowie Bildung unterstützt und humanitäre Hilfe leistet.

United Nations Environment Programme (UNEP): Die in der kenianischen Hauptstadt Nairobi beheimatete Organisation setzt sich für weltweiten Umweltschutz und nachhaltige Entwicklung ein.

United Nations Educational, Scientific and Cultural Organization (UNESCO): Die Organisation mit Sitz in Paris kümmert sich um Bildung, Wissenschaft, Kultur und Kommunikation und vergibt den Titel »Welterbe« an Stätten, die aufgrund ihrer Einzigartigkeit, Authentizität und Integrität als weltbedeutend eingestuft werden.

World Health Organization (WHO): Hauptaufgaben der in Genf beheimateten Weltgesundheitsorganisation sind die Bekämpfung von Erkrankungen, insbesondere Infektionskrankheiten, und ganz allgemein die Förderung der Gesundheit der Menschen weltweit.

WICHTIGE GEOPOLITISCHE KONFLIKTE, DIE SIE KENNEN SOLLTEN

Iran und Saudi-Arabien: Die beiden islamischen Nationen rivalisieren um die Vorherrschaft im Nahen Osten und unterstützen oft gegnerische Seiten in regionalen Konflikten, etwa im Jemen oder in Syrien. Ihre Rivalität hat auch religiöse und kulturelle Aspekte, da der Iran mehrheitlich schiitisch und Saudi-Arabien mehrheitlich sunnitisch ist.

Bürgerkrieg in Syrien: Im Zuge des Arabischen Frühlings seit 2011 entbrannte ein Bürgerkrieg zwischen dem Regime Baschar al-Assad und Rebellen, der heutzutage das Land de facto teilt und viele weitere Kriegsparteien umfasst. Assad wird massiv von Russland und dem Iran unterstützt, während die Türkei auf der Seite einiger Rebellengruppen steht; sie kämpft gleichzeitig gegen die im Norden des Landes lebenden syrischen Kurden. Nach wie vor sind zudem mehrere Hundert US-Spezialkräfte im Nordosten stationiert, die der Opposition helfen und islamistische Gruppierungen ausschalten sollen, nachdem die Terrormiliz »Islamischer Staat« im Jahr 2017 größtenteils erfolgreich aus dem Land verdrängt wurde. Mehr als die Hälfte der Bevölkerung wurde durch diesen Konflikt vertrieben, die meisten Flüchtlinge fanden in der Türkei Zuflucht.

Bürgerkrieg im Jemen: Das Land befindet sich spätestens seit dem Regierungssturz durch die schiitischen, vom Iran unterstützten Huthi-Rebellen im Jahr 2014 im Bürgerkrieg. Eine von den USA unterstützte islamische Militärkoalition unter der Führung Saudi-Arabiens bekämpft die Rebellen, die weite Teile des Nordens, einschließlich der Hauptstadt Sanaa kontrollieren, jedoch bislang mit nur mäßigem Erfolg. Verheerende Auswirkungen, vor allem auf die Zivilbevölkerung, hat ihre strikte Seeblockade: Schätzungsweise 70 Prozent der Bevölkerung sind auf internationale Hilfe zum Überleben angewiesen, die aber kaum ins Land gelangt. Der Konflikt gilt als eine der schlimmsten humanitären Krisen weltweit.

Israel und Iran: Deren seit der Islamischen Revolution 1979 ausgeprägte Feindschaft wird aufgrund des iranischen Atomprogramms, der Unterstützung des Irans für militante Gruppen wie die Hisbollah und der Ablehnung der Staatlichkeit Israels durch den Iran verschärft.

Nahostkonflikt: Unlösbar scheint trotz vieler Verhandlungen und Friedensbemühungen dieser seit der Staatsgründung Israels im Jahr 1948 anhaltende Konflikt, der mehrmals zu kriegerischen Auseinandersetzungen führte, zuletzt nach dem terroristischen Überfall und Massaker der radikalislamischen Hamas am 7. Oktober 2023 und dem darauffolgenden Einmarsch der israelischen Truppen in den Gazastreifen. Über Generationen hinweg gegenseitige Gewaltakte und Terror, (religiös) höchst aufgeladene Feindschaften, einander ausschließende territoriale Besitzansprüche und eine Internationalisierung des Konflikts lassen eine **Zweistaatenlösung**, bei der ein unabhängiger palästinensischer Staat neben Israel existieren würde, in naher Zukunft höchst unwahrscheinlich erscheinen.

Indien und Pakistan: Die beiden südasiatischen Länder haben, seit beide aus dem ehemals britischen Indien hervorgegangen sind, eine lange Geschichte der Rivalität, vor allem aufgrund des **Kaschmir-Konflikts**. Ihre Beziehungen sind durch territoriale Streitigkeiten, militärische Auseinandersetzungen, Terrorismus und nukleare Spannungen belastet.

Grenzverlauf im Südchinesischen Meer: Dieser Grenzkonflikt geht auf sich gegenseitig ausschließende territoriale Ansprüche von China, Vietnam, den Philippinen, Malaysia und anderen Ländern zurück. Für etwaige Rohstoffvorkommen und zur Absicherung wichtiger Schifffahrtswege lassen die Staaten sogar Inseln aufschütten, um ihrem Anspruch Legitimität zu verschaffen.

China und Taiwan: China betrachtet Taiwan als abtrünnige Provinz und beansprucht das Recht auf Wiedervereinigung mit dem Festland. Taiwan ist faktisch jedoch ein souveräner Staat mitsamt demokratisch gewählter Regierung. Gemäß dem **Taiwan Relations Act** von 1979 verpflichten sich die USA, Taiwan militärisch zu unterstützen, um dessen Verteidigungsfähigkeit zu verbessern. Auch wenn aus diesem Gesetz keine Verteidigungspflicht im Falle eines Angriffs folgt, erklärte im Oktober 2021 ebendies US-Präsident Joe Biden. Laut Experten gilt dieser Konflikt als eine der größten Gefahrenquellen für den Ausbruch eines erneuten Weltkriegs.

China und USA: Die beiden Supermächte konkurrieren in verschiedenen Bereichen wie Handel, Technologie, Militär und Einfluss in der Weltpolitik. Bewusste politische Maßnahmen, z.B. protektionistische Gesetze, zeigen bereits erste Abkoppelungseffekte der einst eng miteinander verzahnten Wirtschaften (»Chimerica«). Einer Theorie internationaler Politik entsprechend ist der Weltfrieden immer dann besonders in Gefahr, wenn eine aufstrebende Weltmacht die etablierte herausfordert (Thukydides-Falle).

Russland und Ukraine: Dem Angriffskrieg Russlands auf die Ukraine ab Februar 2022 gingen bereits die völkerrechtswidrige Annexion der zur Ukraine gehörenden Halbinsel Krim im Jahr 2014 sowie die Unterstützung prorussischer bewaffneter Milizen im ostukrainischen Donbass durch Russland voraus. Der Krieg sorgte für einen noch stärkeren Bruch der ohnehin schon schlechten Beziehungen zwischen Russland und den USA und der EU, die die Ukraine finanziell und militärisch unterstützen.

Nordkorea und Südkorea: Die koreanische Halbinsel ist entlang des 38. Breitengrades durch eine entmilitarisierte Zone geteilt in einen wirtschaftlich prosperierenden und demokratischen Südstaat und einen diktatorisch in dritter Generation von Familie Kim geführten Nordstaat, der trotz internationaler Sanktionen über atomare Waffen verfügt. Eine Wiedervereinigung ist nicht in Sicht.

Laut dem Stockholm International Peace Research Institute (SIPRI) beliefen sich die weltweiten **Militärausgaben** im Jahr 2022 auf über zwei Billionen US-Dollar – nicht verwunderlich, denn die Anzahl bewaffneter Konflikte befindet sich auf dem höchsten Stand seit mehr als drei Jahrzehnten. Rund 39 Prozent der Ausgaben entfielen auf die USA, die auch mit Abstand die meisten Soldaten – alleine in Japan und Südkorea jeweils über 40 000 – in Auslandsbasen stationieren; die größte davon liegt übrigens in Ramstein, Rheinland-Pfalz. Auf den nächsten Rängen folgen China, Russland, Indien und Saudi-Arabien, nach Pro-Kopf-Ausgaben die Ukraine, Katar und Israel.

Krieg oder Frieden?

Demokratische Staaten führen keine Kriege gegeneinander - so die politikwissenschaftliche These des »Demokratischen Friedens«, dessen Kerngedanke schon von Kant kam -, und tatsächlich lassen sich so gut wie keine Gegenbeispiele finden. Das kommt jedoch keinem Gebot des Pazifismus gleich, gegen nichtdemokratische Gegner ziehen demokratische Staaten durchaus in den Krieg.

SIPRI zufolge waren die USA zwischen den Jahren 2015 und 2020 auch der größte **Waffenexporteur** der Welt: Rund 37 Prozent aller Exporte gingen auf US-Firmen zurück, führend dabei die Rüstungskonzerne Lockheed Martin und RTX Corporation sowie der Flugzeugbauer Boeing. Nachfrage gab und gibt es natürlich ebenfalls in den USA. Häufig fällt dabei ein Begriff, den der ehemalige US-Präsident Dwight D. Eisenhower in seiner Abschiedsrede prägte: der **Militärisch-Industrielle Komplex** – eine Interessenverflechtung von Politikern, Militärs und Rüstungsunternehmen, die durch eine »Drehtür« (*revolving door*), bei der es zu fliegenden personellen Wechseln kommt, zusätzlich verstärkt wird. Nach den USA folgen Russland (20 %), Frankreich (8,2 %), Deutschland (5,5 %) und China (5,2 %). Die meisten Waffen wurden in den letzten Jahren von Saudi-Arabien (12 %), Indien (9,2 %), Ägypten (5,8 %), Australien (4,9 %) und China (4,3 %) importiert.

Über **Kernwaffen** verfügen als offizielle **Atommächte** die USA, Russland, Großbritannien, Frankreich und China und als faktische Atommächte Indien, Pakistan, Israel und Nordkorea –

vier von fünf Staaten, die den **Atomwaffensperrvertrag**, der die Verbreitung dieser Waffen verbietet und die Länder zur Abrüstung verpflichtet, nicht unterschrieben haben. Einen Verzicht auf den Ersteinsatz von Atomwaffen erklärten bisher nur zwei Staaten: die Volksrepublik China (1964) und Indien (1999). Im Rahmen der sogenannten **nuklearen Teilhabe** werden in einigen NATO-Staaten Atomwaffen aus US-amerikanischen Beständen gelagert, z.B. im Fliegerhorst Büchel in Rheinland-Pfalz. Weite Teile der Erde gelten gemäß völkerrechtlichen Verträgen als **kernwaffenfreie Zonen**, so z.B. Lateinamerika, Südpazifik, Südostasien, Afrika, Zentralasien, Antarktis. Die meisten nuklearen Sprengköpfe befinden sich zu etwa gleichen Teilen in den Arsenalen Russlands und der USA, derzeit insgesamt knapp 13 000 Stück. Ihre Anzahl wurde im Laufe der letzten drei Jahrzehnte reduziert, Mitte der 1980er-Jahre waren es noch mehr als 70 000.

Die **Gruppe der Sieben**, kurz **G7** – bestehend aus Deutschland, Frankreich, Italien, Japan, Kanada, Großbritannien und den USA – ist ein informeller Zusammenschluss der (zumindest zum Zeitpunkt ihrer Gründung in den 1970er-Jahren) wichtigsten Industriestaaten der Welt. Zwischenzeitlich waren es bis zum März 2014 auch mal acht, doch nach der Annexion der Krim entschied man sich zum Ausschluss Russlands. Meist treffen sich die Staats- und Regierungschefs der G7-Staaten einmal im Jahr in einem wechselnden Gastgeberland, auf unterer Ebene auch die jeweiligen Minister. Die Jahrestreffen sind wichtig für die Koordination und Kommunikation zwischen den mächtigen Entscheidungsträgern, die Abschlusserklärungen sollte man allerdings auch aufgrund ihrer fehlenden völkerrechtlichen Verbindlichkeit nicht überschätzen.

Auch wenn etwa 45 Prozent des weltweiten Bruttonationaleinkommens (BNE) in diesen Ländern erwirtschaftet wird, hat sich zuletzt ein weiteres jährliches Forum als mindestens genauso wichtig erwiesen: Zum **G20-Gipfel** treffen sich neben den Vertretern der G7-Staaten u. a. China, Indien, Brasilien, Mexiko und Saudi-Arabien sowie die EU am Verhandlungstisch. Aufgrund der heterogenen Ländergruppe sind Kompromisse allerdings schwerer zu erreichen und die Kommuniqués auch hier nur der jeweils kleinste gemeinsame Nenner.

Einen besonderen Fall informeller Gruppentreffen stellen die **BRICS** dar, bestehend aus Brasilien, Russland, Indien, China und Südafrika. Die Idee für diese Gruppierung legte kein Staatschef oder Mitarbeiter eines Außenministeriums, sondern der kreative Goldman-Sachs-Ökonom Jim O'Neill, der das catchy Akronym 2001 erstmals in seinen Veröffentlichungen verwendete – allerdings ohne Südafrika, das später dazukam. Einmal im Jahr treffen sich die Staatschefs dieser Länder, und trotz ihrer Unterschiede und geostrategischen Differenzen eint sie die Überzeugung, dass die globalen Governance-Strukturen weder den heutigen weltwirtschaftlichen Machtverhältnissen entsprechen noch ihre Wert- und Ordnungsvorstellungen repräsentieren. Am 1. Januar 2024 erweiterte sich die Gruppe mit Beitritt von Ägypten, Äthiopien, Saudi-Arabien und den Vereinigten Arabischen Emiraten und firmiert von nun an unter **BRICS plus**. Der kumulierte Anteil des BIP (nach Kaufkraftparität) an der Weltwirtschaft liegt damit höher als der der G7. Auch wenn Formen der Institutionalisierung noch schwach sind, gibt es mit der New Development Bank bereits eine eigene Entwicklungsbank.

Die **Europäische Union (EU)** ist das mit Abstand erfolgreichste und weitreichendste regionale Integrationsprojekt der Welt. Das

Staatenbündnis weist neben Formen der intergouvernementalen Zusammenarbeit – Staaten agieren und verhandeln gemeinsam, ohne Souveränität abzugeben – auch supranationale Elemente auf. Bei Letzteren verfügt die EU über Entscheidungs- und Gestaltungsmacht, die sie vertraglich von den Mitgliedstaaten übertragen bekommen hat, und weist somit selbst gewisse Merkmale staatlicher Souveränität auf. Die EU basiert auf vier Grundfreiheiten: freier Verkehr von Waren, Dienstleistungen, Kapital und Personen.

Bereits 1951 schlossen sich Westdeutschland, Frankreich, Italien, Belgien, Luxemburg und die Niederlande in der auch **Montanunion** genannten **Europäischen Gemeinschaft für Kohle und Stahl (EGKS)** zusammen, um die für Kriege und Rüstung wichtigen Industrien in einem integrierten Markt mit supranationalen Institutionen zu regeln und so auch Frieden und Stabilität auf dem Kontinent zu fördern. Mit der Unterzeichnung der Römischen Verträge im Jahr 1957 gingen die sechs Staaten einen Schritt weiter und legten mit der **Europäischen Wirtschaftsgemeinschaft (EWG)** den Grundstein für das wirtschaftliche und politische Zusammenwachsen des Kontinents. Schrittweise wurde ein Binnenmarkt geschaffen – ein gemeinsamer Zoll nach außen und möglichst wenige innereuropäische Handelshemmnisse, was sich enorm wohlstandsfördernd auswirkte.

Ab 1985 wurden mit dem **Schengener Abkommen** die Binnengrenzen zwischen zahlreichen europäischen Staaten geöffnet. Im Laufe der Jahrzehnte stieg die Anzahl der EU-Mitgliedstaaten in kleineren und größeren Erweiterungsrunden stetig bis auf heute 27 – nur einen Austritt musste man mit dem nach einem Referendum in Großbritannien vollzogenen »Brexit« verzeichnen. Gegenwärtig sind neun Staaten Beitrittskandidaten, vornehmlich Balkanländer, seit Dezember 2023 die Ukraine und offiziell die Türkei, auch wenn deren Aufnahme in die EU nicht mehr als realistisch erscheint. Beim Beitrittsverfahren kommt der Wahrung der **Kopenhagener Kriterien** eine entscheidende Rolle zu.

Nach der Unterzeichnung des EU-Vertrags im Jahr 1992 und weiteren Änderungen in Amsterdam (1997), Nizza (2001) und Lissabon (2007) ist mit dem politischen System der EU ein höchst komplexes Gebilde entstanden. Hier ein kurzer Überblick über dessen wichtigste Organe.

Die **Europäische Kommission** ist zwar für die Ausarbeitung und Durchführung von EU-Gesetzgebungen und -Programmen zuständig, nimmt als supranationales Organ aber vor allem die Aufgaben der Exekutive wahr und entspricht damit der Regierung in Einzelstaaten. Sie besitzt das alleinige Initiativrecht im EU-Gesetzgebungsverfahren. Die in Brüssel beheimatete Institution setzt sich aus Kommissaren aus jedem Mitgliedsland zusammen und wird gegenwärtig von der deutschen Politikerin **Ursula von der Leyen** geführt, zu deren Vorgängern u.a. **Jean-Claude Juncker, Romano Prodi** und **Walter Hallstein** zählen.

Das **EU-Parlament** ist ebenfalls für die Gesetzgebung und zudem für die Überwachung der Arbeit der Europäischen Kommission verantwortlich. Alle fünf Jahre wählen die Bürger Europas in ihren Ländern antretende Parteien, die sich in europäischen Fraktionen zusammentun; die größte unter ihnen ist die **Europäische Volkspartei** (EVP), der u.a. die deutsche CDU angehört. Die über 700 Abgeordneten tagen in Straßburg und Brüssel. Größere Staaten haben grundsätzlich mehr Abgeordnete als kleinere Staaten, allerdings haben kleinere Staaten mehr Abgeordnete pro Einwohner als größere Staaten. So entfallen auf Deutschland (84 Mio. Einwohner) 96 der über 700 Sitze, d.h.

ein Sitz auf 875 000 Einwohner, auf Malta (0,4 Mio. Einwohner) 6 Sitze, d.h. ein Sitz auf rund 67 000 Einwohner.

Das Europäische Parlament, dessen Kompetenzen bei der EU-Rechtsetzung mehrmals deutlich erweitert wurden, fasst gemeinsam mit dem **Rat der Europäischen Union** Beschlüsse über die Gesetze der EU. Das Parlament wählt den Präsidenten der Europäischen Kommission und hat das Recht, die gesamte Europäische Kommission zu bestätigen oder abzulehnen, und genehmigt zudem den Haushalt der Europäischen Union. Im Rat der Europäischen Union sind die Regierungen der EU-Mitgliedstaaten durch ihre Fachminister repräsentiert, er kann also als die »Staatenkammer« der EU bezeichnet werden und stellt das intergouvernementale Element dar. Viele Entscheidungen werden mittlerweile mit qualifizierter Mehrheit getroffen, einem komplexen Schlüssel, nach dem nicht mehr jedes Land ein Vetorecht hat. Dieses besteht jedoch weiterhin in ausgewählten Politikbereichen.

Der Ministerrat ist nicht zu verwechseln mit dem **Europäischen Rat**: Letzterer besteht aus den Regierungschefs aller Staaten, sofern ein Staat nicht vom Staatsoberhaupt vertreten wird. Mindestens zweimal pro Halbjahr kommt der Rat zu einem Treffen zusammen, das auch als **EU-Gipfel** bezeichnet wird, und legt dort die allgemeinen politischen Zielvorstellungen und Prioritäten fest.

Auf der judikativen Ebene hat sich der **Europäische Gerichtshof** durch weitreichende Entscheidungen als einflussreiches Organ etabliert.

Kritik am Bürokratiemonster EU ist durchaus gerechtfertigt, allerdings ist z. B. die »krumme« Gurkenverordnung tatsächlich auf dem Mist des Handels gewachsen, und die EU entsprach diesem Wunsch nur mit einer entsprechenden Regelung.

Diese gibt es seit 2009 zwar nicht mehr, dennoch hält sich der Handel teilweise nach wie vor daran. Selbst bei informierten Stammtischen geistert gelegentlich die Vorstellung durch den Raum, 80 Prozent der nationalen Gesetze seien durch die EU beeinflusst. Eine genaue Zahl kann zwar niemand nennen, die politikwissenschaftliche Forschung taxiert den Anteil aber eher auf 40 Prozent. Letztlich ist der Einfluss stark abhängig vom jeweiligen Politikfeld. Insbesondere Umwelt und Landwirtschaft, die den größten Anteil des EU-Haushalts ausmacht, fallen in den Zuständigkeitsbereich der EU. So müssen z.B. nationale Umweltgesetze beschlossen werden, wenn eine entsprechende Richtlinien erlassen wird. Staatliche Kernaufgaben wie soziale Sicherungssysteme und innere Sicherheit sind hingegen weniger europäisiert.

Klingt nur ähnlich

Nicht zu verwechseln mit der EU ist der bereits im Jahr 1949 gegründete **Europarat**, der eher einem zwischenstaatlichen Debattenforum gleicht und übrigens als erste Organisation Beethovens »Ode an die Freude« als Hymne wählte. Der **Europäische Gerichtshof für Menschenrechte** ist ebenfalls keine EU-Institution, sondern dem Europarat zugeordnet.

Die **NATO (North Atlantic Treaty Organization)** ist eine politisch-militärische Allianz aus 31 Mitgliedstaaten in Nordamerika und Europa. Wichtigster Grundsatz des Bündnisses ist die im Artikel 5 des Nordatlantikvertrags festgeschriebene **kollektive Verteidigung**, die besagt, dass ein Angriff auf ein Mitgliedsland als Angriff auf alle Mitglieder angesehen wird und dass alle Mitglieder gemeinsam handeln werden, um ihre Sicherheit und Verteidigung zu gewährleisten. Dieser wurde nach den **Terroranschlägen vom 11. September 2001** zum ersten und bisher einzigen Mal aktiviert, als die USA um Hilfe und Unterstützung ihrer NATO-Partner im Kampf gegen den Terrorismus baten.

EINIGE REGIONALE ORGANISATIONEN, DIE SIE KENNEN SOLLTEN

Es gibt zahlreiche Regionalorganisationen, deren erklärtes Ziel in der Regel ist, die wirtschaftliche Integration der jeweiligen Mitgliedstaaten voranzubringen und dort Wohlstand und Frieden zu gewährleisten.

ASEAN: Die Association of Southeast Asian Nations besteht aus zehn Mitgliedstaaten in Südostasien. Seit ihrer Gründung im Jahr 1967 wurden viele zwischenstaatliche Handelshemmnisse abgeschafft – eine Entwicklung, die am Ende in die Etablierung eines Binnenmarkts münden soll. Kooperationen gibt es auf weiteren Ebenen, eine weitergehende Integration ist aufgrund der auf Souveränität bedachten Staaten, die bis auf Thailand früher Kolonien waren, jedoch fraglich. Stattdessen wird das Prinzip des »ASEAN Way« verfolgt: Entscheidungsfindung im Konsens und strikte Neutralität gegenüber inneren Angelegenheiten eines anderen Staates.

Afrikanische Union: Diesem Zusammenschluss gehören insgesamt 55 Mitglieder an, alle Staaten des afrikanischen Kontinents, einschließlich der ansonsten nicht allgemein anerkannten Westsahara. Der Hauptsitz der AU befindet sich im äthiopischen Addis Abeba, das Panafrikanische Parlament tagt im südafrikanischen Midrand. Die baldige Einführung einer gemeinsamen Währung namens Afro wird derzeit diskutiert - der Ausgang ist ungewiss. Die wirtschaftliche Integration des Kontinents wurde durch die Einführung einer Freihandelszone im Jahr 2019 gefördert. An Bedeutung gewinnen auf dem Kontinent auch regionale Wirtschaftsgemeinschaften wie die ostafrikanische EAC und die westafrikanische ECOWAS.

Golf-Kooperationsrat: Der Gulf Cooperation Council wurde von sechs der sieben Staaten auf der Arabischen Halbinsel in der Region des Persischen Golfs gegründet als Reaktion auf die Islamische Revolution im Iran (1979) und den ersten Golfkrieg (1980). Seitdem wurde eine Zollunion etabliert, der gemeinsame Markt ist weit vorangeschritten. Nur die geplante Währungsunion stagniert seit Längerem. Mit der Peninsula Shield Force unterhält der GCC sogar eine eigene Verteidigungstruppe.

Mercosur: Mercado Común del Sur bedeutet »Gemeinsamer Markt des Südens«. Die fünf südamerikanischen Gründungsländer im Jahr 1991 waren Brasilien, Argentinien, Paraguay, Uruguay und Venezuela. Letzteres wurde im Jahr 2016 aufgrund von Menschenrechtsverstößen und anderen Vorwürfen suspendiert, die restlichen Staaten des Kontinents sind assoziiert. Ziel ist es, schrittweise einen gemeinsamen Markt zu etablieren, das bisherige Resultat gleicht jedoch eher einer löchrigen Zollunion.

Shanghaier Organisation für Zusammenarbeit (SCO): Der Schwerpunkt der im Jahr 2001 gegründeten Organisation mit Sitz in Beijing ist die sicherheitspolitische Zusammenarbeit ihrer Mitglieder. Ihr gehören China, Indien, Iran, Kasachstan, Kirgisistan, Pakistan, Russland, Tadschikistan und Usbekistan an.

WICHTIGE NICHTREGIERUNGSORGANISATIONEN, DIE SIE KENNEN SOLLTEN

Nichtregierungsorganisationen (NGOs) sind private, zivilgesellschaftliche Interessensverbände und Organisationen, die auf lokaler, nationaler und vor allem transnationaler Ebene politische, gesellschaftliche, soziale und ökonomische Ziele durch konkrete Projekt-, Öffentlichkeits- und Lobbyarbeit und selbst erstellte Studien und Analysen umzusetzen versuchen. Finanziert werden sie vornehmlich durch Mitgliedsbeiträge und Spenden, aber auch durch Staatsgelder.

Amnesty International widmet sich seit ihrer Gründung im Jahr 1962 dem Schutz der Menschenrechte und erhielt im Jahr 1977 den Friedensnobelpreis. Dazu organisiert die Vereinigung Menschenrechtskampagnen zu verschiedenen Themen, startet z.B. Petitionen für politische Gefangene und engagiert sich in Aufklärungs- und Lobbyarbeit, um auf Missstände hinzuweisen und Veränderungen herbeizuführen.

Ärzte ohne Grenzen, auch bekannt als Médecins Sans Frontières (MSF), bietet medizinische Nothilfe und Versorgung in Konflikt- und Krisengebieten und setzt sich für den Zugang zu lebenswichtigen Medikamenten und Gesundheitsprodukten ein. Die 1971 gegründete NGO wurde im Jahr 1999 mit dem Friedensnobelpreis geehrt.

Greenpeace engagiert sich seit 1971 für den Schutz und Erhalt der Umwelt. Im Laufe der Jahre wurden viele spektakuläre und z.T. medienwirksame Aktionen zur Bewahrung der Ozeane, gegen Umweltverschmutzung und im Kampf gegen den Klimawandel durchgeführt.

Human Rights Watch setzt sich seit 1978 für den weltweiten Schutz und die Förderung der Menschenrechte ein, u.a. mit Untersuchungen zu Hinrichtungen, Verschleppungen, Folter, politischen Verhaftungen, Diskriminierung und Verletzungen der Meinungs-, Versammlungs- und Religionsfreiheit.

Internationales Rotes Kreuz: Die Organisation wurde bereits 1863 vom Schweizer Henry Dunant nach dem Eindruck der Schlacht von Solferino gegründet, heutzutage gliedert sie sich in nationale Gesellschaften, in islamischen Ländern z. B. die Rothalbmond-Gesellschaft. Die in Genf beheimatete Organisation, die als Einzige im humanitären Völkerrecht erfasst und als dessen Kontrollorgan genannt ist, leistet medizinische Hilfe und bietet humanitäre Unterstützung in Krisengebieten und bei bewaffneten Konflikten – nach den Prinzipien der Neutralität und Unparteilichkeit. Für ihren Einsatz wurde sie bereits dreimal mit dem Friedensnobelpreis ausgezeichnet.

Transparency International setzt sich seit 1993 gegen Korruption und für Transparenz in Regierungen, Unternehmen und anderen Institutionen ein. Die Organisation veröffentlicht regelmäßig den Transparency Index, der das wahrgenommene Korruptionsniveau im öffentlichen Sektor von 180 Staaten vergleicht.

World Wildlife Fund For Nature (WWF) engagiert sich seit 1961 für den Schutz bedrohter Tier- und Pflanzenarten und ihrer Lebensräume und fördert Nachhaltigkeit und Umweltschutz weltweit. Die in der Schweiz beheimatete Organisation mit dem Großen Panda im Logo hat u. a. an der Gründung weiterer Initiativen mitgewirkt, z. B. Forest Stewardship Council und Marine Stewardship Council.

Fast jedes Land hat seine eigene **Währung**, und **Wechselkurse** bestimmen den Wert einer Währung im Vergleich zu anderen Währungen. Wechselkurse beeinflussen den internationalen Handel und die Kapitalströme, denn Kursschwankungen können Auswirkungen auf Exporte, Importe, Investitionen und die Wettbewerbsfähigkeit von Unternehmen haben.

Der **US-Dollar** ist die unangefochtene **Leitwährung** der Weltwirtschaft, etwas über 40 Prozent des globalen Zahlungsverkehrs werden in der US-amerikanischen Währung durchgeführt. Es folgt der **Euro**, die im Jahr 1999 als Buchgeld und 2002 als Bargeld eingeführte Gemeinschaftswährung der EU, mit ungefähr einem Drittel der internationalen Finanztransaktionen. Da allerdings Überweisungen zwischen Euro-Ländern auch als internationale Transaktionen gelten, erscheint der Anteil der europäischen Währung durch den gemeinsamen Binnenmarkt höher als ihre tatsächliche globale Bedeutung. Internationale Transaktionen zwischen Nicht-Euro-Staaten werden weiterhin hauptsächlich in US-Dollar durchgeführt.

Die Dominanz des US-Dollars beruht allerdings nicht nur auf seiner Funktion als Zahlungsmittel, sondern vor allem auf seiner Bedeutung als globale Kapitalanlage- und Verschuldungswährung. Etwa 60 Prozent der offiziellen Devisenreserven der Zentralbanken werden in US-Dollar gehalten. Der Euro kommt auf 20 Prozent, und erst dann folgen mit jeweils 5 Prozent das britische **Pfund Sterling** und der japanische **Yen** und mit 2 bis 3 Prozent der chinesische **Renminbi/Yuan** sowie der **Kanadische** und der **Australische Dollar**.

Die **Fed**, die US-Notenbank, ist aufgrund des globalen Gewichts des US-Dollars eine der bedeutsamsten Wirtschaftsinstitutionen der Weltwirtschaft. Von der Politik weitgehend unabhängig, soll sie mit der richtigen Geldpolitik einen hohen Beschäftigungsstand und Preisniveaustabilität, also keine zu starke Inflation oder gar Deflation, in den USA gewährleisten. Ihr wichtigstes Instrument ist die Festlegung des **Leitzinses**, der den Preis für Kreditaufnahme und die Geldanlage der Geschäftsbanken bei der Zentralbank festlegt und somit Einfluss auf die gesamte Wirtschaft hat, vom Wirtschaftswachstum bis hin zu den

Wechselkursen. Die in Frankfurt am Main beheimatete **Europäische Zentralbank** ist das europäische Pendant der Fed.

Eine Herausforderung des globalen Finanzsystems stellen **Kryptowährungen** wie **Bitcoin** und **Ethereum** dar, die mit der **Blockchain** ein dezentrales System zur Aufzeichnung von Transaktionen und zur Ausgabe neuer Einheiten nutzen und so ohne zentrale Ausgabe- oder Regulierungsbehörde auskommen.

Um eine **Preisbildung** nach marktwirtschaftlichen Gesetzen gemäß Angebot und Nachfrage sicherzustellen, unterbinden Staaten auf nationaler und teils auch internationaler Ebene die Bildung von **Kartellen**, also Absprachen zwischen direkten Wettbewerbern zuungunsten der Konsumenten. In vielen Bereichen, insbesondere der Energie- oder Verkehrswirtschaft, sind **Oligopole** und **Monopole** zur Angebotssicherung aber nicht nur geduldet, sondern werden sogar gefördert und festgelegt, nicht selten durch Staatsunternehmen.

Das bekannteste und weltwirtschaftlich bedeutendste Kartell hat erheblichen Einfluss auf den Preis eines der global wichtigsten Güter überhaupt: Die zwölf Mitglieder der in Wien ansässigen **Organisation erdölexportierender Länder** – kurz **OPEC** – legen gemeinsam fest, wie viel Erdöl in den jeweiligen Ländern gefördert wird, und können durch Drosselung oder Erhöhung den Preis pro Barrel (ca. 159 Liter) erhöhen oder senken. Ungefähr 40 Prozent der weltweiten Erdölproduktion werden von Mitgliedern des 1960 gegründeten Kartells gefördert, darunter mit Saudi-Arabien, Iran, Kuwait, Venezuela und den Vereinigten Arabischen Emiraten fünf der zehn größten Erdölförderer der Welt. Weil der Weltmarktanteil zuletzt stetig gesunken ist, agiert die Organisation zunehmend gemeinsam mit Nicht-OPEC-Staaten wie Russland und Mexiko im **OPEC+**-Format.

GLOBALE WIRTSCHAFT

Es gibt kein Land auf der Erde, in dem ein Wirtschafts- und Gesellschaftssystem in Reinform vorliegt, es handelt sich immer um eine Mischung. Im Zentrum des **kapitalistischen Modells** stehen individuelle Rechte: Betriebsmittel befinden sich fast ausschließlich im Eigentum privater Unternehmen, die Wirtschaft wird vom Markt und dessen Gesetzen dominiert. Jeder Marktteilnehmer entscheidet durch sein Konsumverhalten mit, welche Produkte und Dienstleistungen sich durchsetzen und welche nicht. Das **sozialistische Modell** folgt planwirtschaftlichen Ideen: Der Staat besitzt zum einen die meisten Mittel zur Herstellung von Gütern und entscheidet zum anderen darüber, was produziert und angeboten wird. Preise entstehen nicht durch Angebot und Nachfrage, sondern werden staatlich vorgegeben. Das gesellschafts- und wirtschaftspolitische Leitbild in Deutschland ist das der **sozialen Marktwirtschaft**. Diese zeichnet sich zwar grundlegend durch kapitalistische Elemente aus, die Kräfte des freien Markts werden aber durch Staatseingriffe und Regularien eingeschränkt.

WICHTIGE WIRTSCHAFTSWISSENSCHAFTLICHE KONZEPTE, DIE SIE KENNEN SOLLTEN

Angebot und Nachfrage: Das Verhältnis dieser Größen ist die Grundlage für die Preisbildung und bestimmt das Verhalten von Konsumenten und Produzenten. Zudem unterscheidet man zwischen Anhängern angebotsorientierter Wirtschaftspolitik, z.B. **Milton Friedman**, die davon ausgehen, dass Wachstum und Beschäftigung in erster Linie durch bessere Bedingungen auf der Angebotsseite gefördert werden, und nachfrageorientierter Wirtschaftspolitik, z. B. **John Maynard Keynes**, die dafür plädieren, die gesamtwirtschaftliche Nachfrage zu erhöhen, etwa durch staatliche antizyklische Ausgaben und Investitionen.

Komparativer Kostenvorteil: vom britischen Ökonomen **David Ricardo** geprägter Begriff. Ein Land/Unternehmen sollte sich auf die Produktion von Gütern und Dienstleistungen konzentrieren, bei denen es im Vergleich zu anderen Ländern/Unternehmen relativ geringe Opportunitätskosten hat. So wächst der Kuchen für alle. Dies ist die grundlegende Idee für den internationalen Handel.

Marginale Analyse/Grenznutzen: die Veränderung der Kosten/des Nutzens, die/der durch die Produktion oder den Verkauf einer zusätzlichen Einheit eines Guts/einer Dienstleistung entsteht. Hilft bei Entscheidungen über Produktion, Verkauf, Preise und Investitionen.

Opportunitätskosten: der Wert einer Sache/einer Handlung im Vergleich zu einer Alternative, die dafür aufgegeben werden muss. Dieses Konzept hilft bei der Entscheidungsfindung, indem es die Konsequenzen der Entscheidung in Bezug auf die aufgegebenen Alternativen aufzeigt.

Pareto-Optimum: ist ein (bestmöglicher) Zustand, in dem es nicht möglich ist, eine (Ziel-)Eigenschaft zu verbessern, ohne dass zugleich eine andere verschlechtert wird. Der italienische Ökonom **Vilfredo Pareto** entdeckte u. a. auch die 80-zu-20-Regel, gemäß der 80 Prozent der Ergebnisse mit 20 Prozent des Gesamtaufwandes erreicht werden.

Unsichtbare Hand: vom schottischen Ökonomen **Adam Smith** geprägter Begriff. Freie Marktwirtschaft führt durch die Handlungen von im Eigeninteresse agierenden Individuen auf natürliche Weise zum Wohlstand – ganz ohne zentrale Planung.

DIE GRÖSSTEN NATIONALEN VOLKSWIRTSCHAFTEN, DIE SIE KENNEN SOLLTEN

Das **Bruttoinlandsprodukt (BIP)** bezeichnet den Gesamtwert aller Waren und Dienstleistungen, die innerhalb eines Jahres in einem Land als Endprodukt nach Abzug aller Vorleistungen erwirtschaftet wurden. Da der nominale Vergleich von Kennzahlen wie dem BIP irreführend sein kann, wird auf die **Kaufkraftparität (KKP)** zurückgegriffen, um sowohl dem unterschiedlichen Preisniveau zwischen verschiedenen Ländern als auch unterschiedlichen Wechselkursen Rechnung zu tragen. Welchen Unterschied dies bei der Betrachtung der Top 10 ausmacht, zeigen die beiden Rankings.

Länder nach Bruttoinlandsprodukt (Schätzung des IWF)

	Land	**BIP (nominal) Mio. US-$ (2022)**
	Welt	100 135 361
1	Vereinigte Staaten	25 462 725
2	Volksrepublik China (Festland)	17 886 331
3	Japan	4 237 528
4	Deutschland	4 085 681
5	Indien	3 389 689
6	Vereinigtes Königreich	3 081 871
7	Frankreich	2 780 136
8	Russland	2 244 249
9	Kanada	2 137 939
10	Italien	2 012 014

Die Mehrheit der größten Unternehmen der Welt sind Aktiengesellschaften (AG), sofern sie nicht in staatlicher Hand sind. **Aktienindizes** können als nützliche Stimmungsbarometer für einzelne Länder und Wirtschaftsregionen dienen, wenngleich man nicht den Fehler machen sollte, diese zu überschätzen. Aktienwerte preisen immer die Zukunft schon mit ein, sind also Spekulationen, und können von der Realwirtschaft entkoppelt sein.

Der **Deutsche Aktienindex (DAX)** umfasst 40 Werte und repräsentiert rund 80 Prozent der Marktkapitalisierung börsennotierter Aktiengesellschaften in Deutschland. Am stärksten gewichtet sind der Software-Gigant SAP, das Traditionsunternehmen Siemens und der Versicherungskonzern Allianz. Vor allem den DAX sollte man nicht als alleinigen Indikator für die Lage der

Länder nach Bruttoinlandsprodukt (KKP/PPP*) (Schätzung des IWF)

	Land	BIP (KKP/PPP) Mio. PPP-$ (2022)
	Welt	163 837 197
1	Volksrepublik China (Festland)	30 217 113
2	Vereinigte Staaten	25 462 725
3	Indien	11 900 714
4	Japan	6 144 602
5	Deutschland	5 370 287
6	Russland	4 769 827
7	Indonesien	4 036 852
8	Brasilien	3 837 215
9	Vereinigtes Königreich	3 716 621
10	Frankreich	3 696 243

* Kaufkraftparität/Purchasing Power Parity

deutschen Wirtschaft missverstehen, denn die gelisteten Unternehmen erwirtschaften mittlerweile nur noch 20 Prozent ihres Umsatzes im eigenen Land, und mehr als die Hälfte ihrer Beschäftigten arbeitet im Ausland. Es verwundert auch nicht, dass mehr als die Hälfte der Aktien in nichtdeutscher Hand sind – ausländische Staats-, Pensions- und Investmentfonds sind in hohem Maße investiert. Die US-amerikanische Investmentgesellschaft BlackRock, die weltweit ein Vermögen von zehn Billionen US-Dollar verwaltet, ist mit Anteilen von 1 bis 9 Prozent an allen DAX-Unternehmen beteiligt, bei sieben davon sogar als größter Anteilseigner. Wenn Sie in entsprechende iShares ETFs, Finanzprodukte dieses Unternehmens, investieren, sind Sie Mini-Anteilseigner!

Weitere wichtige Indizes sind der US-amerikanische **Nasdaq Composite**, der **Dow Jones** von der New Yorker Börse und der **S&P 500**, der britische **FTSE100**, der **CAC40** in Frankreich und der japanische **Nikkei**. An den Börsen werden aber nicht nur Aktien, sondern auch Anleihen (zinstragende Wertpapiere von Staaten, Banken und anderen Unternehmen) sowie Optionen (Kauf-/Verkaufsrechte in der Zukunft), Futures (Terminkontrakte) und weitere Derivate gehandelt.

EINIGE ENGLISCHSPRACHIGE ABKÜRZUNGEN AUS DER BETRIEBS- UND VOLKSWIRTSCHAFTSLEHRE, DIE SIE KENNEN SOLLEN

B2B (Business-to-Business): bezieht sich auf Geschäftsbeziehungen und Transaktionen zwischen Unternehmen, bei denen ein Unternehmen Produkte oder Dienstleistungen an ein anderes Unternehmen verkauft oder liefert anstatt direkt an Endverbraucher.

CPI (Consumer Price Index): ein Maß für die durchschnittliche Preisveränderung von Waren und Dienstleistungen, die von Haushalten konsumiert werden, und ein Indikator für die Inflation.

D2C (Direct-to-Consumer): ein Geschäftsmodell, bei dem Hersteller oder Marken ihre Produkte oder Dienstleistungen direkt an Endverbraucher verkaufen, ohne Zwischenhändler wie Einzel- oder Großhändler einzubeziehen.

ETF (Exchange Traded Fund): ein börsengehandelter Fonds, der einen bestimmten Index oder Anlagekorb abbildet und Anlegern ermöglicht, mit einem einzigen Wertpapier breit diversifiziert und kostengünstig in verschiedene Anlageklassen zu investieren.

FDI (Foreign Direct Investment): eine Form der Direktinvestition, bei der ein Unternehmen oder eine Person in ein anderes Land investiert, indem Geschäftsinteressen oder Vermögenswerte erworben werden.

IPO (Initial Public Offering): der Prozess, bei dem ein Unternehmen erstmalig Aktien an einer Börse anbietet und zum börsennotierten Unternehmen wird.

KPI (Key Performance Indicator): eine Art von Leistungsindikator, der zur Messung des Erfolgs oder der Leistung von Unternehmen, Projekten oder Prozessen verwendet wird.

M&A (Mergers and Acquisitions): ein Begriff, der für Fusionen und Übernahmen von Unternehmen steht.

ROI (Return on Investment): diese Kennzahl misst den finanziellen Ertrag einer Investition im Verhältnis zu den investierten Kosten.

Zwei weitere integrale institutionelle Bestandteile des Weltwirtschaftssystems sind der **Internationale Währungsfonds (IWF)** und die **Weltbankgruppe**, beide im Anschluss an die Bretton-Woods-Konferenz in New Hampshire in den 1940er-Jahren gegründet und in Washington, D.C., beheimatet.

Kernaufgabe des IWF ist die **Kreditvergabe** an Länder, die in Zahlungsbilanzschwierigkeiten geraten sind und nicht über ausreichende Währungsreserven verfügen. Der IWF ist somit für solche Länder Kreditgeber letzter Instanz. Die Kreditvergabe wird in **Strukturanpassungsprogrammen** an Bedingungen wie eine Kürzung der Staatsausgaben, niedrige Inflation, Steigerung des Exports oder Liberalisierung des Bankenwesens geknüpft. Innerhalb der Organisation haben Staaten Stimmrechte, die sich am Kapitalanteil orientieren. Da Beschlüsse mit einer Mehrheit von 85 Prozent getroffen werden müssen, verfügen die USA und die EU de facto über ein Vetorecht, wenn die Mitgliedstaaten gemeinsam votieren. Traditionell wird der IWF von einem Europäer geleitet; zu den ehemaligen geschäftsführenden Direktoren zählt u.a. der einstige Bundespräsident Horst Köhler.

Dagegen wird die Weltbankgruppe üblicherweise von einem US-Amerikaner geleitet. Während der IWF eine kurzfristige Brückenfinanzierung ermöglicht, bietet die Weltbank Kredite und Beratung für langfristige Entwicklungsprojekte zur Umsetzung verschiedenster Ziele wie Armutsbekämpfung, Infrastrukturaufbau und Bildung.

In der Kritik standen beide Institutionen vor allem für den federführend von der US-amerikanischen Regierung geförderten **Washington-Konsens**, nach dem Hilfen eng an Auflagen der Liberalisierung, Privatisierung, Deregulierung und Austerität geknüpft wurden, basierend auf klaren Entwicklungsvorstellungen in einer globalen Marktwirtschaft.

Am Abbau von Zöllen und anderen Handelshemmnissen hat die in Genf ansässige, auf dem Allgemeinen Zoll- und Handelsabkommen (GATT) aufbauende **Welthandelsorganisation** (World Trade Organization, kurz WTO) maßgeblichen Anteil.

In mehreren Runden verständigten sich zahlreiche Staaten darauf, den grenzüberschreitenden Handel zu erleichtern und so zum weltweiten wirtschaftlichen Wachstum und gemeinsamen Wohlstand beizutragen. Außerdem stellt die WTO Regeln für den internationalen Handel auf und überwacht deren Einhaltung. Zuletzt verlor die Organisation aufgrund unterschiedlicher Interessen und Prioritäten der über 160 Mitglieder an Bedeutung, und Handelsabkommen werden vermehrt bilateral oder auf regionaler Ebene getroffen, sodass Beobachter heute von einer Spaghettischüssel sprechen.

Auch wenn die politische Berichterstattung gelegentlich den Anschein erweckt, als ob die Weltpolitik auf einen erneuten Zweimächtekonflikt zuläuft, lassen sich mehr Anzeichen der **Multipolarität** als der **Bipolarität** finden. In einer multipolaren Weltordnung ist die Macht auf mehrere große Staaten oder Regionen verteilt, die sich in ihren Interessen und Zielen unterscheiden und unterschiedliche Allianzen bilden. Im Gegensatz zu bipolaren Konstellationen wie im Kalten Krieg oder in Zeiten unipolarer Momente US-amerikanischer Hegemonie mag zwar die Übermacht einzelner Großmächte gezähmt sein, andererseits führt das Fehlen ebendieser häufiger zu Konflikten und Spannungen: Die Staatenallianzen sind komplexer und Streitlösungsmechanismen in einem durch Anarchie geprägten internationalen System weniger effektiv.

Der Anteil einzelner Staaten am weltweiten, kumulierten Bruttoinlandsprodukt kann als erster Richtwert für deren Macht genutzt werden. Dieser hat sich über die Jahrzehnte sichtbar verschoben, wie die folgende Abbildung zeigt.

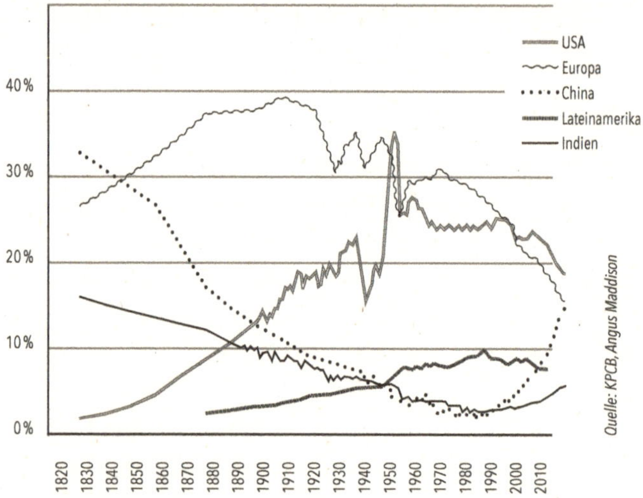

Anteile ausgewählter Länder und Regionen am weltweiten, kumulierten BIP im Zeitverlauf (1820-2012)

Was ist Macht?

Die wohl beste Definition des schwer quantifizierbaren Begriffs »Macht« lieferte der deutsche Soziologe **Max Weber**: »Macht bedeutet jede Chance, innerhalb einer sozialen Beziehung den eigenen Willen auch gegen Widerstreben durchzusetzen, gleichviel worauf diese Chance beruht.« Zudem kann man zwischen »Hard Power« - beruhend auf militärischer Macht, durch Androhung bzw. Anwendung von Gewalt oder ökonomische Sanktionen wirkend - und »Soft Power« (Joseph Nye) - beruhend auf kultureller Anziehung, Normen und Werten - unterscheiden.

Durch Fortschritte in den Bereichen Technologie, Transport und Kommunikation sind die Weltwirtschaft und die nationalen Märkte immer stärker miteinander verbunden. In der globalisierten Welt von heute können Unternehmen schnell und effizient über Grenzen hinweg agieren, Informationen austauschen und Kunden (fast) überall erreichen. Dies hat zu einem verstärkten wirtschaftlichen Wachstum und kulturellen Austausch zwischen Ländern geführt. Zuletzt wurden Stimmen laut, die die **Globalisierung** aufgrund sichtbarer Zeichen für einen Teil-Wiederaufbau von Handelshemmnissen, erstarktem Nationalismus und strategischen Überlegungen einzelner Staaten wieder im Abschwung sehen, aber dies spiegelt sich in den Handelsdaten so nicht wider. Weiterhin liegt der **Anteil des globalen Handelsvolumens** am kumulierten weltweiten BIP bei etwa 60 Prozent. Noch bis in die 1990er-Jahre hatte die Quote bei unter 40 Prozent gelegen. Und auch wenn es Versuche des sogenannten Decouplings insbesondere zwischen China und den USA gibt, sind die **globalen Lieferketten** mittlerweile so komplex und ineinander verworren, dass politische Maßnahmen eher punktuell und sektoral wirken. So setzt sich Apples iPhone aus der Zuarbeit von über tausend Zulieferern aus 45 Ländern zusammen, um ein komplexeres Beispiel zu nennen. Globale Verflechtungen lassen sich jedoch bei den meisten Gütern feststellen, selbst bei einfachen Alltagsgegenständen.

Der internationale Handel, der aus **Exporten** und **Importen** besteht, fördert und ermöglicht den Austausch von Gütern und Dienstleistungen über nationale Grenzen hinweg. Durch Exporte können Länder ihre Produkte weltweit vermarkten und Wettbewerbsvorteile nutzen, während Importe ihnen Zugang zu einer breiteren Auswahl an Gütern und Dienstleistungen bieten. Jedes Land spezialisiert sich auf die Produktion von Gütern, bei denen es über einen Vorteil verfügt, und importiert diejenigen Güter, die es weniger effizient herstellen kann. Dies führt zu einer erhöhten Effizienz und einem größeren Wohlstand insgesamt.

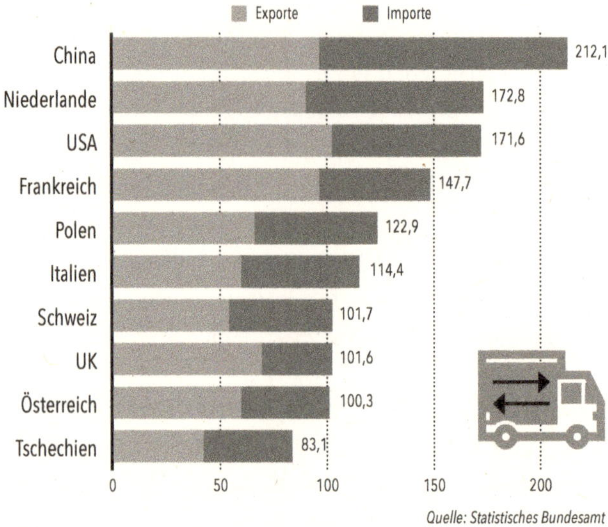

Deutschlands wichtigste Handelspartner
Volumen des Außenhandels 2020 (in Mrd. Euro)

Eine verbreitete Klassifizierung teilt die Volkswirtschaft in drei **Sektoren**: Der **primäre** umfasst rohstoffgewinnende Tätigkeiten wie in der Landwirtschaft, der **sekundäre** rohstoffverarbeitende Tätigkeiten wie im produzierenden Gewerbe, und in den **tertiären** fallen Dienstleistungen. Der Anteil der jeweiligen Sektoren hat sich sowohl in Bezug auf die generierte Wirtschaftsleistung als auch bei der Anzahl der Beschäftigten in den vergangenen Jahrzehnten deutlich verschoben.

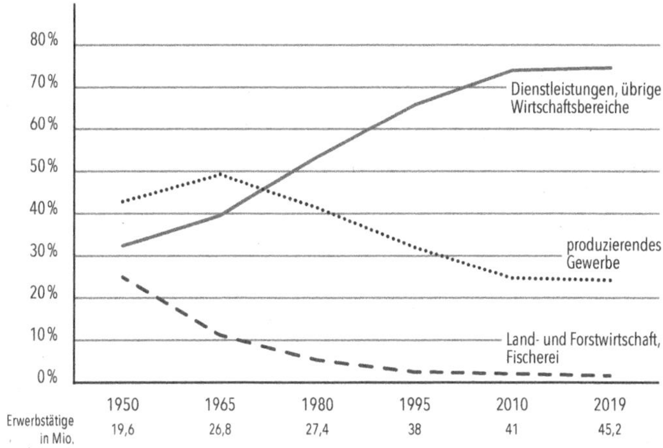

Erwerbstätige in Deutschland nach Wirtschaftssektoren

Jeder sechste Arbeitnehmer in Deutschland ist Mitglied einer **Gewerkschaft**. Diese Vereinigungen von Arbeitnehmern vertreten die berufspolitischen Interessen ihrer Mitglieder und verhandeln und schließen mit Arbeitgebern die Tarifverträge ab. Das **Recht zum Streik** ist hierzulande grundgesetzlich abgesichert, im innereuropäischen Vergleich wird davon in Deutschland allerdings wenig Gebrauch gemacht, auch wenn die Warnstreiks der Lokführer der GDL oft einen anderen Eindruck vermitteln. Der **Deutsche Gewerkschaftsbund (DGB)** ist die größte Dachorganisation von Einzelgewerkschaften in Deutschland, die **IG Metall** und **ver.di** sind die größten Einzelgewerkschaften. In den letzten 40 Jahren hat sich der Anteil der gewerkschaftlich organisierten Arbeitnehmer jedoch fast halbiert, was u.a. auf den Abbau klassischer Berufe mit hoher Gewerkschaftsquote im sekundären Sektor und einer zunehmend heterogenen Arbeitswelt zurückzuführen ist.

PRODUKTION VON GÜTERN

Als Mitglieder einer globalisierten Konsumgesellschaft kaufen wir unzählige Produkte und nehmen zahlreiche Dienstleistungen in Anspruch. Bei der Auswahl treffen wir auf namhafte Konzerne und deren Marken. Hier daher ein kleiner Blick auf die **Global Player** in verschiedenen Sparten, genauer: ausgewählte Beispiele der 2000 größten Unternehmen der Welt aus dem Ranking des *Forbes Magazine* im Jahr 2022. Auf den hinteren Rängen finden sich auch **Hidden Champions**, in der Öffentlichkeit relativ unbekannte Weltmarktführer, die eine ökonomische Nische besetzen. Dazu zählen häufig familiengeführte und nicht an der Börse gelistete Unternehmen aus dem deutschen Mittelstand mit einem acht- bis zehnstelligen Jahresumsatz, z. B. Stihl (Motorsägen), Symrise (Duftstoffe) oder Herrenknecht (Tunnelbohrmaschinen).

EINIGE RELEVANTE WIRTSCHAFTSZWEIGE UND DEREN GRÖSSTE FORBES-2000-UNTERNEHMEN, DIE SIE KENNEN SOLLTEN

Automobil: Volkswagen, Toyota, Stellantis, Mercedes-Benz, Ford

Banken: JP Morgan Chase, Bank of America, BNP Paribas, Citigroup, Goldman Sachs

Chemieindustrie: BASF, Linde, Bayer

Einzelhandel/E-Commerce: Walmart, Amazon, Alibaba, Inditex, Edeka

Technologie: Samsung, Microsoft, Apple, Meta, IBM

Systemgastronomie: McDonald's, Starbucks

Hardware: TSMC, Nvidia, Qualcomm, Intel

Konsumgüter: Procter & Gamble, Unilever, L'Oréal, Henkel

Lebensmittel: Nestlé, Anheuser-Busch, PepsiCo
Mining: BHP Group, Glencore, Rio Tinto
Pharma: Pfizer, Johnson & Johnson, Roche Holding, Novartis
Telekom: Deutsche Telekom, AT&T, Verizon, Vodafone

Laut Schätzungen des *Forbes Magazine* gab es im Jahr 2023 weltweit 2640 Milliardäre, darunter 735 US-Amerikaner, 495 Chinesen, 169 Inder, 126 Deutsche und 105 Russen. Auf Platz 1 der Liste stand mit einem geschätzten Vermögen von 211 Milliarden US-Dollar der Franzose **Bernard Arnault**, Chef und größter Anteilseigner des Luxusgütergiganten LVMH Moët Hennessy – Louis Vuitton, gefolgt von Tesla- und SpaceX-Gründer **Elon Musk**, Amazon-Gründer **Jeff Bezos**, Gründer des Technologieriesen Oracle **Larry Ellison** und Investmentlegende **Warren Buffett**. Auf den nächsten Rängen folgten sein Bridge-Kumpel, Microsoftgründer und Megaphilantrop **Bill Gates**, der Unternehmer und ehemalige New Yorker Bürgermeister **Michael Bloomberg**, der Mexikaner **Carlos Slim Helú**, der sein Vermögen in der Telekommunikationsbranche verdiente, der Inder **Mukesh Ambani**, der sein Textil-, Öl- und Energieunternehmen in ein unzählige Branchen umfassendes Konglomerat erweiterte, sowie Microsoft-Mitgründer **Steve Ballmer**.

Die Volksrepublik **China** liegt bei der Produktion von vielen wichtigen landwirtschaftlichen Erzeugnissen weltweit auf dem ersten Rang, hier eine kleine Auswahl: Tomaten, Äpfel, Weintrauben, Knoblauch und Wassermelonen. Selbst die meisten Kiwis kommen aus China, nicht Neuseeland, das immerhin noch an zweiter Stelle steht und für den globalen Boom der Frucht im 20. Jahrhundert mitverantwortlich ist.

Irreführende Herkunft

Die Kiwi stammt ursprünglich aus China und heißt im englischen Sprachraum *chinese gooseberry*, also chinesische Stachelbeere. Solche Herkunftsbezeichnungen sind jedoch mit Vorsicht zu genießen! Truthähne, englisch *turkey*, kommen weder aus der Türkei noch aus Südasien - und auf Türkisch heißt der Truthahn *hindi*.

Die **Kakao**pflanze wächst und gedeiht im klimatisch hervorragend geeigneten tropisch-feuchten Westafrika, vornehmlich in der Elfenbeinküste und Ghana – und nur zu einem geringen Anteil in ihrem eigentlichen Ursprungsgebiet in Mittel- und Südamerika. Zu knapp 90 Prozent findet der Kakaoanbau in kleinbäuerlichen Familien statt. Ebenfalls verantwortlich für den feinen Geschmack von Schokolade ist Madagaskar. Der große Inselstaat im Indischen Ozean stellt fast 40 Prozent der weltweiten Ernte des Gewürzes aus den Schoten der Orchideenpflanze **Vanille**. Wenn Sie mal dahin wollen, wo der **Pfeffer** wächst – immerhin das meistgehandelte Gewürz der Erde –, müssen Sie nach Vietnam, alternativ nach Brasilien. Die beiden Länder sind zudem für den Großteil des weltweiten **Kaffee**-Ertrags verantwortlich. Äthiopien, das Heimatland der koffeinhaltigen aromatischen, vor der Röstung noch grünen Bohne, rangiert nach Kolumbien und Indonesien erst auf Platz fünf! Ziehen Sie eher Blätter als legales Genuss- oder Aufputschmittel vor, dann finden Sie die mit Abstand ertragreichsten **Tee**plantagen in China. Mit etwas Abstand folgt Indien und noch vor der Türkei, Sri Lanka und Vietnam kann Kenia die asiatische Dominanz durchbrechen.

Beim Anbau folgender Lebensmittel bringt das jeweilige Land mindestens 30 Prozent der weltweiten Ernte ein: Die rasant an Popularität gewinnende fettreiche Frucht **Avocado** kommt aus ihrem Ursprungsland Mexiko und **Haselnüsse**, die zu 25 Prozent zu Ferrero Rocher verarbeitet werden, aus der Türkei. **Mangos** stammen überwiegend aus Indien, wobei das Land auch der größte **Bananen**produzent der Erde ist. Brasilien ist nicht nur Produktionsweltmeister bei **Orangen**, sondern auch bei **Zuckerrohr**, das allerdings zu großen Teilen für die Herstellung von Ethanol genutzt wird.

Die wohl agrarökonomisch wichtigste Nutzpflanze weltweit ist **Reis**, deren Felder sich vor allem in China und Indien befinden. Eine ähnliche Verteilung ist bei **Weizen** und bei **Kartoffeln** ersichtlich – trotz der Bemühung Friedrichs II. sind wir bei diesem Grundnahrungsmittel nicht Produktionsweltmeister. Beim **Mais** haben die USA mittlerweile China den Rang abgelaufen.

Bei all diesen Daten darf man allerdings eine wichtige Differenzierung nicht außer Acht lassen: Die Produktion der Lebensmittel ist nicht gleichzusetzen mit der Verfügbarkeit auf dem Weltmarkt, denn die Milliardenvölker der größten Länder müssen zunächst einmal selbst versorgt werden. Zwar werden Preise global ausgehandelt, aber ein Teil der Ernte ist stets für den Heimverbrauch bestimmt. Drastische Preiserhöhungen und ein Mangel an Grundnahrungsmitteln sind oft der Anlass für Aufstände und Revolutionen. Dem gilt es aus Staatsräson entgegenzuwirken, weshalb ein hoher Selbstversorgungsgrad wichtig ist und viele Staaten nicht nur strategische Öl- und Gasreserven haben.

Zur Ernährung des überwiegenden Teils der Erdbewohner zählen neben den erwähnten vegetarischen Produkten auch

Fleischerzeugnisse, für deren Produktion, zählt man alle tierischen Erzeugnisse mit, 83 Prozent der landwirtschaftlich genutzten Fläche notwendig ist. Hier liegen die beiden Supermächte vorne: Von den über 950 Millionen Schweinen auf der Erde werden über 350 Millionen in China zum Verzehr gemästet, dennoch ist das Land Nettoimporteur von Schweinefleisch. Beef-Produzent Nummer eins sind die USA, gefolgt von Brasilien. Beim Hähnchenfleisch werden zwei Drittel in diesen drei Ländern zum Verzehr hochgezüchtet, und Enten – wenig überraschend – ebenfalls in China, gefolgt von Frankreich.

Die mit Abstand ertragreichste Fischfangnation ist ebenfalls China, gefolgt von Indonesien, Indien und Vietnam. Mehr als die Hälfte der konsumierten Fische und Meerestiere stammt mittlerweile aus Aquakulturen. Die Fischart mit der höchsten Fangmenge ist die Peruanische Sardelle, die zur Produktion von Fischmehl genutzt wird. Die weltweit am meisten gefangenen **Speisefische** sind der Alaska-Pollack, der Atlantikhering und der Echte Bonito. Allerdings erfassen die Statistiken durch den illegalen Fischfang die wahren Fangmengen nur zum Teil.

Made in China

China ist bei landwirtschaftlichen Erzeugnissen in mehrfacher Hinsicht bemerkenswert: Dem Land stehen nur 7 Prozent der weltweit kultivierbaren Landfläche zur Verfügung, während gleichzeitig über 20 Prozent der Weltbevölkerung in dem Land leben. Trotz der dortigen enormen Produktionsmengen ist daher Russland beim Weizen, Frankreich bei Kartoffeln und Mexiko bei Tomaten Hauptexporteur.

FÖRDERUNG VON ROHSTOFFEN

Für die Aufrechterhaltung der allermeisten Annehmlichkeiten unseres Alltags ist die Förderung unzähliger Rohstoffe notwendige Voraussetzung, egal ob für den Transport, zum Heizen oder schlicht als integraler Bestandteil von Produkten.

Das in Tankern verschiffte oder per Pipeline gepumpte **Erdöl** findet seit Mitte des 19. Jahrhunderts vielfältige Verwendung, ob als Treibstoff für Transportmittel oder Grundstoff für Plastikprodukte. Der Wohlstand vieler Nationen – insbesondere im Nahen Osten – beruht auf der Entdeckung des »Schwarzen Goldes«. Laut den für die Branche bedeutenden Statistiken von BP, einem der größten Erdölunternehmen der Welt, lagern über ein Drittel der weltweit bekannten Reserven zu gleichen Teilen in Venezuela und Saudi-Arabien. Dank der neuartigen Nutzungsmöglichkeiten von Ölsanden folgt Kanada auf dem dritten Platz – noch vor den klassischen Ölstaaten Iran, Irak, Russland, Kuwait und den Vereinigten Arabischen Emiraten. Das meiste Erdöl wird mittlerweile jedoch in dem Staat gefördert, der seine Spitzenposition in den 1970er-Jahren verlor und durch einen massiven Anstieg des Outputs (vor allem durch Fracking) sogar zum Exporteur geworden ist: Die USA fördern pro Tag mehr als zwölf Millionen Barrel Erdöl, was pro Jahr mehr als 700 Millionen Tonnen entspricht.

Sowohl die Fördermengen als auch der Preis werden traditionell in Barrel – ursprünglich für den Transport genutzte Heringsfässer – mit einem Fassungsvermögen von ca. 159 Litern angegeben. Aufgrund des immensen Eigenbedarfs finden sich die USA allerdings nicht unter den größten Exporteuren. Das meiste Erdöl auf den Weltmärkten stammt daher aus Saudi-Arabien, Russland und dem Irak. Wichtige Player auf dem Ölmarkt und z. T. mächtig abhängig vom Öltrog sind darüber hinaus die afrikanischen Staaten Nigeria und Angola, die eurasischen Länder Kasachstan und Aserbaidschan, die nordafrikanischen Mittelmeeranrainer Algerien und Libyen sowie Norwegen, das jedoch weitsichtig und nachahmenswert die Erlöse aus dem Ölverkauf über einen mittlerweile über eine Billion US-Dollar großen Staatsfonds gewinnbringend anlegt, sodass spätere Generationen vom Ölreichtum des Landes profitieren können. Zu etwa gleichen Teilen wird Erdöl von privaten Unternehmen wie **ExxonMobil** und **Shell** und Staatsunternehmen wie **Sinopec** und **Saudi Aramco** gefördert.

Wirtschaftlich und produktionstechnisch eng verbunden mit dem Erdöl ist ein weiterer, insbesondere für die Stromproduktion und als Heizträger wichtiger fossiler Brennstoff: **Erdgas**. Knapp ein Viertel des weltweiten Energieverbrauchs wird durch Erdgas abgedeckt – Tendenz steigend. Allerdings ist der Transport des Energieträgers wesentlich schwieriger, denn ohne Pipelinesystem muss das Gas stark abgekühlt werden, um es in flüssiger Form (Liquified Natural Gas, kurz LNG) an spezifische Terminals auf den Verbrauchsmärkten zu schicken. Die USA fördern mit Abstand das meiste Erdgas, gefolgt von den zweiten mit den größten Reserven: Russland und Iran. Katar folgt auf dem dritten Rang im Reserven-Ranking und exportiert nach Russland und vor den USA und Norwegen am meisten Erdgas.

Insbesondere für die Stromerzeugung weiterhin enorm wichtig ist **Steinkohle**, die vorwiegend in den Ländern lagert, die den höchsten Verbrauch haben. Knapp ein Drittel der weltweiten Reserven befinden sich auf US-amerikanischem Territorium, das seinen Bedarf selbst decken kann. China verfügt zwar noch vor Indien und Russland über die zweitmeisten Reserven, ist allerdings aufgrund seines enormen Energiehungers – über

50 Prozent des weltweiten Verbrauchs gehen auf die Volksrepublik zurück – auch der größte Importeur. Der feste fossile Brennträger kommt dann aus Russland, Indonesien und vor allem Australien.

Durch die alles durchdringende Digitalisierung, die Renaissance der Elektromobilität und die fortschreitende Energiewende ist die Nachfrage nach einer besonderen Gruppe von Rohstoffen enorm gestiegen: die 17 Metalle der **Seltenen Erden**. Dazu zählen u.a. Neodym, Promethium, Europium und Dysprosium. Sie werden für die Produktion von LCD-Bildschirmen, LEDs, Akkus, Auto-Katalysatoren, Lasern, Glasfaserkabeln und vielem mehr gebraucht. Potenziell problematisch war bis vor Kurzem ein Fast-Monopol Chinas bei der Produktion vieler Seltener Erden. Dieses bestand jedoch nicht aufgrund der Verteilung des natürlichen Vorkommens – so »selten«, wie der Name vielleicht vermuten lässt, sind diese Metalle nämlich gar nicht, manche sogar häufiger als Kupfer oder Blei –, sondern aufgrund der bewussten Nichtförderung wegen der damit einhergehenden Umweltschäden und hohen Kosten, die der Hauptproduzent bis in die 1980er-Jahre, die USA, nicht mehr zu tragen bereit war. Durch die gestiegene geoökonomische Bedeutung wurde die Förderung jedoch vor einigen Jahren wieder großflächig aufgenommen, um nicht in Abhängigkeit von China zu geraten.

Um die komplexesten Apparate und Maschinen bis hin zu den einfachsten Büroartikeln und Dingen des täglichen Bedarfs herzustellen, braucht man unzählige weitere Rohstoffe. Diese stammen aus den unterschiedlichsten Ländern, z.B. Mexiko (Silber), Südafrika (Chrom, Platin), Indonesien (Nickel), Chile (Kupfer), China (Zink, Zinn, Titan, Gold, Aluminium), Kasachstan (Uran) und Australien (Eisenerz, Lithium, Bauxit).

Die weltweite Logistik über die Ozeane stützt sich vor allem auf geostrategisch bedeutende **Chokepoints** des Welthandels: 80 Prozent des Warenverkehrs werden über den Seeweg transportiert, und über 6000 Containerschiffe sind täglich auf den Weltmeeren unterwegs. Zwangsläufig müssen die Schiffe und Tanker bestimmte Wasserwege passieren, um an den Hafen ihrer Wahl zu gelangen. Zu diesen kritischen Nadelöhren zählt u. a. die zwischen Malaysia und Indonesien gelegene **Straße von Malakka**, die den Indischen mit dem Pazifischen Ozean verbindet. Etwa 25 Prozent des weltweiten Warenverkehrs und 30 Prozent des verschifften Erdöls passieren diese Meerenge, die an ihrer engsten Stelle nur knapp drei Kilometer breit ist. Eine andere Hürde, die Öltanker vorher noch nehmen müssen, ist die zwischen dem Iran und Oman gelegene **Straße von Hormus**, um die Welt aus dem Persischen Golf heraus mit dem Schwarzen Gold zu versorgen. Welche Folgen eine Sperrung einer der beiden ozeanverbindenden künstlichen Wasserstraßen in Panama und Ägypten hat, offenbarte sich, als das Containerschiff *Ever Given* im März 2021 vor dem Suezkanal auf Grund lief und sechs Tage lang den Schiffsverkehr lahmlegte.

Schier undenkbar wäre der heutige weltweite Warenverkehr ohne eine geniale Idee von **Malcom P. McLean**, die die Logistik revolutionierte. Der US-Amerikaner erfand Mitte der 1950er-Jahre genormte Großraumbehälter aus Stahl, um das Verladen, Befördern, Lagern und Entladen von Gütern zu beschleunigen und zu vereinfachen. Das mühsame Schleppen von einzelnen Säcken, Kisten oder Paletten entfiel durch den Einsatz von Containern, die im Ganzen umgesetzt werden konnten, was Umschlagkosten enorm einsparte. Durchgesetzt haben sich zwei Größen für **ISO-Container**: 8 × 8,5 × 20 Fuß und 8 × 8,5 × 40 Fuß, die sich mittlerweile als globale Beladungsmaßeinheit etabliert haben. Die Normung brachte den Vorteil mit sich, dass Container gestapelt und problemlos auf andere Transportmittel verladen werden konnten. Die Lieferketteneffizienz stieg also um ein Vielfaches!

Unser demokratisches Gemeinwesen braucht engagierte Bürger mit auf Fakten basierenden politischen Meinungen. Für ein politisches Streitgespräch empfehle ich den »zwanglosen Zwang des besseren Arguments« nach Jürgen Habermas, d. h. gehen Sie offen in Debatten und bringen Sie fundierte Argumente ein, um zu einer qualitativ hochwertigen Diskussion beizutragen. Ihre politische Bildung spielt dabei eine entscheidende Rolle, um die großen und kleinen Zusammenhänge zu erkennen.

Verlassen Sie sich nicht ausschließlich auf die Presse - und schon gar nicht auf Ihren Newsfeed bei Facebook & Co.! Nehmen Sie sich die Zeit, politische Reden und Debatten anzuhören oder Parteiprogramme gründlich zu lesen. Setzen Sie sich bewusst mit verschiedenen Sichtweisen, Positionen und Argumenten auseinander. Schon allein, um gegen Fake News gewappnet zu sein, ist ein möglichst umfangreiches Faktenwissen sehr hilfreich. So entwickeln Sie über die Zeit ein umfassendes Verständnis für politische Themen und stärken Ihre Medienkompetenz.

Machen Sie von Ihren demokratischen Rechten Gebrauch, gehen Sie wählen, beteiligen Sie sich an Volksabstimmungen oder Petitionen, die Ihnen am Herzen liegen. Jede Stimme zählt! Nur durch Ihre Teilnahme können Sie politische Entscheidungen beeinflussen und zu einer starken, lebendigen Demokratie beitragen. Wenn

Sie mögen, werden Sie aktiv – »Learning by Doing« lautet die Devise: Treten Sie einer politischen Partei bei oder kandidieren Sie für ein Amt. Unterstützen Sie NGOs und Initiativen, die sich für gesellschaftliche Veränderungen einsetzen. Es gibt viele Gelegenheiten jenseits der Verhandlungstische großer Entscheider, die Welt ein bisschen besser zu machen.

Auf Wiedersehen!

Ich hoffe, Ihnen hat die Lektüre Spaß gemacht, und ich würde mich freuen, wenn sich unsere Wege in den sozialen Medien oder bei meinen Liveauftritten kreuzen. Die Wissensreise kann dort weitergehen.
Was hat Ihnen besonders gefallen, welche Information hat Sie verblüfft, worauf sind Sie bei der Vertiefung in eines der Themenfelder oder auf Reisen gestoßen?

Schreiben Sie mir gerne, z. B. per Mail an
sebastianklussmann@gmail.com, auf Facebook über
https://www.facebook.com/QuizKlussmann, auf Instagram
über https://www.instagram.com/sebastianklussmann
oder auf LinkedIn.
Ich freue mich über Ihre Nachrichten, Anregungen und
Ihr Feedback.

Danksagung

Ich danke dem Heyne Verlag und vor allem Friederike Achter für das große Engagement und Vertrauen, das für ein Buch mit einem solch ehrgeizigen Titel notwendig ist.

Zu allerhöchstem Dank bin ich meiner Redakteurin Desirée Šimeg verpflichtet, die mit außergewöhnlichem Einsatz an diesem Buch mitwirkte. Eine solche Sparringspartnerin, mit der man unzählige Stunden am Text feilt, wünscht sich jeder Autor.

Für den stimulierenden Austausch mit Professor Dr. Stefan Georg bin ich äußerst dankbar. Seine zahlreichen Vorschläge trugen maßgeblich zur Schärfung und Verbesserung vieler Passagen bei.

Für weitere wertvolle Anregungen und Kommentare danke ich Dr. Max Lüggert, Gunnar Mokosch, Alexander Blum und Alexander Krauße.

Zuletzt möchte ich meiner Mutter Marina Klußmann und ihrem Lebensgefährten Dieter Grigarczik für die stetige, kraftvolle Unterstützung danken, die mir die Realisation eines solchen Projekts gerade in intensiven Phasen sehr erleichtert hat.